MARCO POLO

Camper Guide

Spanien

Mittelmeerküste, Katalonien & Andalusien

Insider-Tipps

Für deine Wohnmobil-Touren

in Zusammenarbeit mit

PaulCamper

Jan Marot

Inhalt

Das Beste zuerst

Insider-Tipp

i Serviceangaben

P Parkplatz

Fototipp

Hunde willkommen

kinderfreundlich

schöne Lage

€–€€€ Preiskategorien

Planen – Packen – Losfahren

Hol dir den Soundtrack zum Urlaub auf **Spotify** unter **MARCO POLO Spain**

DIGITALE EXTRAS

TOUREN-DOWNLOAD

Alle Touren als gpx-Download zur einfachen Navigation marcopolo.de/camper-guide/suedspanien

Die besten Touren durch Spaniens Süden: Mittelmeerküste, Katalonien & Andalusien

Best of Campingplätze

ALMFEELING

Keine Sorge, du bist nicht in den Alpen hängen geblieben: Der Camping Voraparc liegt mitten in den Pyrenäen.

1 *Ein Traum für Naturliebhaber*

Im Schatten der mächtigen, schroffen Gipfel der dicht bewaldeten katalanischen Pyrenäen nächtigst du am **Camping Voraparc** neben einem rauschenden Gebirgsbach, dem Riu Escrita, der Tiefschlafphasen garantiert. So kannst du tags darauf ausgeschlafen und topfit zum Bergwandern, Klettern oder Kajakfahren im Nationalpark Aigüestortes i Estany de Sant Maurici aufbrechen. ▶ S. 41

2 FÜR ROMANTIKER UND VERLIEBTE

Hier am **Camping Torre de la Mora** blickst du von den terrassierten Womo-Parzellen unterm duftendem Piniendach auf die Traumbucht Cala de la Mora. Vor allem beim Sonnenuntergang (und natürlich auch dem -aufgang) wird es dir und deiner bzw. deinem Liebsten so richtig warm ums Herz werden! Und wenn es etwas Besonderes sein soll: Die komfortablen Bungalows und romantischen Glamping-Unterkünfte sind regelrechte Liebesnester. ▶ S. 65

3 FÜR ADRENALIN- UND SPORTJUNKIES

Beim **Camping Almócita** in der Alpujarra von Almería kannst du dich nach anspruchsvollen Wandertouren und Mountainbike-Trails, die durch die andalusische Hitze noch eine Spur härter werden, im öffentlichen Schwimmbad oder den natürlichen Felsenpools der Canales-Schlucht erholen. Oder du entspannst einfach auf der Terrasse der Bar mit Bergpanorama! ▶ S. 105

4 FÜR HUNDELIEBHABER

Am mitten in der Natur gelegenen **Camping la Torrecilla** dürfen sich die lieben Vierbeiner ohne Leine bewegen – was für Spanien ungewöhnlich ist. Zudem bieten die umliegenden Wälder Gelegenheit für abenteuerliche Fährtensuchen in der Sierra de Grazalema. Abkühlung nach so viel Bewegung finden unsere besten Freunde in den zahlreichen Gebirgsbächen. ▶ S. 153

5 *Perfekt für Familien*

Am **Camping Giralda Isla Cristina** wird es Kindern (und auch Jugendlichen) mit Sicherheit nicht langweilig! Neben dem feinsandigen, sehr sanft abfallenden Traumstrand vor der Womo-Tür locken ein Riesenpool und ein Animationsprogramm, das seinesgleichen sucht. Die – auch deutschsprachige – Parkleitung organisiert Kajakkurse und Gruppenexkursionen, etwa zum Kletter- und Zipline-Park Parque Aventura in Vila Real de Santo António. Und selbst das Bogenschießen können die Größeren hier erlernen. Spiel- und Bolzplätze dürfen natürlich ebenso wenig fehlen, da findet man prompt neue Freunde. ▶ S. 183

Entdecke Spaniens Süden

BRAVISSIMO!

Exzellent sind die Ausblicke von Tossa de Mar auf die felsig-wilde Costa Brava.

Vergiss den Alltag! Atme durch beim Aufwachen mit Meerblick – in versteckten Buchten der Costa Brava oder an den kilometerlangen Sandstränden der Atlantikküste. Fühl dich hinter Festungszinnen wie ein maurischer Feldherr während der christlichen Reconquista. Spür in den romanischen Wehrklöstern der katalanischen Pyrenäen die Kraft mystischer Orte. Tauch ein in die fast rund um die Uhr pulsierende Metropole Barcelona oder steuere dein Womo über spektakuläre Serpentinenstraßen in den grünen Sierras. Und lass dich verzaubern von der Pracht maurischer Architektur und arabischer Gartenbaukunst in Sevilla, Granada und Córdoba!

Das Nachmittagsnickerchen als Nationalheiligtum

Die Siesta ist (mit der Fiesta) zweifelsohne Teil der spanischen Lebensart. Während sie in Katalonien, im äußersten Nordosten, nicht unabdingbar ist, wird das Mittagsschläfchen, je weiter man in den Süden kommt, umso rigoroser durchgezogen. Es macht auch durchaus Sinn, die heißesten zwei Stunden der sommerlich sengenden Mittagshitze an einem kühlen, schattigen (Stell-)Platz oder in klimatisierten Räumen ganz zu verschlafen oder einfach entspannt durchzuchillen. Geschäfte haben ab etwa 14.30 Uhr geschlossen, Bars und Restaurants ab etwa 16 Uhr. Auch die allermeisten Spanier, die einem Bürojob nachgehen, haben eine überlange Mittagspause. Zwei bis drei Stunden, die dann eben abends bis 21 oder 22 Uhr nachgeholt wird. Medizinische Studien belegen zudem, dass ein Power-Nap von etwa 20 Minuten bis zu maximal zwei Stunden der Gesundheit förderlich ist. In diesem Sinne: „¡Buena Siesta!"

Leinwandhelden

Mit seinen vielfältigen Landschaften und seiner Fülle an Weltkulturerbestätten ist Spaniens Süden in Film und Fernsehen schon legendär in Szene gesetzt worden: So wurden in der Tabernas-Wüste und am Cabo de Gata nicht nur Spaghettiwestern von Sergio Leone gedreht, sondern z. B. auch „Indiana Jones und der letzte Kreuzzug". Das Castillo de Almodóvar del Río, die Reales Alcázares in Sevilla und Gironas Altstadt werden dir aus „Game of Thrones" bekannt vorkommen.

RHYTHMUS IM BLUT

Tanzen ist Spaniern in die Wiege gelegt worden und je weiter du in den Süden kommst, werden Flamenco-Rhythmen aus dem Erbe der Gitanos immer präsenter. Aber auch in Katalonien hört man diesen Musikstil, der sich in Fusion-Varianten stets modernisiert, Stichwort: Rosalía. Die Singer-Songwriterin ist mittlerweile ein weltberühmter Popstar – und Katalanin.

Maurische Meilensteine

Über 800 Jahre muslimische Herrschaft sind nicht spurlos an Spanien vorübergegangen. Zu den sichtbaren Zeugen gehören das Alhambra-Palast mit seinen paradiesischen Gärten in Granada, die mächtige Moschee-Kathedrale in Córdoba sowie das Giralda-Minarett und der Königspalast im Herzen Sevillas. Doch das Erbe der Mauren geht weit über diese Meisterwerke der Baukunst hinaus: Umhüllt von orientalischen Aromen kannst du noch heute in Arabischen Bädern entspannen. Für die blühende Landwirtschaft im trocken-kargen Südspanien ist das ausgeklügelten Acequía-Bewässerungssystem verantwortlich. Und in der spanischen Sprache stammt das Gros der Wörter, die mit „Al" oder „A" beginnen, aus dem Arabischen.

AUF EINEN BLICK

August
Wärmster und vollster Monat

48,35 Mio.
Einwohner
[gut das Fünffache Österreichs]

3000
Sonnenstunden im Jahr
[Hamburg: 1850]

> 2050 km
lang ist die spanische Mittelmeerküste
[deutsche Festlandküste: ca. 1580 km]

NUR
239 mm
Niederschlag
JÄHRLICH FALLEN IM DESIERTO DE TABERNAS

Höchste gemessene Temperatur
47,6 °C
La Rambla (Córdoba) am 14. August 2021

Höchster Gipfel
3482 m
Mulhácen

10,3 Liter
OLIVENÖL KONSUMIEREN SPANIER PRO KOPF IM JAHR

505 960 km²
FLÄCHE
[Deutschland: 357 022 km²]

¡OLÉ!

Lass dich anstecken, von der typisch spanischen Lebensfreude der Fiestas! Allerorten wird ausgelassen gefeiert: bei den *Falles* in València mit Feuerwerk, bei der *Tomatina* in Buñol mit Tomatenschlachten, in Katalonien mit *Castells*, Menschenpyramiden, die in den Himmel ragen, oder mit *Geants*, Puppenspielen mit riesigen Figuren. Aber auch Wallfahrten wie zur Virgen del Rocío in Andalusien und Prozessionen zur Semana Santa an Ostern garantieren Gänsehautfaktor.

Fußball verbindet

Ein Eisbrecher erster Güte, der hilft, den Einheimischen näherzukommen, ist eine Partie im Park, am Bolzplatz des Viertels oder direkt am Strand. (Fast) alle Spanier sind fußballverrückt und auch Frauenfußball füllt längst die Riesenstadien der Ligaclubs bis zum letzten Platz. Es lohnt sich, ein „Leder" im Womo zu haben. Und eine Antwort auf die Frage: „Real oder Barça?"

Flagge zeigen!

Spanien ist nicht überall gleich. Und just die Vielfalt an Sprachen, Bräuchen, Mentalitäten macht den immateriellen Reichtum des Landes aus. An der unterschiedlichen Bezeichnung der Orte, Straßen (Calle/Carrer, Avenida/Avinguda), Strände (Playa/Platja) und Bars wirst du merken, dass in Katalonien und València – ungefähr bis Alacant (Alicante) – oft katalanisch bzw. die valencianische Variante dieses Idioms gesprochen wird. Wer etwas Spanisch kann, wird beim Lesen das Wichtigste mitbekommen. Doch dem schnell gesprochenen *català* zu folgen, ist deutlich schwieriger. Katalanische Separatisten schmücken ihre Balkone mit der *Estelada*-Flagge (dünne gelb-rote Balken, weißer Stern im blauen Dreieck), im übrigen Spanien pochen *constitucionalistas* mit der *Rojigualda* (rot-gold-gelb-rot, königlich-spanisches Wappen) auf die Unteilbarkeit Spaniens. Wer keine stundenlangen, hitzigen Debatten sucht, lässt das Thema katalanische Unabhängigkeit besser aus.

FLAMMENTOD

Die fantasievollen Riesenfiguren der Falles in València sind alle dem Feuer geweiht.

Essen & Trinken

HÄPPCHEN-HIMMEL

Tapas stehen synonym für Spaniens kulinarische Vielfalt, denn neben den traditionellen Varianten gibt es immer mehr exquisite Gourmet-Kreationen.

Die Klassiker der spanischen Küche sind wohlbekannt: Tortilla, Paella, Gazpacho und frittierter Fisch. Dabei dominiert an den Küsten alles, was das Meer an Köstlichkeiten bietet. Im Hinterland kommt mehr Fleisch auf den Tisch, gern als Eintopf mit Hülsenfrüchten. Neben Wild, Kaninchen und Ibérico-Schwein sind Rindersteaks vom *retinto* aus Cádiz sehr beliebt. Oft mischt sich dank der Nähe zu Marokko ein Hauch Orient in die Speisen. In Andalusiens Restaurants haben auch die Rezepte der „Armenküche" ihren Fixplatz: *migas*, Brotkrümel oder Gries mit Olivenöl, Paprika und Chorizo, sowie *papas a lo pobre*, Kartoffeln mit Zwiebeln und Paprika.

Guten „Tappetit!"

Wer an Spanien denkt, hat gleich Tapas vor Augen. Hier trifft man Freunde in der Regel nicht „auf einen Kaffee", sondern „auf eine Tapa". Und meist bleibt es nicht bei einer! Der Ursprung der immer kreativer interpretierten Häppchen liegt in der Reconquista, der christlichen Rückeroberung des maurischen Spaniens im 14. Jh. Die Könige ließen ihren Rittern und Fußsoldaten zum Wein stets einen Snack servieren, um dessen berauschende Wirkung zu mildern. Schließlich sollten sie auch nach durchzechten Nächten kampfbereit erwachen. In Cádiz kursiert zudem die Anekdote, dass König Alfons der Weise verärgert über eine Fliege im Wein die Idee hatte, den Kelch mit einer Scheibe Schinken als *tapa* (Deckel) zu schützen. In den andalusischen Provinzen Granada, Jaén und Almería bekommst du deine Tapa übrigens kostenlos zum Getränk.

MARKTHALLEN ALS GOURMETMEKKAS

Längst geht man nicht mehr nur zum Einkaufen auf den Markt, sondern um sich an den Gastroständen durchzukosten. Zum luftgetrockneten Schinken oder der Luxuskonserve kantabrischer Anchovis wird Wein kredenzt. Beim Fisch- oder Fleischhändler wählst du, was in die Fritteuse oder auf den Grill kommt. Austern und Muscheln werden geöffnet, geputzt und verputzt. Der Mercat de la Boqueria in Barcelona ist ein Touristenmagnet, andere – wie in Granada, Sevilla oder Elx – haben ihre Authentizität bewahrt.

Geteilte Gaumenfreuden

Raciones bestellt man, um sie mit der Tischgesellschaft zu teilen. Hinterher legen alle zusammen, denn getrennte Rechnungen sind ungewöhnlich für Spanier. Beim Trinkgeld zeigen sie sich oft etwas knausrig, umso begeisterter wird die Glocke geläutet, wenn jemand zehn Prozent *bote* gibt.

WAS ALLE SPANIER EINT!

Spanier gelten nicht als Freunde üppiger Frühstücksgelage, aber getoastetes Weißbrot mit Olivenöl beträufelt und mit einer reifen Tomate abgerieben, etwas Salz und wahlweise Knoblauch drauf – das lieben sie alle. Ohne *tostada* beginnt kaum einer den Tag. Und im Nordosten ist das *pa amb tomàquet* ein katalanischer Klassiker, der zu fast jedem Essen gereicht wird.

Gin Tonic als Leitkultur

Nach dem Essen gönnen sich viele Spanier einen starken Kaffee und dazu ihre Lieblings-*Copa:* einen Gin Tonic. Internationale Topmarken und heimische Gourmetbrennereien liefern die alkoholhaltige Basis dieses Longdrinks, dazu kommen neben aromatisiertem oder klassischem Tonicwater je nach Ginsorte Gurke, Erdbeere, roter Pfeffer, Stangensellerie, Zitronengras oder Ähnliches ins Glas. Kabarettisten ulkten schon, „einen Drink und keinen Salat" bestellt zu haben.

MENÜKARTE

Vorspeisen

Ceviche
Mit Limette, etwas Chili, roten Zwiebeln und Koriander marinierter roher Fisch, stammt aus Peru, doch auch in Spanien hip.

Berenjenas fritas
Feine Auberginenscheiben in Mehl gewendet und frittiert. Darüber gießt man den süßen *miel de caña* (Melasse).

Hauptgerichte

Croquetas
Mit unseren heimischen Kartoffelkroketten haben diese panierten Béchamel-Kreationen wenig zu tun. Herrlich sind sie zur Pilzsaison mit *setas*, um Cádiz und Tarifa mit Tintenfisch samt Tinte *(choco)* oder klassisch, wie bei einer spanischen Oma, mit *puchero:* dem Rest, der vom Fleischeintopf übrig blieb.

Boquerones fritos oder espetos de sardinas
Frittierte Sardellen oder überm Feuer gegrillte Sardinenspieße, beides ist der Hit!

Getränke

Vermut
Hausgemachte Kräuterweine sind der Renner, insbesondere an sonnigen Tagen auf Eis getrunken. Viele Kneipen haben sie in rot und weiß im Zapfhahn.

Horchata
Aus dem Superfood *chufa* (Tigernuss oder Erdmandel) wird in den *horchaterías* – vor allem in Valèncía – eine erfrischende, vegane Milch mit nussigem Geschmack zubereitet.

Café cortado con hielo
Ein kräftiger Kaffee mit einem Schuss Milch wird in ein Glas mit Eiswürfeln gekippt.

Desserts

Turrón
Mandeln, geröstet, kandiert oder fein gemahlen, mit Honig und Zucker in Platten gepresst. Wunderbar! Auch als Eissorte sehr zu empfehlen.

Pionono
Eine mit Patisseriecreme gefüllte Biskuitrolle, ertränkt in Zimt-Zucker-Wasser. Ein himmlisches Häppchen, das einst für einen Papst erfunden wurde.

Grünes Gold

Spanien ist weltgrößter Olivenölproduzent und die andalusische Provinz Jaén gilt als Olivenkammer des Landes. Eine überschaubare Zahl an Sorten – von der herberen, im Hals ein wenig kitzelnden *picual* über *lucio* bis zur fruchtig-süßen *arbequina* –, deren Mischung und die kalt gepresste Verarbeitung *(virgen extra)* geben jedem Öl seinen eigenen Geschmack. Aber man muss sie nicht immer pressen, auch eingelegt sind die dicken *gordales*, die knallgrünen, kleinen Croissants ähnelnden *cornezuelos* oder die klassischen, kleinen *manzanillas* Köstlichkeiten. Ebenso wie die Variante *loaime*, schwarz und leicht getrocknet, ein Erbe der Mauren, fein im Geschmack und typisch in Granada. Zu Öl gepresst beschert diese Sorte mit das Beste, was die Früchte des Olivenbaums hergeben. Wobei auch die jahrhundertealten Ölbäume der Sorte *farga* in Katalonien ein ganz besonderes, feines Öl liefern.

ES GIBT REIS, BABY!

Sie wird überall feilgeboten: die Paella (gespr. „Paeja"). Wobei die Spanier derartige Pfannengerichte oft einfach *arroz* (Reis) nennen. Der *arroz a banda* enthält Garnelen, Muscheln, Fisch und Calamares, *negro* wird mit Tintenfischtinte und kleinen Calamari *(puntillitas)* gekocht. *Meloso* ist eine sämige Variante, während *caldoso* mehr Flüssigkeit enthält. Die Krönung stellt die Paella mit Hummer *(bogavante)* dar. In Katalonien und València gibt es übrigens eine Paella mit Nudeln: die *fideuà*. Ein kräftiger Fisch-, Fleisch- oder Gemüsefond und echter Safran sind so oder so unabdingbar. Der Paella-Reis *(arroz bomba)* wird im Ebro-Delta, der Albufera Valèncias und im Delta des Guadalquivirs angebaut. Auch auf dem Campinggaskocher gelingt er, aber wichtig ist: Zutaten und Reis vor dem Ablöschen in Öl anbraten und nicht umrühren! Was am Pfannenboden ansetzt, ergibt den bei Kennern hochgeschätzten *socarrat*.

BOMBIG

Nicht die Pfanne macht den Unterschied, sondern das Korn. Nur spanischer Bomba-Reis kommt in die echte Paella.

Trend- & Funsport

DURCH DIE SCHLUCHT

Beim Canyoning ist alles erlaubt: Abseilen, Klettern, Springen, Rutschen, Schwimmen und Tauchen.

Canyoning

Wann? Im Frühjahr sind die Gebirgsbäche reich an Wasser.

Wo? Canyoningrouten gibt es in der Sierra de Cazorla, bei Málaga am Río Guadalmina, in La Sima del Diablo am Río de las Súas und bei Otívar am Río Verde südlich von Granada.

Wie? U. a. mit Turiactivo *(turiactivo.com)* ab Málaga oder Mijas und mit Rafting Saltaríos *(raftingenandalucia.com)* von Granada zum Río Verde. Die Preise liegen bei 45–100 €, je nach Dauer der Tour.

Tauchen

Wann? Das Mittelmeer hat von April/Mai bis Ende Oktober angenehme Temperaturen, sodass ein dünner Neoprenanzug ausreicht.

Wo? Am Cabo de Gata *(buceoencabodegata.es* oder *franjosanchez.com)*, in Águilas *(zoeaaguilas.es)* oder an der Costa Brava mit Odysea *(odysea.cat)* in Tarragona.

Wie? Schnuppertauchgang ab 50 €, zwei Buddy-Tauchgänge mit Guide ab 70 € (inkl. Ausrüstung und Versicherung), OWD-Kurs (2–3 Tage) ca. 350 €.

Kitesurfen

Wann? Anfängern ist zum Sommer geraten. Wellen und Wind sind dann leichter zu bändigen. Profis bevorzugen die stürmischere Vor- oder Nachsaison.

Wo? Tarifa genießt wegen seiner Windverhältnisse einen exzellenten Ruf in der Kitesurfer-Community. Wer erst lernen muss, seinen Drachen zu zähmen (wie Daenerys Targaryen in „Game of Thrones"), kann hier am kilometerlangen Sandstrand üben. Ein idealer Spot für Anfänger ist auch die Playa de Isla Canela bei Ayamonte.

Wie? Die Rebels Tarifa Kitesurfing School *(rebelstarifa.com)* unterrichtet alle Niveaus einzeln oder in Gruppen. IslaCanelaKite *(islacanelakite.com)* bietet Anfängerkurse mit Privatlehrer für 200 € (4 Std.) und Grundlagenkurse für 400 € (8 Std.).

Mountainbiken

Wann? Abseits der extrem heißen Sommermonate bieten sich insbesondere Frühjahr und Herbst an. Im Winter kann es weiter im Norden oder in höheren Lagen rutschig werden.

Wo? So gut wie alle Sierras entlang der Mittelmeerküste, die Pyrenäen und das Hinterland Andalusiens verfügen über Tracks in den verschiedensten Schwierigkeitsgraden. Insbesondere die Sierra de Cazorla ist ein Paradies für MTB-Freaks!

Wie? Touren für die Sierra de Cazorla findest du auf *sierrasdecazorlaseguraylasvillas.es* inklusive Waypoints und Tracks zum Download, Ansprechpartner vor Ort ist Pedalea Andalucía in Cazorla *(pedaleandalucia.com)*. TransAndalus *(transandalus.org)* ist eine 2000 km lange Route durch ganz Andalusien.

ABHEBEN

Wenn der Wind stimmt, vollführen die Kitesurfer in den Atlantikwellen vor der Küste Tarifas sogar akrobatische Sprünge.

Die besten Touren durch Spaniens Süden: Mittelmeerküste, Katalonien & Andalusien

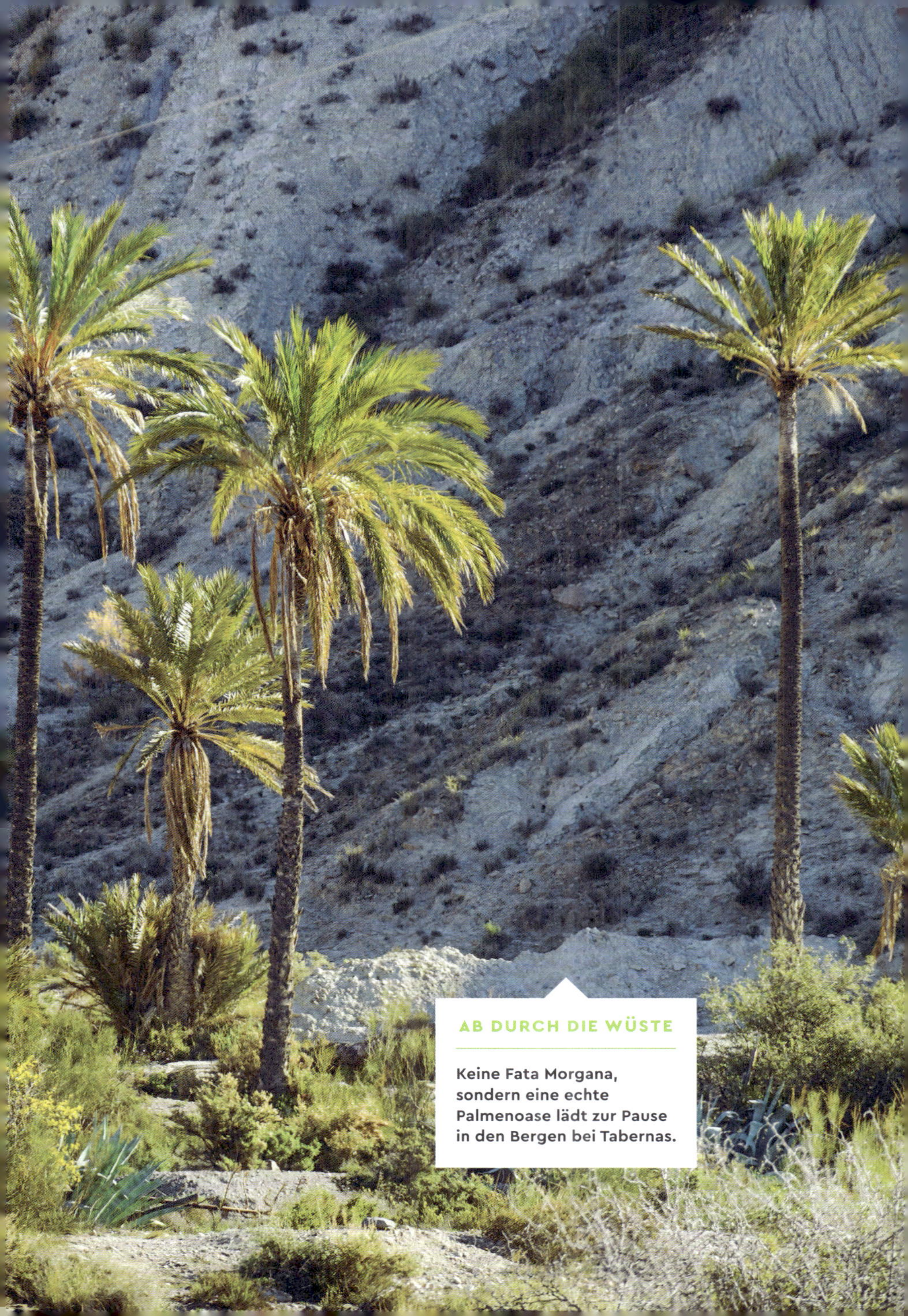

AB DURCH DIE WÜSTE

Keine Fata Morgana, sondern eine echte Palmenoase lädt zur Pause in den Bergen bei Tabernas.

Alle Touren im Überblick

„Wilde Küste", hohe Gipfel, romanische Klöster im Norden
Seite 20
France
PAMPLONA/IRUÑA
OGROÑO
Nationalpark Aigüestortes i Estany de Sant Maurici
Andorra
PERPIGNAN
Portbou
Cadaqués
HUESCA
ZARAGOZA
GIRONA
A
Von Portbou bis Barcelona
TERRASSA
LLEIDA / LÉRIDA
REUS
BARCELONA
Sitges
España
TARRAGONA
N-340
Goldgelbe Buchten, duftende Pinienwälder, Architektur aus drei Jahrtausenden
Seite 52
Peníscola (Peñíscola)
CASTELLÓ DE LA PLANA
B
Von Sitges bis Valencia
PALMA
VALÈNCIA
.BACETE
GANDIA
Islas Baleares
Calp (Calpe)
ELX / ELCHE
ALACANT / ALICANTE
URCIA
TORREVIEJA
ORCA
Mar Mediterráneo
CARTAGENA
C
Von Gandía bis Almería
Kultur und Trubel an der Costa Blanca, einsame Natur am Cabo de Gata
Seite 74
80 km
ALGER
TIZI OUZOU
BLIDA
CHLEF
MOSTAGANEM
MÉDÉA
Algeria
ORAN
RELIZANE

GLUCK, GLUCK …
… weg sind sie! Schnell hinterher – die Felsenriffe der Costa Brava sind ein spannendes Tauchrevier.

„Wilde Küste", hohe Gipfel, romanische Klöster im Norden
Von Portbou bis Barcelona

Versteckte Badebuchten an der Costa Brava, mittelalterliche Dörfer mit romanischen Kirchen, dichte Wälder, schroffe Pyrenäengipfel, erloschene Vulkane und ein Wandergebiet der Extraklasse. Im Winter ist das Hochgebirge eine beliebte Skisport-Destination. Architektonisch wartet Katalonien mit dem Modernisme Català auf, einer üppig-verspielten Jugendstilvariante, deren berühmtester Vertreter Antoni Gaudí ist. Seine Prachtkathedrale Sagrada Familia in Barcelona geht nach gut 140 Jahren Bauzeit in die finale Konstruktionsphase. Doch auf die Fertigstellung wird man noch einige Jahre warten müssen.

Strecke 722 km

Reine Fahrzeit 12 Std. 40 Min.

Streckenprofil Kurvenreich an der Küste, viele Serpentinen in den Pyrenäen, Straßen in sehr gutem Zustand

Empfohlene Dauer 10–13 Tage

Anschlusstour B

FACTS

Tour A im Überblick

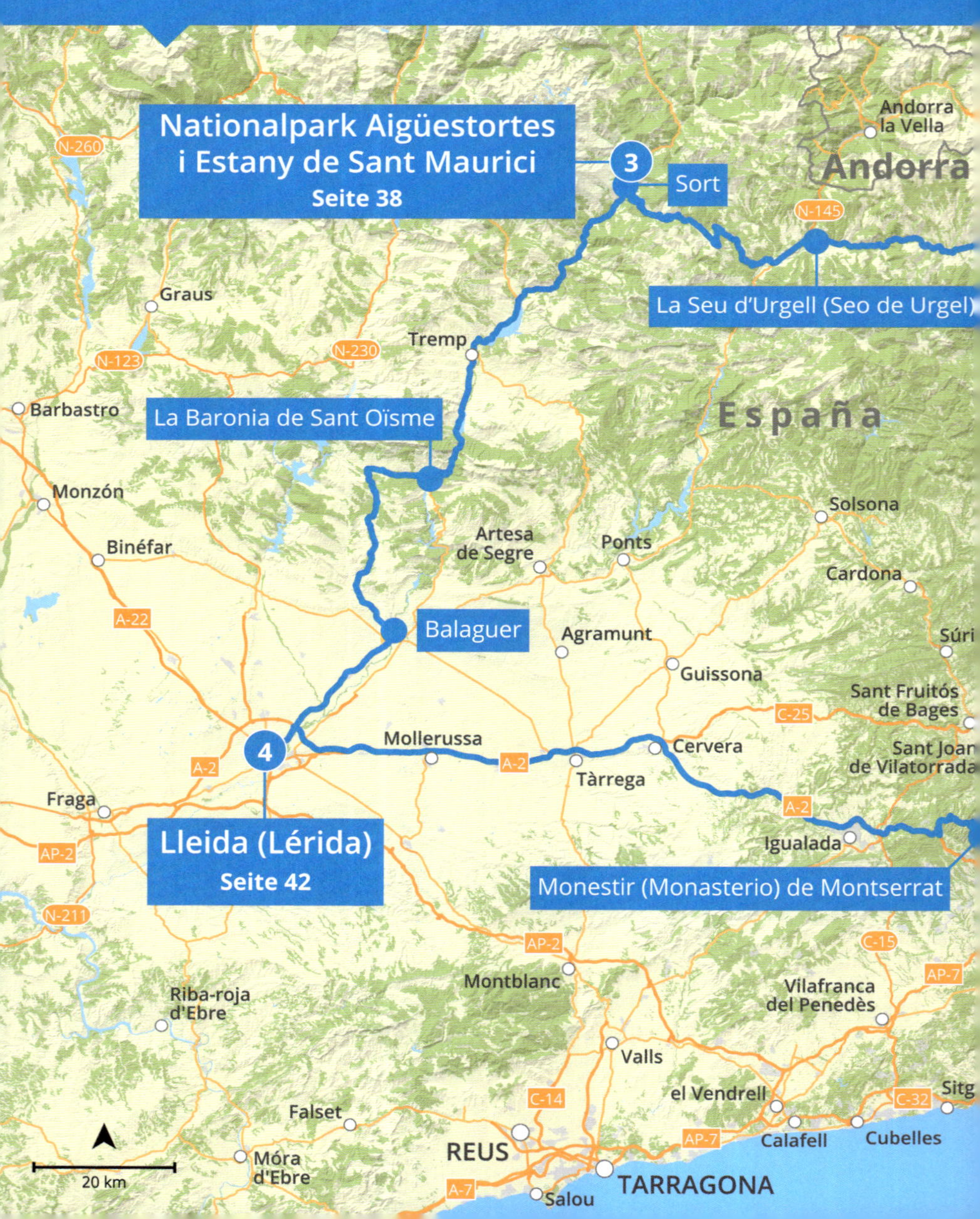

Tour-Highlights

Bei Cadaqués zu *versteckten Buchten* der „wilden Küste" paddeln ▶ **S. 31**

Wie Cersei aus „Game of Thrones" durch *Gironas Altstadt* wandeln ▶ **S. 35**

Die *Els Encantats* in den Pyrenäen erklimmen ▶ **S. 39**

Mitten in der Steilwand wandern fast 500 m über dem Noguera Ribagorçana in der Schlucht *Congost de Mont-Rebei* ▶ **S. 43**

Vom Retro-Rummelplatz des 19. Jhs. über Barcelona blicken im *Parc d'Atraccions Tibidabo* ▶ **S. 48**

A Tourenverlauf

Start 

Portbou

Der Ort an der spanisch-französischen Grenze beeindruckt mit seinem riesigen **Bahnhof,** ein architektonisches Eisen-Meisterwerk des 19. Jhs. Schau dir auch die **Walter-Benjamin-Gedenkstätte** gegenüber dem Friedhof an *(Passeig de la Sardana 11, walterbenjaminportbou.org)*. Der deutsche Philosoph nahm sich aus Angst vor der Verfolgung durch die Nazis 1940 in Portbou das Leben.

33 km Folge der N-260 bis Llansá (Llançà), ab dort über GI-612, GI-613 und GI-614 (C. de Cadaqués) entlang der „wilden Küste".

Spot 

Cadaqués

Einst weißes Fischerdorf, heute Hotspot der „wilden Küste" ▶ **S. 30**

79 km Die GI-614 führt über teils enge Serpentinen durchs Küstenbergland. Genieß den Traumblick am Aussichtspunkt (GPS: 42.291528, 3.207868). Ab Roses weiter über die C-260. In **Figueres** kannst du das Dalí-Museum besuchen (▶ S. 36). Fahre weiter auf der N-II, an der Strecke bietet sich der **Bàscara** (Báscara) für eine Rast an.

Spot 2

Girona (Gerona)

Hier sieht es aus wie in „Game of Thrones" ▶ **S. 34**

58 km Auf der N-IIa bis zum Abzweig auf die C-66. Bei Banyoles über die C-150a auf die GI-524. Einen Abstecher lohnt der erotische Skulpturenpark **Bosc de Can Ginebreda** *(canginebreda.cat)*. Es wird gebirgig, prüfe den Kühlwasserstand. Ab Santa Pau wandelt sich die Landschaft, du näherst dich dem **Naturschutzpark Vulkane der Garrotxa.**

Olot

Das historische Städtchen ist umgeben von erloschenen Vulkankegeln. Der **Espai Cràter** gibt dir einen interaktiven Überblick über die Geologie des Landstrichs *(Carrer Macarnau 55, Mo–Fr 10–14, 15–18, Sa 10–14, 15–18, So 10–14 Uhr, 7,50 €, geführte Vulkanbesteigung 9,50 €, espaicrater.com)*. Schön ist auch der botanische Vulkansteingarten **Bosc de Tosca** *(GPS: 42.164046, 2.460981)*. Kleine Wanderungen auf die Vulkane **Montsacopa** *(GPS: 42.187889, 2.488698)* oder **Croscat** *(GPS: 42.149393, 2.529773)* werden mit Panoramablick belohnt.

70 km Am nördlichen Ende der Stadt kannst du noch einen Abstecher ostwärts machen zur mittelalterlichen Brücke von **Sant Joan les Fonts** *(GPS: 42.212752, 2.509196)* und weiter nach Castellfollit *(ca. 10 km von Olot)*. Dort bitte wenden, um auf der N-260 Richtung Westen zu fahren.

Castellfollit de la Roca *liegt spektakulär auf einer Basaltklippe 50 m über dem Fluvià-Fluss. Aussichtspunkt für das beste Panoramafoto: GPS: 42.219096, 2.556170.*

Insider-Tipp

Wasserfalldusche gefällig?

Bei Sant Joan de les Abadesses führt ein Abstecher von der N-260 nach rechts zum **Gorg de Malatosca.** *Herrlich erfrischend! GPS: 42.240850, 2.289089, Parkplatz bei der Alberg rural Ruta del Ferro*

Ripoll

Das romanische **Kloster** im mittelalterlichen Zentrum ist ein Must-see schon allein wegen des Portikus und des Kreuzgangs.

Pl. de L'abat Oliba s/n | Ripoll | April–Sept. Mo–Sa 10–14, 16–19, So/Fei 10–14 (Mitte Juli–Aug. auch 16–19), sonst Mo–Sa 10–13.30, 15.30–18 Uhr | 7,50 € | monestirderipoll.cat

Kostenloser städtischer **Stellplatz am Riu Ter** *(GPS: 42.193423, 2.195542), Zufahrt über die C-26. Hier kannst du vor der nächsten*

BILDERBUCH IN SANDSTEIN

Am Portal des Benediktinerklosters in Ripoll sollen mythologische Tiere die Todsünden darstellen.

Bergetappe Grau- und Schwarzwasser entsorgen und Trinkwasser nachfüllen! Hundezone und Supermarkt angrenzend.

30 km In Campdevànol zweigst du auf die GI-401 ab, die sich am Merdàs-Fluss bergan schlängelt. Wenn dir nach einer Wanderung zwischen dichten Wäldern und Gebirgsbächen ist, bleib eine Nacht am **Càmping Pirinenc** *(campingpirinenc.com, ganzjährig geöffnet)*, sieben Wasserfälle warten in der Umgebung! Nach etlichen Kurven erreichst du La Pobla de Lillet, zweige an der Ortseinfahrt vor der Tankstelle nordwärts ab.

Els Jardins de Can Artigas

Der katalanische Architekt Antoni Gaudí hat diese Gärten kreativ-verspielt in die Berglandschaft eingefügt: Türme, Brücken, Brunnen, künstliche Grotten, Terrassen am romantischen Wildbach. Ein Traum!

i *C. del Ferrocarril s/n | La Pobla de Lillet | Sa 10–13.30, 15.15–18, So 10–13.30, 15.15–17 Uhr, sonst auf Anfrage beim Tourismusbüro im Bahnhof | 4,50 €, Kombiticket mit Zug (trendelciment.cat) und Zementmuseum (museuciment.cat) 16 € | poblalillet.cat/turisme/que-visitar/passeja-pels-jardins-artigas | Hunde sind erlaubt!*

P *Am besten am Bahnhof, GPS: 42.241397, 1.965394*

32 km Weniger kurvenreich geht's auf der GI-401 bis Guardiola de Berguedà. Folge dann der gutausgebauten C-16 Richtung Norden, vorbei an Bagà mit seiner Festung. Ein Tunnel führt dich nach Riu de Cerdanya, wo du auf die E-9 abbiegst.

Alp

Beim Wintersportort auf 1150 m Höhe liegt das Skigebiet **La Molina,** vom Frühjahr bis in den Herbst lockt hier ein ideales Wanderareal.

44 km Fahre über die E-9 zurück nach Riu de Cerdanya und folge der C-16 auf die N-260, die den Gebirgsbach Segre nach Westen begleitet. Um den Unterwegs-Hunger zu stillen, ist **La Taverna dels Noguers** *(tavernadelsnoguers.com)* in Ardaix eine gute Wahl. Der **Camping El Pont d'Ardaix** *(pontdardaix.com)* direkt gegenüber lädt zu einem längeren Stopp ein. Von hier sind es nur wenige Kilometer zum Hotel **Balneari Sant Vicenç** *(hotelsantvicenc.com),* in dessen Thermal-Spa du dich verwöhnen lassen kannst.

La Seu d'Urgell (Seo de Urgel)

Der Bischofssitz ist seit über 1000 Jahren ein wichtiger Marktort, wovon das mittelalterliche Zentrum zeugt. Die romanische **Kathedrale** stammt aus dem 12. Jh. *(Pl. del Deganat 16, bisbaturgell.org).* Ein Abstecher nach **Andorra** dauert ca. 35 bis 40 Min. Fahrzeit pro Strecke (21 km).

P *Der städtische* **Womo-Stellplatz** *ist die beste Wahl, auch wenn du vorhast, über Nacht zu bleiben (Carrer de Sant Ermengol, GPS: 42.358730, 1.465335). Zu Fuß bist du in knapp 10 Minuten im Zentrum.*

52 km Auf der N-260 geht es nach Westen, ab Adrall steiler bergan über Serpentinen entlang der historischen Pyrenäenpassstraße. Informiere dich vor der Abfahrt über die Wetterverhältnisse. Der Pass **Port del Cantó** (1721 m ü. M.) wird nach starken Schneefällen immer wieder gesperrt!

Sort

Das Tor zu den hohen Pyrenäen bietet alles, was du zum Aufstocken der Vorräte brauchst, Restaurants und Bars (z. B. **Pub Cherokee Bar,** ▶ S. 40) sowie die Womo-Werkstatt Skura Camper *(Poligono Els Salancons, Tel. 643 05 97 90, fb.com/Skuracamper).* Rafting- und Canyoning-Touren kannst du über *laraftingcompany.com (Tel. 973 62 14 62)* buchen.

P *Am Camì de la Cabanera findet sich meist eine Lücke.*

4 km Nach wenigen Minuten Fahrzeit auf der C-13 Richtung Norden erreichst du **Rialp,** wo du am kostenlosen Womo-Stellplatz beim Rauschen des Flusses nächtigen kannst *(GPS: 42.438817, 1.133643).*

A Tourenverlauf

Spot 3

Nationalpark Aigüestortes i Estany de Sant Maurici
Natur pur in den Pyrenäen ▶ **S. 38**

68 km Fahre zurück nach Sort und auf der N-260 bzw. C-13 Richtung Süden. Nachdem du bei Baro das **Restaurant El Carro** (▶ S. 40) und **Camping Beta** (s. S. 41) passiert hast, geht es durch La Pobla de Segur mit dem **Restaurant Fa Uns Anys** (▶ S. 40) vorbei an zwei Stauseen und durch die Serra del Montsec.

La Baronia de Sant Oïsme

Auf einer felsigen Halbinsel erhebt sich das kleine Dorf über dem Stausee **Pantà de Camarasa,** überragt von den Überresten eines Kastells und einem romanischen Kirchlein.

P *Beim Restaurant Doll an der Ortszufahrt von der C-13.*

47 km Um einige Serpentinen zu sparen, fahre ca. 4 km zurück und links ab auf die C-12. Nach rund 11 km erreichst du **Àger,** das aktiv-touristische Zentrum des Landstrichs, mit Einkaufsmöglichkeiten, **Campingplatz** *(resortager.com)* und Gasthöfen wie **Lo Torres** *(C-12 km 200, Fr–So 12–23, Mo–Mi 9–23 Uhr, Tel. 973 45 51 72, buenacarta.es/lotorres).*

Balaguer

Im historischen Zentrum solltest du an der **Plaça de Mercadal** die hübschen Arkadengänge bewundern. Die Überreste der mittelalterlichen **Stadtmauern** zeugen von der arabischen Vergangenheit der Stadt am Segre. Auf einem Teilstück kannst du entlangspazieren und dabei die besten Panoramablicke genießen *(Juli–Mitte Sept. Mo–Sa 11–20, So/Fei 10–20, sonst Sa/So 11–14 Uhr, Eintritt frei, Zugang über C. Francesc Pi i Margall, balaguer.cat).*

P *Am Marktplatz findet sich meist eine Lücke, außer Sa, dann ist Markttag. Schau sonst am kostenlosen* **Womo-Stellplatz** *beim Goldmuseum am Segre-Ufer (C. de Cervantes, GPS: 41.795333, 0.810226, gratis Stromanschluss an allen Stellplätzen!).*

26 km Über die C-12 Richtung Süden.

Spot 

Lleida (Lérida)
Weinbau und Natur um den mittelalterlichen Bischofssitz ▶ **S. 42**

119 km Über die A-2 geht es zügig voran bis zur Ausfahrt 570 und weiter über die B-1101 und B-1103.

Monestir (Monasterio) de Montserrat

Kataloniens wichtigstes Kloster liegt mitten in einem Bergmassiv, dessen Umgebung sich für Wanderungen anbietet. Die hier verehrte **Schwarze Madonna,** Kataloniens Nationalheilige, soll heilende Kräfte haben. Im **Klostermuseum** siehst du u. a. Gemälde von Caravaggio und El Greco.

i Tgl. 7–20 Uhr, während der Messe (10.30–12, Juli–Mitte Sept. auch 17.45–19.30 Uhr) kann die Madonna nicht besucht werden; Museum: tgl. 10–17.45 Uhr | 18 € (inkl. Museum), Tickets online | montserratvisita.com, iamontserrat.cat

60 km Auf der C-55 bis Abrera, weiter über die A-2. Deren Verlängerung führt als B-10 am Hafen vorbei in die Stadtmitte.

Barcelona
Kulturgenuss in der pulsierenden Millionenstadt am Meer ▶ **S. 46**

43 km **Optionaler Anschluss: Tour B**

DURCHATMEN

Im Nationalpark Aigüestortes i Estany de Sant Maurici stehen alle Zeichen auf Grün.

Cadaqués

Einst weißes Fischerdorf, heute Hotspot der „wilden Küste".

Einer der schönsten Orte an der Costa Brava: natürlich touristisch, dabei einen Hauch mondän und modern-hip. Schon die Strandvilla des surrealistisches Malers Salvador Dalí ist ein Kunstwerk für sich. Der Ausblick vom Cap de Creus veranschaulicht dir, warum die Küste *brava*, also „wild", genannt wird. Auch kulinarisch treffen hier Berge und Meer aufeinander, probiere die Nudel-„Paella" *(fideuà)*!

P *Kostenlose, nicht asphaltierte Tagesparkplätze beim Friedhof an der Av. St. Baldiri (relativ ortsnah, aber schnell voll, für Übernachtung 150 € Bußgeld, GPS: 42.291307, 3.283880) sowie beim Corral d'en Morrell (GPS: 42.298688, 3.285186). Alternative nicht weit von der Dalí-Villa: Parking Portlligat (im Sommer 50 €/10–20 Uhr, nachts und Nebensaison gratis, GPS: 42.295394, 3.286866).*

HEIMELIG

Die Kirche Santa María wacht über Cadaqués, damit auch kein Schäfchen verloren geht.

AKTIVITÄTEN & SIGHTSEEING

1 Versteckte Buchten mit dem Kajak erkunden

Rund ums Cap de Creus gibt es *calas*, die du nur vom Wasser aus erreichst. Bei **Kayaking Costa Brava** Ein- bzw. Zweisitzer mieten oder Tour mit Guide buchen. ***Infos:*** *Av. Salvador Dalí 50 sowie Platjes Portlligat, Castell, Tamariu u. Montgó | Juni–Sept. tgl. 10–19 Uhr | ab 14 €/Std. | Tel. 972 77 38 06 | kayakingcostabrava.com | Anmeldung empfohlen*

Insider-Tipp **Voller Durchblick**

Herrlich schnorcheln an der ***Platja de s'Alqueria gran*** *(GPS: 42.298975, 3.289210).*

2 Surrealistische Strandvilla

Die **Casa-Museu Salvador Dalí** wurde so belassen, wie der berühmte Maler und Bildhauer sie hinterlassen hat. Und ihre Einrichtung ist wie sein Werk: herrlich verrückt und schräg. ***Infos:*** *Platja Portlligat | wechselnde Öffnungszeiten | Haus & Olivenhain 14 €, Tickets unbedingt frühzeitig online kaufen! | Tel. 972 25 10 15 | salvador-dali.org*

3 Von Klostermauern auf die „wilde Küste" blicken

Das romanische Benediktinerkloster **Monestir de Sant Pere de Rodes** (11./12. Jh.) ist ein mystischer Ort an den grünen Hängen der Serra de Verdera. ***Anfahrt:*** *GI-614 und GI-613 bis El Port de la Selva, von dort GIP-6041, ca. 20 km/40 Min. von Cadaques* ***Infos:*** *Camí del Monestir s/n | El Port de la Selva | Juni–Sept. Di–So 10–20, sonst 10–17.30 Uhr | 6 € | patrimoni.gencat.cat* ***Parken:*** *kostenlos | etwa 10 Min. Fußweg vom Eingang | häufig Einbrüche, Übernachten verboten*

4 Rund ums Kap wandern

Spektakulär sind die Ausblicke vom **Cap de Creus,** dem östlichsten Punkt Spaniens. Badesachen und festes Schuhwerk nicht vergessen, denn zwischen den Felsen des Naturschutzgebiets verstecken sich kleine Buchten. Auch die „Höllengrotte" *(Cova de l'infern, GPS: 42.317517, 3.319635)* ist mit etwas Klettergeschick zu erreichen. ***Anfahrt:*** *8 km von Cadaqués | März–Okt. Zufahrt verboten (Zubringerbusse 8 €/Retourticket, moventis.es/es/servicio-lanzadera-en-el-parque-natural-del-cabo-de-creus), Nov.–Feb. darfst du mit schriftlicher Genehmigung (policialocal@cadaques.cat) auf dem Parkplatz beim Leuchtturm (GPS: 42.319559, 3.314872) nächtigen,*

REGENTAG – UND NUN?

5 Einmal abheben

In der Anlage von **Windoor-Realfly** lernst du im Windkanal fliegen. Anfänger werden dabei exzellent gebrieft. ***Anfahrt:*** *22 km von Cadaqués | an der C-260 in Empuriabrava beim Kreisverkehr den Schildern folgen* ***Infos:*** *Sector Aeroclub | Empuriabrava | Di–So 9.30–21.30 Uhr | 2 Flüge 60 €/Pers. | Tel. 972 45 40 40 | windoor-realfly.com*

Ausdruck sichtbar ins Auto legen. 📷 *Der* ***Leuchtturm*** *ist abends besonders schön.*

ESSEN & TRINKEN

6 Lua Wine & Soul Food

Sehr gute mediterrane Fusion-Küche – katalanisch, italienisch, japanisch, thai – im Zentrum mit ruhiger Außenterrasse. ***Infos:*** *C. de Santa Maria 1 | März–Okt. Fr–Mi (im Sommer tgl.) 13–15.30, 20–22.30 Uhr | Tel. 972 15 94 52 | Facebook: lua.cdqs | reservieren! | €€*

7 El Gato Azul

Feine Gerichte der libanesischen Küche – natürlich auch vegetarisch und vegan. Im Garten speist du mit Meerblick. ***Infos:*** *C. Curós 10 | Mai–Sept. tgl. 12.30–16, 19.30–23.30, sonst Do–Di 12.30–15, 19.30–21.30 Uhr | Tel. 972 25 88 44 | Facebook: gatoazulisabelle | €€*

EINKAUFEN

8 Celler Martín Faixó

Das **Weingut** mit seinem steinalten Haupthaus im Masia-Stil produziert weiße, rosé und rote Tropfen. Zur Verkostung gibt's Käse und Wurst aus der Region. Im Zentrum von Cadaqués betreibt die Familie auch die **Weinbar Enoteca MF** *(Pl. des Poal 3).* ***Infos:*** *GPS: 42.294657, 3.235800 (5 km von Cadaqués) | tgl. 9–19, Führung 11, Mitte Juni–Mitte Sept. auch 16 Uhr | Führung mit Verkostung ab 17 €, online reservieren! | Tel. 972 25 89 54 | martinfaixo.com*

9 Sa Botigueta

Trendbewussten Modeschmuck, Spielwaren und hübsche Souvenirs findest du in dieser **Boutique** an der Strandpromenade. ***Infos:*** *Av. Victor Rahola 3 | April–Okt. tgl. 9–19 Uhr | sa botigueta.cat*

SONNEN & BADEN

Im Wecamp Cadaqués kann man sich stilvoll erfrischen.

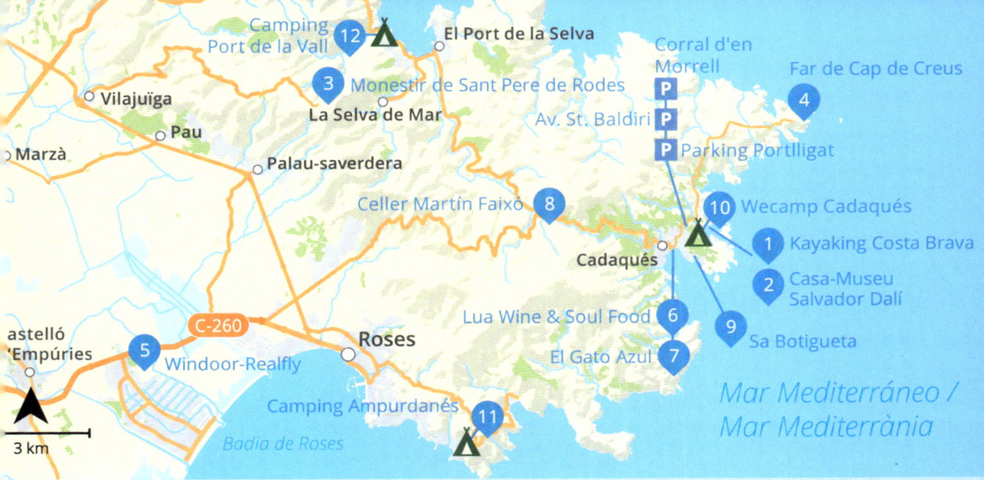

STELL- & CAMPINGPLÄTZE

10 Zentralste Wahl

Der auf ökologische Nachhaltigkeit hin umgestaltete Platz mit Pool bietet einen Hauch von Luxus. Im Norden einige Womo-Parzellen mit Blick über die grünen Pinienwälder aufs Meer. Im Sommer etwas teurer, aber dafür entspannt. Unbedingt im Voraus online reservieren.

Wecamp Cadaqués

€€€ | Av. de Salvador Dalí 23 | Cadaqués
Tel. 872 55 34 10 | wecamp.net/destinos/wecamp-cadaques | GPS: 42.291800, 3.283233

ganzjährig geöffnet

▶ **Größe:** *25 000 m², 73 Parzellen, 31 Hütten, 20 Tiny homes, je 10 Glamping-Zelte u. Apartments*
▶ **Ausstattung:** *Pool, Boulebahn, Tischtennis, Restaurant, Supermarkt, Waschmaschinen, Wäschetrockner, Bar-Restaurant*

11 Strandnah und familientauglich

Schattiger Platz mit Topausstattung im Küstenort Roses , in der Nähe Restaurants, Bars und Sportangebot. Zum feinsandigen Stadtstrand der Cala l'Almadrava sind es keine 5 Min. zu Fuß.

Càmping Ampurdanés

€€ | C. Rembrandt 8 | Roses
Tel. 972 15 34 12 | campingampurdanes.es
GPS: 42.240387, 3.209650

Mitte März–Okt. geöffnet

▶ **Größe:** *6000 m², 55 Parzellen, 10 Bungalow-Holzhütten*
▶ **Ausstattung:** *Restaurant, Supermarkt, Waschmaschinen, Wäschetrockner*

12 Ruhepol an der „wilden Küste"

Schattiger, gepflegter Platz mit quasi eigenem, sanft abfallendem Sandstrand. Ruhe wird hier geschätzt, Partyfans sind unerwünscht.

Càmping Port de la Vall

€€ | C. Port de la Selva (GI-612) bei km 6 | El Port de la Selva
Tel. 972 38 71 86 | campingportdelavall.com
GPS: 42.342086, 3.184910

ca. Mitte März–Mitte Okt. geöffnet

▶ **Größe:** *30 000 m², 225 Parzellen u. Mobile-Home-Bungalows*
▶ **Ausstattung:** *Bar, Supermarkt, Waschmaschinen, Trockner, Gasflaschenverkauf, Billardtische, Grillplätze, Tischfußball, Kajak- u. Segelbootverleih, Kinderspielplatz, Planschbecken, Hüpfburg*

Girona (Gerona)

Hier sieht es aus wie in „Game of Thrones"

Die Locations-Scouts der zum Kult avancierten TV-Serie waren vom mittelalterlichen Zentrum begeistert, zu Recht! Damit nicht genug: Architektonisch verspielte Jugendstilbauten gibt es im nahen Küstendorf Sant Feliu de Guíxols zu entdecken, typisch katalanische Atmosphäre im historischen Vic. Und nicht zuletzt warten in Salvador Dalís Geburtsstadt Figueres des Meisters Geburtshaus und das wichtigste Museum zu seinem Werk auf dich.

P *Kostenloser, unbefestigter* ***Gemeindestellplatz*** *(GPS: 41.990264, 2.801450, 15 Min. Fußweg ins Zentrum, Frischwasser, Grau- und Schwarzwasserentsorgung). Überwachte* ***Área Autocaravana*** *(GPS: 41.983915, 2.813942, Tel. 972 22 62 88, 19 €/Tag, empark.com, WLAN, Frischwasser, Grauwasserentsorgung, Strom 1 €/2 Std.)*

VERSTECKSPIEL

Treppauf, treppab – in Gironas altem jüdischen Viertel El Call lassen sich Verfolger gut abhängen.

AKTIVITÄTEN & SIGHTSEEING

1 Durch die Gassen der Altstadt bummeln

Nicht nur die **Kathedrale Santa María** *(Mo–Sa 10–18, So 13–18 Uhr, mit Basílica de Sant Feliu 7,50 €, Tickets vorab kaufen!, catedraldegirona.cat)* mit ihrer steilen Treppe wird „Game of Thrones"-Fans bekannt vorkommen, immerhin diente Girona als Kulisse für King's Landing, Bravoos und Oldtown. Schau dir auch um die Ecke die **Arabischen Bäder** *(Banys Arabs, C. del Rei Ferran el Catòlic, Mo–Sa 10–18/19, So 10–14 Uhr, 3 €, banys arabs.cat)* an! Das beste Panorama der historischen Altstadt erhaschst du beim Spaziergang auf der frei zugänglichen Stadtmauer. *Der Blick von der Fußgängerbrücke* ***Pont d'en Gómez*** *auf die bunt zusammengewürfelten Wohnhäuser am Riu Onyar ist ein Instagram-Hit (GPS: 41.986686, 2.824081)!*

2 In die katalanische Lebensart eintauchen

Die Kleinstadt **Vic** (Vich) gehört wie Girona zu den Bollwerken des katalanischen Separatismus. Flaniere durch die Altstadt, über den Hauptplatz Plaça Major und vorbei am **römischen Tempel** *(Pl. de la Pietat).* ***Anfahrt:*** *67 km über N-II bzw. A-2 und C-25* ***Parken:*** *Auf dem Womo-Stellplatz kannst du sogar nächtigen (GPS: 41.934674, 2.240177, 5 €/Tag inkl. Duschen, Strom 6 €/3 Std., Zahlung über territoricamper.osonaturisme.cat oder App, s. Schild, Tel. 938 86 20 91, Fußweg in die Altstadt ca. 25 Min.)*

Insider-Tipp
Markttag in Vic wie im 14. Jh.

Anfang Dezember feiert man auf dem ***Mercat Medieval*** *in der Altstadt (vicfires.cat). Gönn dir zur mittelalterlichen Livemusik einen Becher Met!*

3 In Sant Feliu de Guíxols im Jugendstil schwelgen

Ein schönes Beispiel des katalanischen *modernisme* findet sich an der mozarabisch beeinflussten Fassade des **Casino La Constància** *(Rambla del Portalet 1).* Einen sehenswerten Stilmix bietet das Wehrkloster **Monestir de Sant Feliu de Guíxols** *(Pl. del Monestir, Mo–Fr 10–13, 15–18, Sa/So 10–20 Uhr, museu.guixols.cat),* das ab 2025 Kunst aus der Sammlung Carmen Thyssen beherbergen wird. Nicht weit entfernt lädt der feinsandige Stadtstrand zum Bad. ***Anfahrt:*** *33 km über C-250z und C-65* ***Parken:*** *kleiner, zentrums- und strandnaher Womo-Stellplatz (Ronda Narcís Massanas 15, GPS: 41.780096, 3.022826, unbefestigt, unbeleuchtet, 5 €/24 Std. müssen beim Tourismusbüro an der Pl. del Monestir bezahlt werden*

4 Ins Dalí-Museum nach Figueres fahren

Der **Teatre-Museu Dalí** zählt zu den meistbesuchten Sehenswürdigkeiten ganz Kataloniens. Nicht nur die ausgestellten Werke, sondern auch das ganze Gebäude ist Dalí-gemäß vollkommen irre. ***Anfahrt:*** *48 km über die AP-7* ***Infos:*** *Pl. Gala i Salvador Dalí 5 | Figueres | wechselnde Öffnungszeiten | 17 €,*

REGENTAG – UND NUN?

5 Und Action!

Das private **Kinomuseum** von Tomàs Mallol i Deulofeu illustriert die Filmgeschichte von der Laterna magica übers chinesische Schattenkino und die Brüder Lumière bis zum Beginn des Fernsehens. ***Infos:*** *C. Sèquia 1 | Juli/Aug. Mo–Sa 10–19, So 10–14, sonst Di–Sa 10–18, So 10–14 Uhr | 7 € | museudelcinema.girona.cat*

Ticketkauf unbedingt vorab online! | salvador-dali.org/es/museos/teatro-museo-dali-de-figueres/informacion-practica/horaris-i-preus ***Parken:*** *unweit des Bahnhofs (GPS: 42.265979, 2.970609) oder an der N-260 (GPS: 42.270908, 2.970277)*

ESSEN & TRINKEN

6 La Fàbrica Girona

Das Fahrrad-Café wartet zum Frühstück, Brunch oder Snack nicht nur mit süßen Toasts *(torrades)*, Bagels und Waffeln auf, sondern auch mit pikanten Varianten, vegan, mit Lachs oder Pulled Pork. Feiner Kaffee der Hausmarke und frische Säfte folgen dem Motto „Good vibes only". ***Infos:*** *La Llebre 3 | tgl. 9–17 Uhr | Tel. 872 00 02 73 | lafabricagirona.com | €€*

7 König Migdia

Beim König bekommst du feinste Burger, Bagels und Sandwiches, dazu Gegrilltes und Kroketten. Franchise-Kette mit lokalen, ökologischen Produkten (auch in Figueres, Barcelona etc.). ***Infos:*** *C. Migdia 7 u. an der Pl. de la Indepèndencia | tgl. 9–23–30 Uhr | Tel. 972 21 44 05 | konig.cat | €–€€*

WALDBADEN

In den Bergen rund um Girona schmiegen sich die mittelalterlichen Dörfer an die grünen Hänge.

EINKAUFEN

8 Arti Pa

Bei David Rovira i Prat, dem hervorragenden **Bäcker** in Vic solltest du dich für die nächsten Tage mit feinen Keksen und Bio-Vollkornbrot eindecken. Arti-Pa-Läden findest du auch in Barcelona. ***Infos:*** *C. de Gurb 12 | Vic | Mo–Sa 8–14, 16.30–20 Uhr | artipa.cat*

9 Partisano Wear

Fabrikverkauf in einem Vorort von Girona: Hippe **Klamotten** und Hoodies sowie T-Shirts mit politisch-linkslastigen, feministischen und punk-affinen Motiven. Boutiquen der Marke in Barcelona und València. ***Infos:*** *C. Palamós 96, baixos 2, Celrà | Mo–Fr 9–14 Uhr | partisano.cat*

STELL- & CAMPINGPLÄTZE

10 Ganz entspannt in der Natur gelegen und gratis

Ein überaus ruhiges Plätzchen für die Nacht. Tagsüber laden Wander- und Fahrradrouten zum Erkunden der Gegend ein, im Sommer bietet das nahe Gemeinde-Schwimmbad Abkühlung!

Àrea AC Sant Gregori

Passeig de l'Argelaguet s/n | Sant Gregori | ca. 8 km von Girona über die GI-531
Tel. 972 42 83 00 | santgregori.cat
GPS: 41.984947, 2.759522

ganzjährig geöffnet

▶ **Größe:** *Platz für ca. 50 Womos*
▶ **Ausstattung:** *Frischwasser, Grau- und Schwarzwasserentsorgung*

11 Liebevoll gepflegtes Gartenparadies am Stausee

Besonders ruhig sind die schattigen Parzellen im Nordosten. Wander- und Fahrradrouten starten vom Platz. Auf dem See kannst du segeln, surfen, paddeln. Ein 25-minütiger Spaziergang bringt dich in die Altstadt von Banyoles.

Càmping El Llac

€€€ | C. Circumvallació de l'Estany s/n | Porqueres (Banyoles) | ca. 23 km von Girona
Tel. 972 57 03 05 | campingllac.com
GPS: 42.120450, 2.747167

Mitte Jan.–Weihnachten geöffnet

▶ **Größe:** *27 000 m², 287 Parzellen, 32 Bungalows und Mobile Homes*
▶ **Ausstattung:** *Minigolf, Seestrand, Pool, Restaurant, Supermarkt, Gasflaschen, Fahrrad- und Kajakverleih, Grau-/Schwarzwasserentsorgung*

Nationalpark Aigüestortes i Estany de Sant Maurici
Natur pur in den Pyrenäen

Wer Bäche und Berge mag, der wird selbst als Alpenfan die katalanischen Pyrenäen lieben. Es ist ein Paradies für sportliche Aktivurlauber: Von Bergwandern über Mountainbiking bis zu Canyoning und Wildwasser-Kajaking gibt es adrenalinlastige Beschäftigungen zuhauf. Gemächlichere Gemüter finden herrlich entspannte Wanderungen um Stauseen herum oder entlang von Gebirgsbächen – und vor allem reine Luft und Stille!

HIMMLISCHE RUHE

Nur wenn die Glocken von Sant Climent in Taüll läuten, wird es laut im Vall de Boí.

AKTIVITÄTEN & SIGHTSEEING

1 Klettergarten in den Baumkronen

Der **Pirineus Parc Aventura** ist nicht nur für Kinder (ab 3 Jahren) ein Riesenspaß, sondern auch für Erwachsene, die manche Seilrutsche sicher Überwindung kosten wird. In allen fünf Touren bist du stets im Klettergeschirr gesichert. ***Anfahrt:*** *C-13 Richtung Norden bis zum Pantà de la Torrassam, hinter dem Stausee rechts über die Brücke, wieder rechts Richtung Berrós* ***Infos:*** *Ctra. de Berròs | La Guingueta d'Àneu | GPS: 42.579030, 1.141753 | April–Mitte Okt. wechselnde Zeiten, im Winter Schneeschuhwanderungen | Klettern ab 14 € | Tel. 973 62 65 13 | pirineusparcaventura.com*

2 Romanischer Roadtrip durchs Vall de Boí

In diesem überwältigend schönen Pyrenäental versteckt sich die Wiege der katalanischen Romanik, mit neun alten Kirchen, die seit dem 11. Jh. durchgehend von Gläubigen genutzt werden. Denn die maurischen Eroberer wagten sich nicht in die gut gesicherten engen Täler vor. Am besten erhalten und mit atemberaubenden Fresken aus dem 12. Jh. geschmückt ist Sant Climent *(GPS: 42.517520, 0.848501)* in **Taüll.** Im selben Ort findest du noch eine zweite sehenswerte Kirche: Santa Maria de Taüll (GPS: 42.520270, 0.846920). ***Anfahrt:*** *von Rialp die N-260 über La Pobla de Segur (ideal für einen Zwischenstopp) bis zur Grenze zu Aragón bei El Pont de Sort. Über die N-230 auf die L-500, den Fluss Tor entlang ins Boí-Tal. Die knapp 92 km über teils enge Serpentinen bewältigst du im Womo in etwa 2 Std.* ***Infos:*** *centreromanic.com*

3 Gipfelsturm auf die „Verliebten"

Die **Els Encantats** zählen zu den schönsten Gipfeln der katalanischen Pyrenäen, der Gran Encantat *(GPS: 42.568482, 1.014786)* ist immerhin 2748 m hoch. Trittsicher und schwindelfrei solltest du sein, gutes Schuhwerk ist Voraussetzung und Proviant sowieso. Beginne die Tour *(ca. 6–7 Std. Gehzeit)* am frühen Morgen und behalte den Wetterbericht im Auge. Die Route ist gut markiert. Gemütlicher ist der Aufstieg zu den Gletscherseen **Llacs d'Espot,** wo es auch eine ganzjährig bewirtschaftete Schutzhütte gibt *(Refugi amitges, amitges.com, ca. 1,5 Std. Aufstieg vom Parkplatz).* ***Anfahrt:*** *Von Rialp auf der C-13 Richtung Norden, bei der Tankstelle am Stausee Pantà de la Torrassa links ab auf die LV-5004. Ab hier wird es kurvenreich und steil, rechne für die knapp 33 km bis zum Parking Llac Sant Maurici (GPS: 42.584768, 1.048363) mit gut 40 Min.*

4 Adrenalinkicks im Wildwasser

Ob Kajak, Rafting oder Hydrospeed: Von **Rialp** starten Touren, bei denen sich Profis im Wildwasser der Pyrenäenbäche austoben können und Anfänger auf Tuchfühlung gehen mit dem auch im Sommer ziemlich erfrischenden Nass. ***Infos:*** *Aiguadiccio Rialp Sports Aventura | Av.*

Flora Cadena 55 | Rialp | z. B. Rafting- und Canyoningtour (14 km) 72 €/2 Tage | Tel. 973 62 14 17 | aiguadicciorialp.com

AUSGEHEN

5 Pub Cherokee Bar

Ja, es gibt auch Nachtleben in **Sort,** und zwar in der legendären Cherokee Bar. Hier kannst du bis in die frühen Morgenstunden feiern und dich beim Kicker- und Dartsspielen mit anderen messen. ***Infos:*** *Av. dels Comtes de Pallars (C-13) | Sort | tgl. 22–mind. 3.30 Uhr*

ESSEN & TRINKEN

6 Restaurant Fa Uns Anys

In den Pyrenäen solltest du die deftige regionale Kost genießen. Lass dich in diesem Lokal nicht von der eleganten Einrichtung abschrecken, die Speisen sind nur minimal teurer als anderswo und es lohnt sich! Hausgemachtes Brot, exzellente Weinkarte und Craftbiere aus Katalonien. ***Anfahrt:*** *32 km von Rialp über C-13 und N-260* ***Infos:*** *C. de la Font 11 | La Pobla de Segur | Di–So 13–16, 21–22.30 Uhr | Tel. 973 66 01 60 | abends Reservierung empfohlen | €€*

7 El Carro

Bei diesem Flusspanoramablick schmeckt's noch besser! Doch die Gerichte vom Holzofengrill – wie Biofleisch (Rind, Lamm, Huhn), fangfrische Forellen oder Artischocken – sind ohnehin großartig und allesamt aus der Region. ***Anfahrt:*** *12 km von Rialp über C-13 und N-260, kurz vor Baro den Fluss queren* ***Infos:*** *Finca la Vinya | Baro | Mitte Juni–Mitte Juli, Mitte–Ende Sept. Fr–So, Mitte Juli–Mitte Sept. tgl. 13–16.30, 20–23.30 Uhr | Tel. 973 66 21 48 | restaurantelcarro.com | Reservierung empfohlen | €€*

EINKAUFEN

8 Formatgeria Montsent de Pallars

Du bist im siebten **Käsehimmel** gelandet! Ausgangsstoff der Köstlichkeiten ist die Rohmilch von Schafen und Ziegen, die im Sommer auf den Pyrenäenalmen grasen. ***Infos:*** *C. la Vall 16 | Rialp | Mo 17.30–20.30, Di–Sa 9–14, 17.15–20.30, So 9–14.30 Uhr | Besichtigung inkl. Verkostung nach Voranmeldung 8 € | Tel. 687 86 36 95 | formatgeriamontsent.cat*

Insider-Tipp

Ein Gedicht auf der Zunge ...

... ist der ***Vall-d'Àssua-Frischkäse*** *im Mantel aus Wildkräutern.*

9 Embotits Vall Cardós

Ein Abstecher ins landschaftlich spektakuläre Cardós-Tal mit seinen verschlafenen Hochgebirgsdörfern in typischer Natursteinarchitektur lohnt insbesondere für Fleischliebhaber. Auf katalanische Wurstwaren hat sich diese **Metzgerei** spezialisiert und wartet mit den besten gekochten *botifarras*, luftgetrockneten *xolís*, aber auch Paprika-

Würsten *xoriç* (span. *chorizo*) und frischer *llonganissa* auf. ***Anfahrt:*** *23 km von Rialp über C-13 und L-504* ***Infos:*** *C. Tavascan s/n | Ainet de Cardós | Mo–Sa 10–14, 17–20, So 10–14 Uhr | embotits vallcardos.es*

STELL- & CAMPINGPLÄTZE

10 Zum Rauschen des Wildbachs einschlafen

Der kleine, ruhige Platz ist ideal als Basislager zum Wandern, Klettern, Mountainbiken oder Kajakfahren. Die Parzellen sind schattig, mit gepflegtem Rasen, die Sanitäreinrichtungen modern und sauber und das Team sehr hilfsbereit.

Càmping Beta

€€ | ca. 12 km südlich von Rialp, an der N-260 bei km 288 | Baro
Tel. 973 66 20 80 | campingbeta.com
GPS: 42.359168, 1.081474

▶ **Größe:** *40 000 m², 83 Parzellen zu je 80 m², aufgeteilt in Camping- und Womo-Bereiche, 5 komfortable Apartments*
▶ **Ausstattung:** *Swimmingpool, Waschmaschine, Trockner, Bar, Restaurant, Lebensmittelladen, Kinderspielplatz, Grillplätze, Gasflaschenverkauf, Trinkwasser, Warmwasserduschen, Solarium*

11 Unter mächtigen Gipfeln nächtigen

Unter den vielen naturnahen Campingplätzen der Gegend sticht dieser nicht nur durch seine ideale Lage am rauschenden Gebirgsbach hervor. Besonders sind zudem das tolle Spielareal sowie das Animationsprogramm für Kinder. Fahrrad- und Wandertouren starten unmittelbar vor Ort. Die Betreiber bieten auch geführte Wanderungen und Kajakkurse an.

Càmping Voraparc

€€ | Ctra. de Sant Maurici (an der Zufahrt zum Nationalpark)
Tel. 973 25 23 24 | voraparc.com
GPS: 42.583376, 1.075213

▶ **Größe:** *ca. 33 000 m², 129 Parzellen (Womos bis 10 m Länge), 8 Bungalows*
▶ **Ausstattung:** *Pool mit Kinderbecken (Juni–Sept.), kleiner Supermarkt, SB-Restaurant, Pizzeria (Sommer), Bar, Grillplätze, Waschmaschine, Trockner, Bügeleisen, Entleerung chemischer Toiletten, Grau- und Schwarzwasserentsorgung, Billardtische, Tischtennis, Boulebahn, Kajak-, Kanu-, Fahrrad- und E-Bike-Verleih, Sportplatz, Spielplatz, Kinderanimation, Angelmöglichkeit*

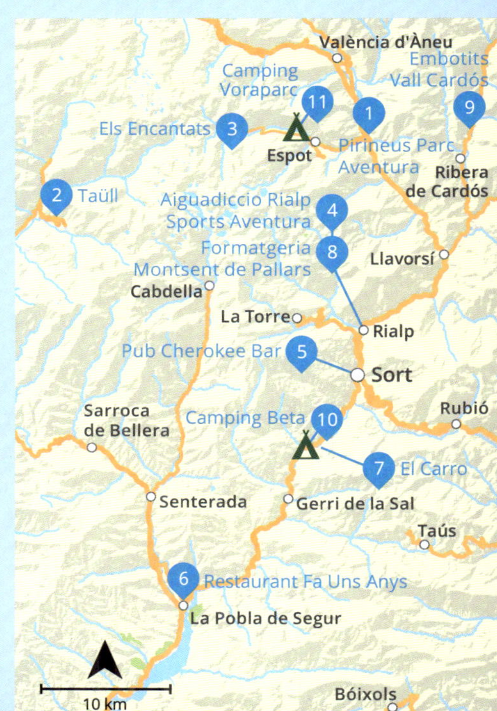

Lleida (Lérida)

Weinbau und Natur um den mittelalterlichen Bischofssitz

Die geschichtsträchtige, überaus katalanische Provinzhauptstadt Lleida ist das Tor zum Pyrenäenvorland mit der Serra del Montsec, wo du eine Fülle an Möglichkeiten für Outdoorsport findest – und das stets vor atemberaubender Bergkulisse. Berühmt ist das Umland auch wegen der exzellenten Weine, die am Segre-Ufer angebaut und gekeltert werden. Zahlreiche Stauseen wie auch Wasserfälle und Gebirgsbäche bieten in heißen Sommern genügend Möglichkeiten zur Abkühlung.

P *Öffentlicher Gratis-Parkplatz beim Camp d'Esports (Av. del Doctor Fleming, GPS: 41.621976, 0.612625). Am Mercat Nou Barris (Av. Prat de la Riba, GPS: 41.625233, 0.633029) nur So–Do (Fr/Sa 80 € Bußgeld wegen Markttag). Der Parkplatz bei den Camps Elisis gilt als unsicher wegen häufiger Einbrüche.*

MONUMENTAL

Erst Kirche, dann Kaserne und Gefängnis – die alte Kathedrale hat viel Geschichte auf dem Buckel.

AKTIVITÄTEN & SIGHTSEEING

1 Den Kathedralhügel erkunden

Der romanisch-gotische Bau der **Seu Vella** mit meisterhaftem Kreuzgang wurde im 18. Jh. massiv zur Festung ausgebaut. Der Aufstieg auf den Glockenturm lohnt. Vom benachbarten Castell del Rei (Suda de Lleida), einst eine maurische Burg, hat man einen super Blick auf die Kathedrale. ***Infos:*** *So/Fei 10–15, Mai–Sept. Di–Sa 10–19.30, Okt.–April Di–Fr 10–13.30, 15–17.30, Sa 10–17.30 Uhr | Seu Vella inkl. Castell del Rei 6 €, | turoseuvella.cat*

Insider-Tipp
Unterirdisch groß!

*Die alten Zisternengewölbe **Dipòsit del Pla de l'Aigua** (Sa/So 10–14 Uhr, Eintritt frei, C. de Murcia 10) fassen ein Volumen von rund 9 Mio. Litern Wasser.*

2 Parklife am Pyrenäenfluss

Abgesehen von den **Camps Elisis** *(Av. de les Garrigues)*, einer Parkanlage mit Meerjungfrauen-Brunnen, lädt die Auenlandschaft des Segre-Flusses der **Parc de la Mitjana** mit Brücken und Wäldern zum Spaziergang ein. ***Infos:*** *Centre d'Interpretació de la Mitjana (GPS: 41.630307, 0.645267) | Zufahrt z. B. über Av. Pearson oder Camí de Greny | Mo–Fr 10–14, So 11–13 Uhr | Eintritt frei | urbanisme.paeria.cat/sostenibilitat*

3 Spektakulärer Klettersteig

Die Wanderung **Congost de Mont-Rebei** führt in der Schlucht des Riu Noguera Ribagorçana durch Tunnel, über Hängebrücken und einen Holzpfad, der direkt in die 500 m aus dem Stausee emporragende Steilwand gebaut wurde. Schwindelfreiheit ist Voraussetzung! ***Anfahrt:*** *Gut 95 km* ***Infos:*** *Punto de Información – Agrotienda La Masieta | Ctra. de Pont de Montanyana a St. Esteve de la Sarga, km 8 | wechselnde Zeiten | congostdemontrebei.cat | eine Strecke 2–3 Std., feste Schuhe, Wasser und Proviant mitnehmen!* ***Parken:*** *8 €/Tag, online reservieren, max. Höhe 2,30 m, GPS: 42.097244, 0.698514, 300 m vorher rechts der Straße einige Gratisplätze*

4 Tiere am See beobachten

Das Naturschutzgebiet **Secans del Segrià i Utxesa** bietet einfache und schöne Wander- und Radrouten, auf denen man seltenen Vogelarten begegnet. ***Infos:*** *Centre d'interpretació La Fusteria | Av. Pearson s/n | GPS: 41.491722, 0.509000 (22 km von Lleida) | Mo–Fr 8–14, Sa/So 9–13 Uhr | Eintritt frei | torressegre.cat/natura-i-turisme* 📷 *Ein wunderbares Frühlingsmotiv sind die **Mandelbaumhaine** rund um **Torres de Segre** (GPS: 41.530155, 0.512150).*

REGENTAG – UND NUN?

5 Bouldern gehen

In der Kletterhalle **Boulder Indoor** kannst du trainieren oder antesten, ob das dein Sport ist. ***Infos:*** *Mo–Fr 10–22.30, Sa/So 10–14, 17–20 Uhr | Tagespass 9 €, Ausrüstungsmiete 6 €, Kurse 1 Std. ab 16 € | Tel. 973 12 51 11 | boulderindoor.com*

ESSEN & TRINKEN

6 Teresa Carles

Köstliche vegetarische Küche mit über 40-jähriger Tradition, auch glutenfreie Speisen. Allesamt saisonal, lokal, kreativ und sensationell schön präsentiert. Ein Bioladen ist angegliedert. In Barcelona gibt es eine Filiale. ***Infos:*** *Pl. Ricard Vinyes 5 | tgl. 9–24 Uhr (durchgehend Küche) | Tel. 973 27 27 95 | teresa carles.com | €€*

7 Ateneu Cooperatiu La Baula & La Troca

Eine Kooperative betreibt diese Café-Bar mit Kinderspielbereich. Die Gerichte sind aus lokalen, meist ökologisch angebauten Zutaten. Lecker auch das Craftbier vom Fass! ***Infos:*** *C. del Nord 4 | Mo 17–23, Di–Fr 10–23, Sa 12–23 Uhr | Tel. 873 49 13 04 | ateneulabaula.cat | €–€€*

EINKAUFEN

8 Vinica

In dem kleinen **Weinladen** bekommst du einen guten Überblick über Kataloniens Topanbaugebiete. Costers del Segre sind die lokalen Weine aus Lleida, Raimat ist sehr gut, Albariño ideal zu Fisch, Priorat das Nonplusultra für Rotweinkenner. ***Infos:*** *C. Humbert Torres 19 | Mo 10–14, Di–Sa 10–14, 17–20.30 Uhr | vinicia.es*

9 Pastisseria Carme

Lleidas berühmteste **Bäckerei** versorgt dich z. B. mit hausgemachten Donuts, Croissants, Törtchen, Ensaimada-Blätterteigschnecken oder mit Schlagsahne gefüllten Brioches. Mhmm! ***Infos:*** *Av. Alcalde Rovira Roure 32 | Mo–Sa 8–14.30, 16.30–21, So 8–14.30 Uhr | pastisseriacarme.com*

SCHÖN SCHATTIG

Am Càmping La Noguera wohnt man unter den Walnussbäumen, die dem Ort seinen Namen gaben.

STELL- & CAMPINGPLÄTZE

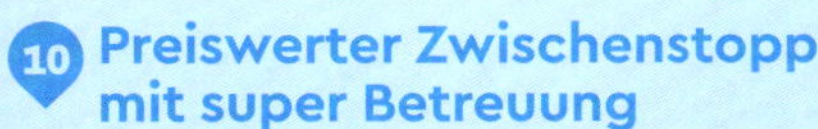

10 Preiswerter Zwischenstopp mit super Betreuung

Der Platz ist modern, gekiest, mit sauberen Sanitäreinrichtungen und unschlagbar günstig. Obwohl du hier neben der Autobahn wohnst, ist es in den Nachtstunden ziemlich ruhig. Und die Betreiber Santiago und Nati kümmern sich herzlich um all eure Fragen. Bezahlt wird vorab über die Website *parking.autocaravanaselglobo.com*, über dein Smartphone bekommst du dann Zutritt. Mit der Buchung beginnt die 24-Std.-Stelldauer.

Área Camper El Globo

€ | A-2 bzw. N-II bei Soses, km 447 | Soses | 16 km von Lleida über N-II und A-2
Tel. 621 22 56 80 | autocaravanaselglobo.com
GPS: 41.544904, 0.476228

▶ **Größe:** *10 Womo-Stellplätze für Fahrzeuge bis 9 m Länge*
▶ **Ausstattung:** *Waschmaschine, Trockner, Entleerung chemischer Toiletten, Grau- und Schwarzwasserentsorgung, Warmwasserduschen, WLAN, Gasflaschenverkauf, Womo-Vermietung (auch ab Flughafen Barcelona-Reus), Restaurant in unmittelbarer Umgebung*

11 Der Topplatz im Pyrenäenvorland

Daumen hoch: überaus freundliche Rezeption, hilfsbereite Belegschaft, vorzügliches Restaurant, schattige Parzellen, saubere, große Duschen und Warmwasser so viel du magst. Wer die Natur liebt und sportaffin ist, ist hier in Stauseenähe genau richtig, auch Wander- und Fahrradrouten starten vor Ort. Für all das muss man allerdings etwas tiefer in die Tasche greifen. Womos, die nur auf der Durchreise sind, werden auf einem separaten Terrain abgestellt.

Càmping La Noguera

€€€ | LV-9047, Partida la Solana s/n | Sant Llorenç de Montgai | 37 km von Lleida über C-12
Tel. 973 42 03 34 | campinglanoguera.com
GPS: 41.860564, 0.831828

▶ **Größe:** *80 000 m², 200 Parzellen, 3 Hütten, 13 Holzbungalows und Glamping-Angebote*
▶ **Ausstattung:** *Freibad (nur im Sommer), Indoor-Pool, Fitnessraum, Kinderbecken, gratis WLAN, Entleerung chemischer Toiletten, Grau- und Schwarzwasserentsorgung, Waschmaschine, Trockner, Gasflaschen, Restaurant, Bar, Grillplätze, Sportplatz, Kletterwand, Paddle-Piste, Boulebahn, Spielplatz, Tischtennis, Fahrrad- und Kanuverleih, Kinderanimation*

Barcelona

Kulturgenuss in der pulsierenden Millionenstadt am Meer

Kataloniens kosmopolitische Hauptstadt gehört zu den beliebtesten Reisezielen der Welt. Architektonische Meisterwerke, jahrhundertealt oder zeitgenössisch, prägen das Stadtbild, dem nicht zuletzt Antoni Gaudí seinen unverkennbaren Stempel aufgedrückt hat. Die Kunstmuseen sind Institutionen von Weltruf. Wie auch die innovative Clubszene. Aber auch zum Chillen gibt es genug Gelegenheiten – am Barceloneta-Strand oder in loungigen Szenecafés in Gràcia oder El Born.

P *Área Camper Barcelona Beach in Cabrera de Mar (GPS:41.512765, 2.400008, bei der Regionalbahn-Station Rodalies, R1 zur Pl. Catalunya ca. 50 Min., Juli/Aug. 25 €/Tag, sonst 18 €, tgl. 7–23.30 Uhr, areacamperbarcelonabeach.com): auch Übernachtung, pet-friendly, in Strandnähe, sicher vor Einbrüchen. Im Zentrum gilt von 6 bis 20 Uhr Fahrverbot für Fahrzeuge ohne Umweltplakette. Infos zu Öffis: tmb.cat*

ZUCKERBÄCKERLAND

Inspiration für seinen Park Güell fand Gaudí bei organischen Formen in der Natur.

AKTIVITÄTEN & SIGHTSEEING

1 Gaudís verspielte Architektur bestaunen

Der **Parc Güell** *(C. d'Olot, Öffnungszeiten s. Website, 10 €, parkguell.barcelona)*, die Kathedrale **Sagrada Familia** *(C. de Mallorca 401, Öffnungszeiten s. Website, 36 € inkl. Turmbesteigung u. Guide-App, sagradafamilia.org)* und das Bürgerhaus **Casa Milà** *(La Pedrera, Passeig de Gràcia 92, Öffnungszeiten s. Website, ab 25 €, nachts 38 €, lapedrera.com)* sind die Highlights. Am Passeig de Gràcia Nr. 34 lohnt zumindest die bunte Fassade der **Casa Batlló** *(tgl. 9–20 Uhr, ab 29 €, casabatllo.es)*. Echte Modernismus-Fans schauen sich noch Gaudís Erstling an: die **Casa Vicens** *(C. de les Carolines 20, Öffnungszeiten s. Website, 18 €, casavicens.org)* sowie die Krypta in der Colònia Güell (▶ S. 48). ***Infos:*** *Tickets online kaufen, bei Buchung im Voraus Rabatt*

2 Eintauchen ins Mittelalter

Dort, wo im 2. Jh. v. Chr. die Römer ihre Kolonie Barcino gründeten, erhebt sich heute rund um die Plaça del Rei das „Gotische Viertel". Der **Barri Gòtic** strotzt vor Prachtbauten, allen voran die Kathedrale **La Seu** *(catedralbcn.org)* sowie der Sitz der Regionalregierung und das Rathaus, einander gegenüber an der **Plaça San Jaume.** Im **Historischen Museum** *(museuhistoria.bcn.es)* an der Plaça del Rei kannst du die antiken Ruinen besichtigen. In den verwinkelten Gassen locken Wein- und Tapa-Bars, die Plätze säumen trendige Cafés. Auch das **Museu Picasso** lohnt einen Besuch *(C. Montcada 15–23, museupicasso.bcn.cat)*. 📷 *Das gotische Wahrzeichen des Viertels ist die prachtvolle* ***Bischofsbrücke*** *am Palau de la Generalitat (C. del Bispe).*

3 Ein Wow-Ausblick vom Bunker

Über Graffiti-besprühte Treppen gelangst du zu den **Bunkers del Carmel,** Flugabwehranlagen aus dem Bürgerkrieg (1936–1939) auf der Anhöhe Turó de la Rovira. Vom Mirador de les Bateries genießt du ein atemberaubendes 360°-Panorama, zum Sonnenuntergang meist mit Livemusik untermalt. ***Anfahrt:*** *Bus 119 bis Panorama-Labèrnia (am kleinen Parkplatz am Fuß des Berges sind Einbrüche häufig!)* ***Infos:*** *C. de Marià Labèrnia | Öffnungszeiten und Führungen zum Bürgerkrieg s. barcelona.cat/museuhistoria*

4 Musik im Jugendstiltheater

Der **Palau de la Música Catalana** ist ein prachtvolles Konzerthaus im Stil des *modernisme català*. Mehr darüber erfährst du bei einer Führung durch das Architekturjuwel. ***Infos:*** *C. Palau de la Música 4–6 | tgl. 9–15.30, Juli–Sept. bis 18.30 Uhr | 19 €, bei Onlinebuchung im Voraus Rabatt | palaumusica.cat*

5 Gärten und Kunst auf dem Montjuïc entdecken

Auf dem Hügel hoch über dem Szeneviertel Eixample gibt es nicht nur eine geschichtsträchtige Burg zu besichtigen, das **Castell de Montjuïc** *(ajuntament.barcelona.cat/castelldemontjuic)*. Hier liegen auch wundervolle **Botanische Gärten** wie die Jardins de Mossèn Costa i Llobera *(frei zugänglich)* voller Palmen und Kakteen und mit tollem Blick über den Hafen. Fans moderner Kunst dürfen die **Fundació Miró** *(Di–So 10–20 Uhr, 14 €, fmirobcn.org)* nicht auslassen.

6 Von den Rängen des Camp Nou blicken

Das Camp-Nou-Stadion ist das größte Europas und soll nach dem aktuellen Umbau rund 105 000 Fans Platz bieten. Sobald die Arbeiten abgeschlossen sind, dürfen auch die Besucher des **FC-Barcelona-Museums** wieder einen Blick hineinwerfen. ***Anfahrt:*** *M-3 bis Les Corts oder Palau Reial* ***Infos:*** *C. d'Arístides Maillol s/n | Mo–Sa 10–18.30, So 10–14.30 Uhr | Museum ab 28 € (bei Online-Vorabkauf) | fcbarcelona.com/en/tickets/camp-nou-experience*

7 Sundowner am Strand schlürfen

Zugegeben, am Stadtstrand **La Barceloneta** geht's vor allem ums Sehen und Gesehenwerden. Aber Sandstrand, Volleyball, für eine Großstadt ziemlich sauberes Wasser und jede Menge Bars – das hat schon etwas. ***Anfahrt:*** *Metro Barceloneta und durchs längst gentrifizierte alte Hafen- und Fischerviertel spazieren.* ***Infos:*** *Passeig Marítim de la Barceloneta*

8 Spaß auf dem Rummel wie im 19. Jh.

Der über 150 Jahre alte Vergnügungspark **Parc d'Atraccions Tibidabo** bietet in den Bergen hoch über Barcelona auch kulinarisch, musikalisch und panoramatechnisch einen Riesenspaß. ***Infos:*** *Pl. del Tibidabo | wechselnde Öffnungszeiten | 35 € mit Standseilbahn, Aussichtspunkt Eintritt frei | tibidabo.cat*

Insider-Tipp
Barcelonas „grüne Lunge"

Im Naturpark ***Serra de Collserola*** *warten Natur pur, Wanderwege und MTB-Trails (Bus A-6 von der Pl. de Lesseps, Besucherzentrum BV-1462/Ctra. de l'Església 92, parcnaturalcollserola.cat).*

9 Den Prototypen der Sagrada Familia besichtigen

Die modernistische **Colònia Güell** birgt die Krypta des Architekten Antoni Gaudí – ein Höhepunkt seines Schaffens, wenngleich die Kirche unvollendet blieb. Mehr über die ganze Industrie-Wohnsiedlung erfährst du im Besucherzentrum *(C.*

REGENTAG – UND NUN?

10 Zeitgenössische Kunst

Das **Museu d'Art Contemporani de Barcelona** (MACBA) fesselt bei schlechtem Wetter mit seiner Dauerausstellung und exzellenten Sonderschauen. Hört der Regen auf, zeigen Skater und BMX-Künstler vor dem Museum ihr Können. ***Infos:*** *Pl. dels Àngels 1 | Raval-Viertel | Mo, Mi–Fr 11–19.30, Sa 10–20, So 10–15 Uhr | 12 € (online günstiger), Sa ab 16 Uhr Eintritt frei | macba.cat*

Claudi Güell 6). ***Anfahrt:*** *A-2 bis Cornellà de Llobregat (Ausfahrt 607), dann BV-2002* ***Infos:*** *Santa Coloma de Cervelló | GPS: 41.363811, 2.027885 (ca. 20 km vom Zentrum) | Mo–Fr 10–17, Sa/So 10–15 Uhr | 11 €, mit Bahnfahrt (hin- und retour) 14,80 € | gaudicoloniaguell.org*

ESSEN & TRINKEN

11 Senyor Vermut

Benannt ist diese Tapa-Bar nach dem in Südspanien beliebten gewürzten Wein, einem Verwandten des Martinis: mit Eis, Soda und einem Schuss Gin herrlich erfrischend. Ein Renner der Küche sind die *patatas bravas* (Kartoffeln mit scharfer Soße). ***Infos:*** *C. de Provença 85 | Di/Mi 18–23, Do 12–16, 18–23, Fr/Sa 12–23, So 12–16 Uhr | Tel. 935 32 88 65 | €*

12 Mercat de la Boqueria

Die schöne Markthalle Mercat de Sant Josep ist mit ihrer Glas-und-Stahlkonstruktion und zahllosen Gastroständen einer der größten Touristenmagneten der Stadt – verdientermaßen! Besonders schmackhaft sind die Fisch- und Meeresfrüchte-Tapas im „Bauch von Barcelona". ***Infos:*** *La Rambla 91 | Mo–Sa 8–20.30 Uhr | boqueria.barcelona | €–€€*

13 Sol Soler

Die kleinen, feinen Speisen, die mit einer großen vegetarischen Auswahl punkten, schmecken auf der Terrasse am „Sonnenplatz" genauso gut wie im urig-traditionsreichen Interieur. Das jung-hippe Lokal gilt bis nachts als Treffpunkt der Einheimischen. ***Infos:*** *Pl. del Sol 21 | Gràcia-Viertel | tgl. 12–1.30 Uhr | solsoler.barcelona | €–€€*

14 Il Cuore di Napoli

Nicht nur die Pizzen werden hier wie in Neapel gebacken, auch die hausgemachte Pannacotta ist nicht zu verachten. ***Infos:*** *C. de Còrsega 232 | Eixam-*

BITTE ZUGREIFEN!

Ruft das knackig frische Obst im Getümmel des Mercat de la Boqueria.

ple-Viertel | Mo–Do 13–16, 20–23, Fr/Sa bis 24 Uhr | Tel. 936 88 63 85 | €–€€

EINKAUFEN

15 Mercat dels Encants

Auf dem **Flohmarkt** findest du alles: von wertigem Trödel und Antiquitäten über Neuware bis zu Kitsch und Ramsch. Dazu eine Menge Gastroangebote und ein emblematischer Wolkenkratzer: die Torre Glòries von Stararchitekt Jean Nouvel. ***Anfahrt:*** *M-1 Glòries* ***Infos:*** *C. de los Castillejos 158 | Mo, Mi, Fr/Sa 9–20 Uhr | encantsbarcelona.com*

16 Museu de la Xocolata

Im Paradies für Naschkatzen kannst du dich mit köstlichen **Schokosouvenirs** eindecken. Das Museum *(6 €, mit Barcelona-Card Eintritt frei, museuxocolata.cat)* bietet zudem Einblick in die Tradition der Schokoladenherstellung in Barcelona. ***Infos:*** *C. del Comerç 36 | Di–Sa 10–19, So 10–15 Uhr | museudelaxocolata.cat*

AUSGEHEN

17 Nevermind

Kneipe und Club mit Indoor-Skatepark und entspannt-freundlicher Atmosphäre. Zum Craftbier vom Fass läuft Alternative Rock. ***Infos:*** *C. dels Tallers 68 | tgl. 17–2.30 Uhr*

18 Laut

Top-DJ-Line-Ups und super Sound in einem relativ kleinen, sehr angesagten Technoclub, der sich gegen den Elektronik-Mainstream stellt. Feines Indie-Kon-

ZUM DAHINSCHMELZEN

Süße Kunstwerke schmücken Barcelonas Schokoladenmuseum.

zertprogramm bevor es bass-lastig wird! ***Infos:*** *C. de Vila i Vilà 61 | laut.es*

STELL- & CAMPINGPLÄTZE

19 Mit Öffi-Anschluss ins Zentrum

60 Jahre lang ist der Platz bereits geöffnet und die haben Spuren hinterlassen. Auch die Lage an der Küstenschnellstraße ist wenig charmant. Aber dafür bist du schnell am Strand und mit Bus und Bahn in 45 Min. in der Stadt. Supermarkt in der Nähe.

Càmping Mas Nou 

***€€** | C. Camil Fabra 33 | El Masnou*
Tel. 935 55 15 03
campingmasnoubarcelona.com
GPS: 41.475303, 2.303904

▶ **Größe:** *20 000 m², 120 Parzellen, 80 davon Womo-tauglich, große Womos unbedingt anmelden!*
▶ **Ausstattung:** *Swimmingpool, WLAN (kostenlos), Strandzugang, Grillbereich, Tresor, Bar (mit Terrasse), Restaurant, Grau- und Schwarzwasserentsorgung, Entleerung chemischer Toiletten, Waschmaschine, Wäschetrockner, Gasflaschenverkauf, Kinderspielplatz*

20 Schattig-grün und direkt am Strand

Familienfreundlicher und serviceorientierter Platz an der Platja de Gavà nicht weit vom Flughafen (nichts für Lärmempfindliche!). Die Installationen sind allesamt modern und gepflegt. Supermarkt, Restaurants, darunter eine Pizzeria, und Wassersportangebote in unmittelbarer Umgebung. Mit dem Bus brauchst du ca. 45 Min. ins Zentrum (Abfahrt alle 30 Min.). Hunde sind auch in der Hochsaison willkommen.

Càmping 3 Estrellas 

***€€** | C-31 bei km 186,2 | Gavà*
Tel. 936 33 06 37 | camping3estrellas.com
GPS: 41.272410, 2.042513

ca. Mitte Jan.–Mitte Dez. geöffnet

▶ **Größe:** *80 000 m², 332 Parzellen, 40 Hütten, 25 Bungalows und Glamping-Unterkünfte*
▶ **Ausstattung:** *großes Freibad, Kinderbecken, WLAN, Strandzugang, Grillbereich, Tresor, Bar (mit Terrasse), Restaurant, Grau- und Schwarzwasserentsorgung, Entleerung chemischer Toiletten, Waschmaschine, Wäschetrockner, Gasflaschenverkauf, Kinderspielplatz, Animation für Erwachsene und Kinder, Tischtennis, Beachvolleyball, Basketball, Diskothek (nur im Sommer), Kinderbetreuung, Boulebahn, Fußballplatz*

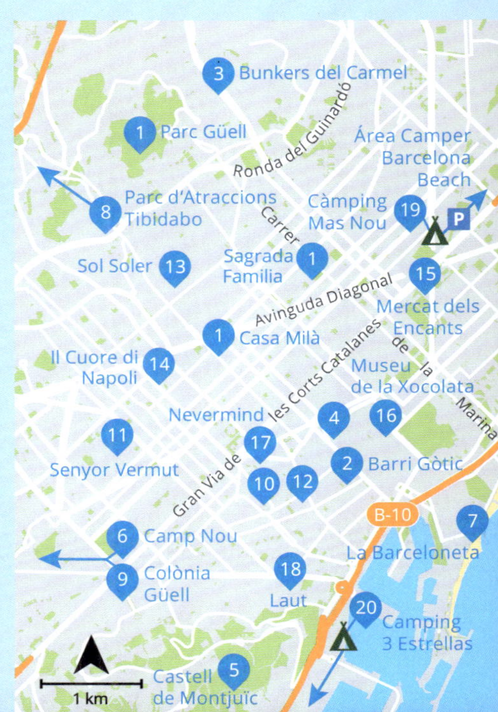

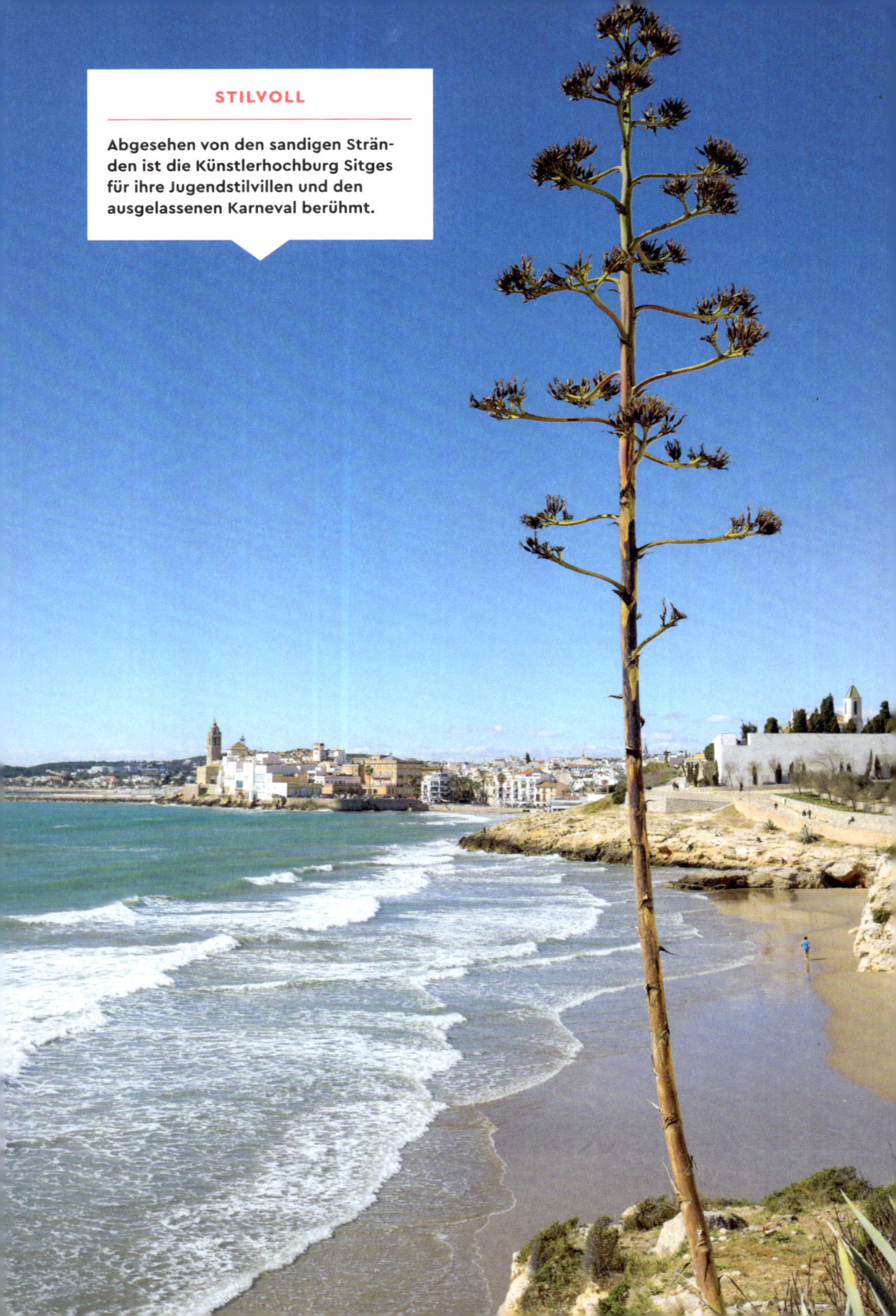

STILVOLL

Abgesehen von den sandigen Stränden ist die Künstlerhochburg Sitges für ihre Jugendstilvillen und den ausgelassenen Karneval berühmt.

Goldgelbe Buchten, duftende Pinienwälder, Architektur aus drei Jahrtausenden
Von Sitges bis València

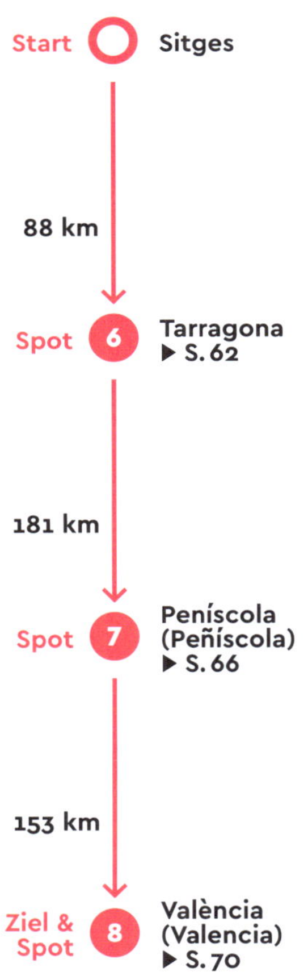

Auf dich warten an der Costa Daurada und der Costa dels Tarongers vor dem kristallklaren Meer die schönsten Sandstrände, teils unberührt. Im Süden Kataloniens und der Region València imponieren mittelalterliche Stadtkerne, römisches Erbe, massive Festungen und das Refugium eines Gegenpapstes. Sattgrüne Küstenberge bieten jede Menge Gelegenheit, wandernd oder radelnd Panoramatrails zu meistern. Im Ebro-Delta fasziniert die Natur, während Valèncias Kulturreichtum zukunftweisend Brücken zwischen Antike und Moderne schlägt.

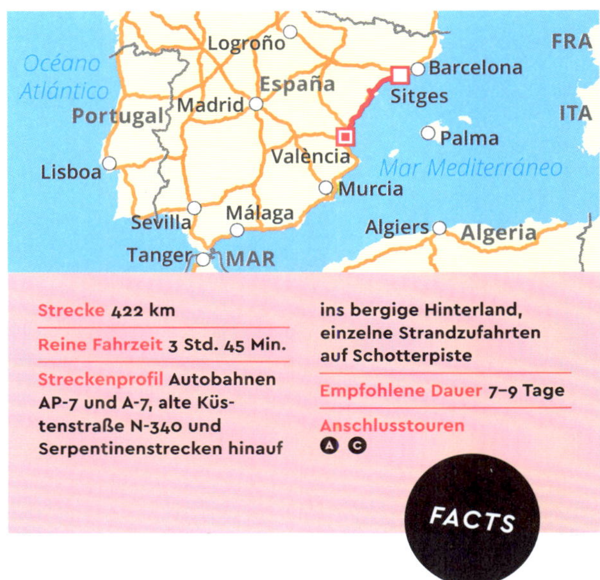

Strecke 422 km

Reine Fahrzeit 3 Std. 45 Min.

Streckenprofil Autobahnen AP-7 und A-7, alte Küstenstraße N-340 und Serpentinenstrecken hinauf ins bergige Hinterland, einzelne Strandzufahrten auf Schotterpiste

Empfohlene Dauer 7–9 Tage

Anschlusstouren A C

FACTS

Tour B im Überblick

Tour-Highlights

In heiligen, heißen Quellen relaxen beim *Santuari de la Mare de Déu de la Fontcalda* ▶ **S. 59**

Spaniens ältesten Olivenbaum umarmen im *Museu de l'Arión* in der Serra de Montsià bei Ulldecona ▶ **S. 59**

Mit Meerblick im goldgelben Sand picknicken an der *Cala Fonda* bei Tarragona ▶ **S. 63**

Eine echte Paella in Burgmauern am Meer genießen im *Restaurant El Peñón* in Peníscola ▶ **S. 68**

In eine futuristische Zukunftswelt eintauchen in der *Ciutat de les Arts i les Ciències* in València ▶ **S. 71**

B Tourenverlauf

Start

Sitges

Die mondäne Kleinstadt, die auch als eins der LGBTQIA+-Zentren Spaniens gilt, wird dich nicht nur mit sandigen Stränden überzeugen, sondern auch mit ihren szenigen Bars und feinen Restaurants in der mittelalterlichen **Altstadt.**

P *Am Südende der Av. de les Cases del Sord (GPS: 41.235161, 1.791201) parkst du kostenlos, läufst aber gut 30 Min. ins Zentrum.*

23 km | Auf der C-32 (Autopista del Maresme), bis du auf die C-31 abbiegst.

Platja de Cunit

Zeit für ein Picknick oder ein Bad im Meer an einem der schönsten Stadtstrände der Costa Daurada, der „goldenen Küste". Hunde dürfen sich weiter östlich an der **Platja de les Salines a Cubelles** *(GPS: 41.195898, 1.656303)* austoben und abkühlen!

P *Off-season an der Strandpromenade, sonst auf dem kostenpflichtigen, unbefestigten Parkplatz (GPS: 41.193643, 1.634664, 10 €/Tag)*

33 km | Über die C-31 zurück, dann auf der C-32 bis Sant Vicenç de Calders, dort auf die AP-7 bis Altafulla.

Cala Canyadell

Viel Natur findest du an dieser feinsandigen Bucht, wo du an der **Villa Romana dels Munts** eine antike Ausgrabungsstätte besuchen kannst. Nur ein paar Kilometer östlich liegt der **Campingplatz Clara** (▶ S. 65).

i *Passeig del Fortí | Altafulla | Di–Fr 10–13.30, 15.30–17.30, Sa u. im Sommer bis 19.30, So 10–14 Uhr | 4 € | mnat.cat/es/villa-romana-de-els-munts*

6 km | Zurück auf die N-340, vor der Autobahnauffahrt nach Süden abbiegen.

Platja de Tamarit

Bei der gleichnamigen Burg, dem **Castell de Tamarit,** tolles Fotomotiv und beliebte Hochzeits-Location, liegt ein weiterer einladender Strand. Von hier ist es nicht weit zum **Camping Torre de la Mora** (▶ S. 65).

*Die Seilrutschen im **Kletterpark Jungle Trek** sind ein unvergesslicher Adrenalinkick (Av. Blauet 49, Ausfahrt AP-7 Nr. 1168, Öffnungszeiten online, ab 26,75 €, jungle-trek.com).*

21 km Auf der A-7 (nicht AP-7) bis Tarragona Nord (Ausfahrt 1162), dort auf der N-240 nach Norden. Direkt nach Unterquerung der AP-7 geht es rechts raus zum Parkplatz am Aqüeducte de les Ferreres.

 *Die „Teufelsbrücke" auf den Frame packen! Der* ***Pont del Diable*** *ist das besterhaltene römische Aquädukt Kataloniens. Darüber zu spazieren ist unbezahlbar (und kostenlos!). GPS: 41.145898, 1.243845*

5 km Fahre zurück über die N-240 Richtung Tarragona. Die Avingut Principat d'Andorra bringt dich ins Zentrum.

Spot **6**

Tarragona
Römisches Erbe und Strandoasen an der Costa Daurada ▶ **S. 62**

43 km Nimm die A-7 bis zur Ausfahrt 1123 und halte dich dann auf der N-340 Richtung L'Hospitalet de l'Infant. Bei der Werkstatt José y José Luis zweigst du rechts auf die holprige Schotterpiste ab. Keine Sorge – dein Womo schafft das!

La Rojala – Platja del Torn

Südwestlich des feinsandigen Strands findest du eine Meeresgrotte, die **Cova Del Llop Marí.** Der Legende nach sollen hier Piraten gehaust haben. Wagemutige können von der Klippe ins blaue Meer springen.

LOGENPLÄTZE

14 000 Zuschauer konnten im Amphitheater von Tarragona Gladiatorenkämpfe erleben.

Am Càmping Terra Alta findet jeder ein lauschiges Plätzchen.

23 km Fahre auf der N-340 nach L'Hospitalet de l'Infant und dort Richtung Süden auf die A-7, die bald wieder zur N-340 wird. In einem Kreisverkehr geht es ab zur Urbanización Sant Jordi, der nächste Stopp ist nun ausgeschildert. Obacht mit höheren Womos, die Unterführung unter der Autobahn AP-7 ist nur gut 3 m hoch! Fahre alternativ über Calafat.

Castell de Sant Jordi d'Alfama

Nicht nur die – aktuell in Restaurierung befindliche – Burg thront außergewöhnlich auf dem Küstengipfel, die darunter liegende **Cala del Vidre** mit kristallklarem Wasser ist eine der schönsten in der Gegend.

P *Kostenloser Womo-Parkplatz (GPS: 40.910774, 0.828695) vis-a-vis vom PKW-Parkplatz am Castell, du kannst hier über Nacht bleiben!*

40 km Zurück auf die AP-7 nach Südwesten bis zur Ausfahrt 40 (L'Aldea), dort auf die C-42.

Tortosa

Wunderschön liegt die Kleinstadt an den Mäandern des Ebro, zu ihren Highlights gehören das maurische **Castell de la Suda,** die gotisch-barocke **Kathedrale** und die **Königlichen Schulen** *(Reales Colegios, C. de Sant Domènec 23)* mit Renaissance-Patio. Mit guter Ebro-Küche wartet die urige **Tasca Bohemia** auf *(C. de l'Escorxador 14, Do–Sa 20–24 Uhr).*

i *Touristenkarte für Kathedrale, Reales Colegios, Stadtmuseum u. Botanische Gärten 7 €/3 Tage, tortosaturisme.cat/en/tortosa-card*

P *Womo-Stellplatz der Gemeinde,* ***Àrea autocaravanes de Tortosa,*** *am Ebro-Fluss (Paseig de Ribera, GPS: 40.803059, 0.514292)*

Insider-Tipp
Tiefenentspannt einweichen

Über T-333 und T-361 kommt man zum Womo-Stellplatz von Prat de Comte (GPS: 40.984590, 0.406594) und zum Parkplatz am alten Bahnhof des Dorfes (GPS. 41.003514, 0.419073). Ein Fußweg (1,1 km) führt zu den heißen Quellen am **Santuari de la Mare de Déu de la Fontcalda** *(tgl. 9–20 Uhr, im Sommer Sa/So oft überfüllt, GPS: 41.000972, 0.429010). Wer in den Bergen übernachten möchte, kann auch den* **Càmping Terra Alta** *(campingterraalta.com, GPS: 41.006941, 0.378738) bei Bot ansteuern.*

30 km Nimm die C-12 bis Amposta und zweige an der Grenze des **Naturschutzgebiets des Ebro-Deltas** (▶ S. 63) auf die N-340 ab.

Sant Carles de la Ràpita

Der Hauptort an der Grenze zum Ebro-Delta bietet nicht nur ausreichend Gelegenheit zum Provianteinkauf. Du solltest auch dem naturkundlichen Museum **Museu de la Mar de l'Ebre** einen Besuch abstatten und in einem der feinen Fischrestaurants speisen, für die der Ort bekannt ist. Zum Sundowner-Cocktail und Party-Machen (Reggaeton, Latino-Pop, Disco, Elektronik) bist du im **Noves Algues Club** am Jachthafen richtig *(Fr–So, Fei u. Fei-Vorabend 17–3 Uhr, novesalgues.club).*

i *Museu de la Mar de l'Ebre | Pl. Agustí Vizcarro | Di–Sa 11–14, 17.30–20, So 11.30–14 Uhr | 2 € | museuterresebre.cat*

P *Kostenlos auf dem* ***Aparcament autocaravanes*** *am Ortsrand (GPS: 40.625592, 0.590294, Frischwasser, Grau- und Schwarzwasserentsorgung).*

25 km Die N-340 bringt dich entlang der **Serra de Montsià** (ein Topwandergebiet, in dem es auch super MTB-Trails gibt) über die katalanische Grenze in die Comunitat Valenciana.

Selfie mit 1700 Jahre altem Olivenbaum gefällig? Ein Umweg über Ulldecona (ca. 30 km mehr) bringt dich in der Serra de Montsià zu einem der ältesten Ölbäume Spaniens: Mit einem Stammumfang von 8 m ist er im Freilichtmuseum ***Museu de l'Arión*** *an der TV-3314 zu bewun-*

dern (GPS: 40.625557, 0.422456, Führung vorab buchen in der Touristen-Info von Ulldecona oder online, auch Ölverkostungen, variierende Öffnungszeiten, 15 €, turismeulldecona.cat/es/olivos-milenarios).

Vinaròs (Vinaroz)

Für ein Strandpicknick an der **Platja del Fortí** kannst du dich am gegenüberliegenden Gemeindemarkt **Mercat Municipal** *(Pl. de Sant Agustí 8)* mit Köstlichkeiten eindecken. Durch den alten Ortskern geht's zur **Parròquia l'Assumpció de Maria,** einer Festungs-Pfarrkirche mit Glockenturm aus dem 16. Jh., die Barockfassade ist ein echter Hingucker.

i *Pl. Parroquial 13 | Besuch nur zu Messen und auf Anfrage | Tel. 964 45 01 63 | bisbattortosa.org/fitxa/vinaros-lassumpcio-de-maria*

P *Insbesondere zur Hochsaison ist es in Vinaròs nicht einfach, eine Womo-Lücke in Strandnähe zu finden. Aber am Passeig Jaume I. gibt es unbefestigte, kostenlose Parkplätze, auf denen Womos auch übernachten dürfen (GPS: 40.474376, 0.478703).*

20 km | Folge der alten Nationalstraße N-340 nach **Benicarló** mit seinem **Papageiengarten** (▶ S. 67). Weiter geht's parallel zur Küste über die CV-140.

Spot 7

Peníscola (Peñíscola)

Über der Halbmondbucht wacht eine Hollywood-erprobte Zitadelle ▶ **S. 66**

123 km | Die AP-7 führt am **Naturpark Desert de les Palmes** (▶ S. 67) vorbei.

Sagunt (Sagunto)

Mit ihrer alles überragenden Festung ist die jahrtausendealte Stadt ein idealer Zwischenstopp. Hier siedelten bereits Iberer, bevor die Römer den Ort zu einem wichtigen Militärstützpunkt ausbauten. Aus der Altstadt und dem einstigen jüdischen Viertel geht es vorbei am **römischen Theater** bergan zur **Burgruine.** In der Bar **La Taverna de la Serp** *(C. del Castell 43)* werden auch vegane und vegetarische Tapas serviert – einige zubereitet nach original altrömischen, maurischen und sephardisch-jüdischen Rezepten.

i *Castell de Sagunt | C. del Castell | Di–Sa 10–18, im Sommer bis 20, So 10–14 Uhr | Eintritt frei*

P *C. dels Tres Barrages, GPS: 39.684822, -0.278503*

*Der **Mirador de Garbí** (GPS: 39.697508, -0.367842, 16 km westl. von Sagunt) bietet ein atemberaubendes Panorama über die Stadt. Der Fußweg zum Aussichtspunkt ist vom Parkplatz an der CV-3342 gut ausgeschildert. In der Nähe liegt der **Càmping Sierra Calderona** (▶ S. 73).*

Restaurante Frida

Im Hafenort **Port de Sagunt** findet sich dieses mit Bildern von Frida Kahlo dekorierte vegane Restaurant mit mexikanischem Touch. Für 15 € gibt es ein täglich variierendes Mittagsmenü.

i C. Mare de Déu del Llosar 10 | Port de Sagunt | Di/Mi, So 13.45–15.45, Do–Sa 13.45–15.45, 20.45–23.30 Uhr | Tel. 962 67 66 52 | unbedingt vorab reservieren!

P *am Strandparkplatz (GPS: 39.658719, -0.212770)*

30 km | Über N-340 und die Autobahnen V-23 und V-21 Richtung Süden.

Ziel & Spot

8

València (Valencia)
Vom Mittelalter in die Zukunft und dann ab zum Strand! ▶ **S. 70**

69 km **Optionaler Anschluss:** Tour C

STILMIX

Sagunts gotische Kirche Santa Maria hat eine barocke Fassade und einen neogotischen Turm.

Tarragona
Römisches Erbe und Strandoasen an der Costa Daurada

Die katalanische Hafenstadt ist ein lebhaftes Industriezentrum, dessen Altstadt neben hübschen Bürgerhäusern und Palästen, sehenswerten Museen und Ruinen der Römerzeit eine lebendige Gastroszene birgt. Doch weit mehr noch besticht die umliegende Natur: kleine Buchten und weitläufige Sandstrände an der „Goldküste", grüne Küstengebirgszüge und der Naturpark des Ebro-Deltas, eines der wichtigsten Reisanbaugebiete Kataloniens.

P *In Tarragona gilt auf vielen Parkplätzen Womo-Verbot, Einbrüche sind häufig. Während der Hochsaison ist der in Roda de Berà (25 km außerhalb) gelegene, private Stellplatz Area 340 die entspannte Wahl (GPS: 41.165049, 1.458064, stdl. Busse nach Tarragona, Tel. 977 80 35 41, 977 80 03 04, via area340.com, vorab reservieren!)*

MENSCHENTURM

Um vor der Kathedrale ein *castell* zu bauen braucht es Wagemut – und viel Training.

AKTIVITÄTEN & SIGHTSEEING

1 Zeitreise ins römische Tarraco

Erstaunlich gut erhalten sind die Überreste der antiken Provinzhauptstadt, die zum Unesco-Weltkulturerbe zählen. Unbedingt gesehen haben solltest du das **Amphitheater** *(Parc de l'amfiteatre)*, das **Fòrum de la Colònia** *(C. de Lleida)* und die Gewölbe des **Circus** *(Rambla Vella 2)*. ***Infos:*** *wechselnde Öffnungszeiten | pro Sehenswürdigkeit 5 €, 6 Stätten 15 € | tarragonaturisme.cat, mnat.cat | Barzahlung nur an der Casa Castellarnau (C. dels Cavallers 14), sonst mit Kreditkarte*

2 Wandern zwischen Pools und Wasserfällen

In der Febró-Schlucht kannst du dich am Fluss herrlich in den **Gorgs de la Febró** erfrischen. Ein echtes Naturwunder bildet auch die enge Klamm **Avencs de la Febró** *(GPS: 41.265662, 1.016067, Parkplatz an der T-704 GPS: 41.257474, 1.022544)*. In der Touristeninfo von Capafonts *(Di–So 9–14 Uhr, C. Riu Brugent s/n)* erhältst du Infos zu weiteren Routen in den grünen **Prades-Bergen.** ***Anfahrt:*** *48 km* ***Infos:*** *GPS: 41.259736, 0.975776 | muntanyes costadaurada.cat* ***Parken:*** *beim Abzweig der Schotterpiste von der T-704 (GPS: 41.261772, 0.983510), ca. 45 Min. Fußweg zu den Gorgs de la Febró*

3 Waikiki an der Goldküste

Der Fußweg entlang der Küste von La Morà zur sandigen **Cala Fonda** lohnt die Mühe *(30–40 Min.)*! Auch empfehlenswert sind **Platja Roca Plana** *(FKK, 10 Min. Fußweg von Cala Fonda, GPS: 41.128664, 1.335960)* sowie **Platja Els Muntanyans** *(GPS: 41.147598, 1.420910)* bei Torredembarra und **Cala Crancs** *(GPS: 41.056492, 1.167798)* am Kap Salou. ***Anfahrt:*** *10 km* ***Infos:*** *GPS: 41.128985, 1.328405* ***Parken:*** *in der Nebensaison kostenloser Strandparkplatz (GPS: 41.128931, 1.345824, auch über Nacht), sonst Càmping Torre de la Mora (▶ S. 65)*

4 Durch die Dünen des Ebro-Deltas spazieren

Das Informationszentrum in den Salinen von La Tancada bietet geführte Touren durch den **Naturpark Delta de l'Ebre** an. Schön zum Baden ist die **Platja del Trabucador** *(GPS: 40.632966, 0.743655)* auf einer schmalen Landzunge. Beim **Càmping L'Eucalyptus** *(campingeucalyptus.com, GPS: 40.656444, 0.779800, nur Barzahlung!)* kannst du über Nacht bleiben. ***Anfahrt:*** *gut 90 km (30–40 Min.)*

REGENTAG – UND NUN?

5 Flucht aus dem Escape-Room

In den Rätselräumen von **No Escape** musst du im Kommissariat oder einer gruseligen Gefängniszelle Hinweise finden, um dich zu befreien, bevor der Countdown nach 75 Minuten abläuft. Englischkenntnisse reichen vollkommen. ***Infos:*** *C. de Soler 22, Entresuelo A | tgl. 10–23 Uhr | ab 55 €/2 Pers. | Tel. 692 64 87 19 | noescape.es | online reservieren!*

Infos: *MónNatura Delta de l'Ebre | Ctra. del Poblenou del Delta a les Salines, Parcela 7 | Amposta | Mi–Fr 10–14, Sa/So 10–18 Uhr | 10 € | monnaturadelta.com*

ESSEN & TRINKEN

6 L'Ancora de Serralo

Frisch von der Versteigerung an der *lonja* werden Fisch und Meeresfrüchte schnell und lecker zubereitet. Mein Tipp: Gambas vom Grill. ***Infos:*** *C. de Trafalgar 21 | tgl. 13–1 Uhr | Tel. 617 49 46 54 | ancoradelserrallo.com | reservieren! | €€*

7 Restaurant El Tiberi

Tolles und kinderfreundliches Büfettrestaurant (All you can eat 18,50 €, Salatbuffet 12,50 €), das auch à la carte serviert. Ableger in Altafulla. ***Infos:*** *C. Martí d'Ardenya 5 | Fr–Mi 13–16, März–Okt. Fr/Sa auch 20–23 Uhr (Tapa-Special) | Tel. 977 24 28 96 | eltiberi.com | €–€€*

EINKAUFEN

8 Ceramiques Ferran Segarra

Der **Töpfermeister** produziert neben Blumentöpfen und stylishen Deko- und Kunstobjekten auch Gaskocher-taugliche Keramik. ***Infos:*** *Partida Viñasa Poligono 15, Parcela 13 (an der T-324) | Miravet | 67 km von Tarragona | Mo–Sa 8.30–13, 15–19 Uhr | ceramiquesferran.com*

Insider-Tipp
Templerburg mit Hammer-Ausblick

*Das Dorf **Miravet** zählt zu den schönsten der Provinz und sein **Castell** (12. Jh.) beeindruckt hoch über dem Ebrotal (wechselnde Öffnungszeiten, 5 €, patrimoni.gencat.cat/ca/monuments/monuments/castell-de-mira*

NICHTS ALS SAND

Wo die Piste auf der Nehrung am Ebro-Delta endet, geht es zu Fuß weiter über die Platja del Trabucador.

vet, kostenloser, Womo-tauglicher Parkplatz GPS: 41.037348, 0.599327).

9 Cellers Scala Dei

In der **Weinkellerei** darfst du Tropfen aus dem Priorat probieren, einem der besten Anbaugebiete Spaniens. Schaue dir auch die nördlich gelegene Klosterruine **Cartoixa de Santa Maria d'Escaladei** an *(10–15 Min. Fußweg).* ***Anfahrt:*** *1 Std. 15 Min. im Womo von Tarragona* ***Infos:*** *Rambla Cartoixa s/n | Escaladei | an der TV-7021 | tgl. 10–18 Uhr | Führung inkl. Verkostung pro Pers. ab 25 € | Tel. 977 82 71 73 | cellersdescaladei.com | online reservieren!*

STELL- & CAMPINGPLÄTZE

10 Topplatz im Pinienwald

Schattiges, liebevoll gepflegtes Camperrefugium an der Platja de la Mora unweit der Tamarit-Burg. Für kleinere Womos gibt es Parzellen mit Meerblick. Das Personal ist sehr freundlich. Schnell ausgebucht, reservieren!

Càmping Torre de la Mora

€€–€€€ | N-340 bei km 1171 | Torredembarra
Tel. 977 65 02 77 | torredelamora.com
GPS: 41.129084, 1.344124

April–Mitte Okt. geöffnet

▶ **Größe:** *160 000 m², 350 Parzellen, nur wenige für Womos, 10 Glamping-Zelte, 20 Chalet-Bungalows, 134 Holzhütten*
▶ **Ausstattung:** *Pool, Sanitäreinrichtungen für Menschen mit besonderen Bedürfnissen, Bar, Restaurant, Shop, Waschmaschinen, Trockner, Gasflaschenverkauf, Spielplatz, Minigolf, Animation, Schwarz-/Grauwasserentsorgung*

11 Familien-Strandparadies

Mit Bäumen bepflanzte Kiesparzellen einen Katzensprung vom weitläufigen Sandstrand. Das hilfsbereite Personal spricht Deutsch. Einziges Manko: Die Bahntrasse verläuft zwischen Platz und Strand (wie fast überall an der Costa Daurada). Ausgesprochen gutes Restaurant.

Càmping Clarà

€€€ | Passeig de Miramar 276 | Torredembarra
Tel. 977 64 34 80 | campingclara.es
GPS: 41.149455, 1.419707

▶ **Größe:** *14 000 m², 132 Parzellen zu 60–90 m², 60 davon für Womos, 21 Bungalows*
▶ **Ausstattung:** *Bar, Restaurant, Shop, kostenlose Warmwasserduschen, Waschmaschinen, Tockner, Gasflaschenverkauf, Grillverleih (kostenpflichtig), Kinderspielplatz, Schwarz- und Grauwasserentsorgung, Animation, Fahrradverleih, Boulebahn*

Peníscola (Peñíscola)

Über der Halbmondbucht wacht eine Hollywood-erprobte Zitadelle

Schon wegen der traumhaften Lage hat sich der Ort zu einem höchst beliebten Ziel an der Küste Valèncias entwickelt, im Sommer kann es hier richtig voll werden. Neben der Altstadt mit der Festung, in der einst der Gegenpapst Papa Luna Zuflucht fand, locken die weitläufigen Stadtstrände. Die nahen Küstengebirge sind mit duftenden Pinienwäldern bewachsen und bieten ausreichend Möglichkeit, im MTB-Sattel oder in Bergschuhen die Pulsfrequenz zu steigern.

P *Vom kostenlosen Parking La Brisa im Industriegebiet (Vía Polígono 7, GPS: 40.366149, 0.396659) sind es zum Strand ca. 10–15 Min., in die Altstadt 20–25 Min. Fußweg. Der Parking Els Daus Peníscola liegt in einem Wohngebiet hinterm Strand (Av. de València 93, GPS: 40.378268, 0.406312, 35 Min. in die Altstadt, tgl. 8–20 Uhr, 8,40 €/24 Std.). Auf beiden Plätzen kannst du auch über Nacht bleiben.*

GUTE AUSSICHTEN

An der Santa-Maria-Kirche ist der Job des Glöckners frei geworden. Wär das nicht was für dich?

AKTIVITÄTEN & SIGHTSEEING

1 Von den Zinnen der Zitadelle aufs Meer blicken

In der Tempelritterburg **Castell de Peníscola** fand der Papa Luna genannte Gegenpapst Benedikt XIII. zwischen 1411 und 1423 Schutz. Game-of-Thrones-Fans werden die Anlage aus der sechsten Staffel in Erinnerung haben, Kenner spanischer Kinoklassiker haben sie in „El Cid" gesehen. ***Infos:*** *C. Castillo s/n | Mitte Okt.–Palmsonntag tgl. 10.30–17.30, sonst 9.30–21.30 Uhr | 5 € (Tickets online) | castillodepeniscola.dipcas.es*

2 Im Papageiengarten ins Staunen kommen

Über 50 verschiedene Arten der bunten Paradiesvögel kannst du hier im äußerst gepflegten, artgerechten Areal des **Jardín del Papagayo** bewundern. Dazu gibt es Schmetterlinge, üppige tropische Blütenpracht und sogar Kängurus. ***Anfahrt:*** *4 km vom Zentrum über die CV-1405* ***Infos:*** *Camí de la Ratlla del Terme | Benicarló | Karwoche, Mitte Juni–Aug. 11–20, sonst 11–15 Uhr | 19,50 € | jardindelpapagayo.com*

3 Zu Burgen und Klöstern hinaufsteigen

Der **Naturpark Desert de les Palmes** ist ein gebirgiges Waldgebiet, in dem du Ruhe und unberührte Natur findest. Mobilfunknetz gibt es nur selten – perfekt zum Abschalten. Auch mit dem MTB bist du hier richtig und wenn du Kletterschuhe hast, nimm sie mit! Für die Route zur **Agulles de Santa Àgueda** solltest du schwindelfrei sein. Im Besucherzentrum La Bartola, neben dem Karmeliterkloster, bekommst du Infos zu Wanderrouten. ***Anfahrt:*** *68 km von Peníscola: AP-7 bis Orpesa, weiter auf der N-340, ab Benicassím CV-147* ***Infos:*** *Centro de Interpretación La Bartola | Ctra. de la Magdalena al Desert (CV-147) km 8 | Benicàssim | tgl. 9–14 Uhr | parquesnaturales.gva.es* ***Parken:*** *am Besucherzentrum. Auch der Parkplatz an der CV-147 (GPS: 40.061284, 0.044844) ist ein idealer Ausgangspunkt für Wanderungen. Und Garant für eine ruhige Nacht.*

4 Durch den Naturpark zum Strand wandern

Gleich südlich von Peníscola erstreckt sich der hügelige **Naturpark der Serra d'Irta.** Folge der Carrer d'Irta nach den letzten Wohnanlagen Richtung Südwesten, nach 1 Std. 15 Min. erreichst du hinter dem Wachturm Torre Badúm die fel-

REGENTAG – UND NUN?

5 Lass dich verzaubern!

Mitten in der Altstadt von Peníscola tauchst du im **Magic Museum by Yunke** in die Welt der Illusionen und die Geschichte der Zauberei ein. Die Zaubershows spanischer Magier sind insbesondere für Kinder der Hit. Einen Shop gibt es natürlich auch. ***Infos:*** *C. Mayor 41 | wechselnde Zeiten | Museum 8,50 €, Show 14 € | magicmuseum.es*

sige **Platja d'Ull de Bou** (GPS: 40.318941, 0.361322). Nach weiteren 45 Min. wartet hinter dichtem Wald die **Platja del Russo** auf dich, Sonnenschirme und Liegen kannst du vor Ort mieten. ***Infos:*** *GPS: 40.309027, 0.352046*

ESSEN & TRINKEN

6 El Peñón

Im Paella- und Fischrestaurant neben dem Castell stimmt einfach alles. Auch der Traumblick! ***Infos:*** *C. Santos Mártires 22 | tgl. 13.15–15.30, 20.15–22, im Sommer bis 23 Uhr | Tel. 964 48 07 16 | elpenyon.es | unbedingt reservieren! | €€–€€€*

Insider-Tipp

Verführung für Fischliebhaber

*Probiere die **suquet de peix,** ein Eintopf der nach Meer schmeckt.*

7 La Bodegueta

Frischer Fisch vom Grill, üppige Portionen und all das mit Liebe zum Detail präsentiert. Bei Einheimischen angesagt! ***Infos:*** *C. d'Antonio Pascual 23 | Fr–Di 13–16, Fr–So auch 19–23 Uhr | €€*

EINKAUFEN

8 Cerveza Artesana Badúm

Das Bioweizenbier der kleinen **Craftbier-Brauerei** ist ein erfrischender Hit, gebraut nach deutschem Reinheitsgebot. Das Logo des Pale Ale ziert übrigens ein Vintage-Bulli! ***Infos:*** *C. del Mestre Roca 22 | Shop und Bar tgl. 9–23 Uhr | Verkostung mit Tapas 15 € (nur im Sommer), online reservieren | cervezabadum.com*

9 La Fleca Gourmet y Artesanía

Kunsthandwerk, Mode und lokale Gourmetprodukte in einem Laden? Ja,

GUTEN APPETIT!

In der Region València bist du in der Heimat der Paella. Also: Her mit dem Reis!

das funktioniert: in den Gemäuern einer mittelalterlichen Holzofenbäckerei in der Altstadt. ***Infos:*** *Pl. Ayuntamiento 3 | tgl. 10–16/19 Uhr | artesanialafleca.com*

STELL- & CAMPINGPLÄTZE

10 Paradies mit Strand und Stadt vor der Tür

Dieser überaus gepflegte und schattige Campingplatz spielt in der Topliga mit. Der Pool gilt als einer der schönsten der Region. Zum Strand sind es gut 5 Min., ins Zentrum knapp 10 Min. zu Fuß. Für Kinder gibt es ein tolles Animationsprogramm.

Càmping Edén

€€ | C. Madrid 6 | Peníscola
Tel. 964 48 04 44 | camping-eden.com
GPS: 40.371041, 0.402885

▶ **Größe:** *33 000 m², 255 Parzellen zu 60–100 m², davon 208 Stellplätze (z. T. für Fahrzeuge bis 10 m Länge), 22 Bungalows (Chalets, Holzhütten), weitere im Bau*
▶ **Ausstattung:** *großer Swimmingpool, Wasserrutsche, Whirlpool, Bar, Restaurant, Shop, kostenloses WLAN, kostenlose Warmwasserduschen, Waschmaschinen, Wäschetrockner, Gasflaschenverkauf, Grillplätze, Fahrradverleih, Kinderspielplatz, Schwarz- und Grauwasserentsorgung, Entleerung chemischer Toiletten, Hüpfburg, Sanitäreinrichtungen für Menschen mit besonderen Bedürfnissen, Tischtennistische, Boulebahn*

11 Wie in alten Camperzeiten

Auf dem idyllischen, supersauberen Campingplatz unweit vom Zentrum fühlst du dich gleich zu Hause, denn der moderne Familienbetrieb legt Wert auf freundliches Personal. Ein günstigerer Womo-Stellplatz ist angegliedert. Zum Strand spazierst du 20–25 Min. Hundebesitzer, bitte ankündigen!

Càmping La Volta

€€ | Camino Volta 6 | Peníscola
Tel. 687 65 05 10 | campinglavolta.com
GPS: 40.398144, 0.402309

▶ **Größe:** *110 000 m², 118 Parzellen zu 70 m², Holzhütten-Bungalows*
▶ **Ausstattung:** *Swimmingpool, Bar, Restaurant, Shop, kostenlose Warmwasserduschen, kostenloses WLAN, Waschmaschinen, Tockner, Gasflaschenverkauf, Grillplätze, Fahrradverleih, Kinderspielplatz, Schwarz- und Grauwasserentsorgung, Entleerung chemischer Toiletten, Animation für Jung und Alt, Sanitäreinrichtungen für Menschen mit besonderen Bedürfnissen, Womo-Waschmöglichkeit*

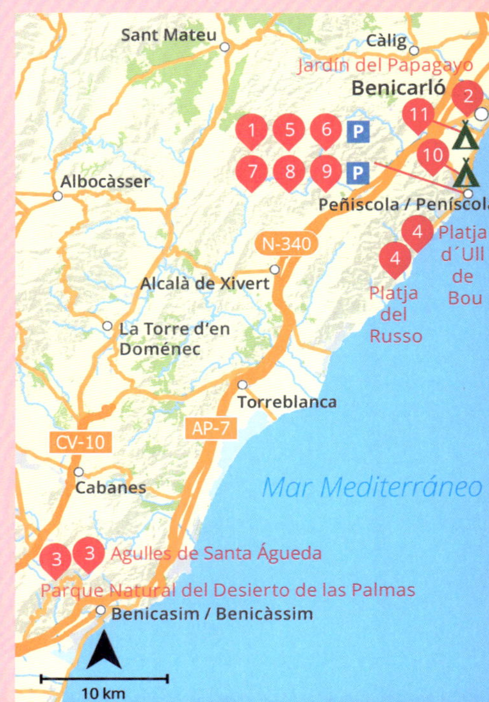

València (Valencia)
Vom Mittelalter in die Zukunft und dann ab zum Strand!

Spaniens drittgrößte Stadt ist herrlich mediterran und strotzt von historischen Prachtbauten und Meisterwerken moderner Architektur. Auf weitläufigen Altstadtplätzen kannst du in Tapa-Bars und *orxaterias* in die Lebensart der Valencianos eintauchen. Zur Orangenblüte im Mai sind die immensen Parkanlagen rund ums Zentrum in eine Duftwolke gehüllt. Die nahen Sierras sind Topwandergebiete, das Feuchtgebiet der L'Albufera ist nicht nur Reisanbaugebiet (Stichwort: Paella), sondern auch ein Naturparadies für Vögel.

P *Der zentrale Parking Bailén AVE unweit vom Bahnhof València Nord eignet sich auch zum Nächtigen (Gran Via de Ramón y Cajal, Zufahrt über C. Bailén, GPS: 39.462624, -0.379368, 2 €/Std., 15 €/24 Std., telpark.com).*

WEHRHAFT

Von der Stadtmauer ist kaum etwas übrig, aber das Stadttor Portal dels Serrans hat dem Zahn der Zeit getrotzt.

AKTIVITÄTEN & SIGHTSEEING

1 Durchs mittelalterliche Zentrum flanieren

Das Herz der Altstadt bildet die **Kathedrale La Seu de València** mit ihrem Glockenturm El Micalet, davor die parkartige Plaça de la Reina, dahinter die stimmungsvolle Plaça de la Mare de Déu mit großem Springbrunnen. Durchs **Portal de Valldigna** *(GPS: 39.477553, -0.378573)* betrittst du das einstige arabische Viertel. Unbedingt sehenswert sind auch die alten Stadttore **Portal dels Serrans** *(Pl. dels Fur, Di–Sa 10–19, So 10–14 Uhr, 2 €)* und **Torres de Quart** *(Pl. de Santa Úrsula)*. Und nicht zuletzt ein Highlight der Gotik: die alte Seidenbörse **Llotja de la Seda** *(C. de la Llotja 2, tgl. 9.30–19 Uhr, 2 €)*. ***Infos:*** *Pl. de l'Almoina s/n | Mo–Sa 10–17.30/18.30, So 14–17.30 Uhr | Kathedrale 8 €, Glockenturm 2 € | catedraldevalencia.es*

2 Auf an die Stadtstrände!

An den feinsandigen, sauberen **Platges de les Arenes, del Cabanyal, de la Malva-Rosa** und **de la Patacona** kannst du gut essen z. B. im **La Paz** *(Passeig de Neptú 68, Sa–Do 13–16, Sa/So auch 20–23.30 Uhr, lapazvalencia.com)* oder im alternativen Kulturzentrum **La Fabrica de Hielo** *(C. José Ballester Gozalvo 37, Di–So 17–1.30, Fr/Sa bis 2.30 Uhr, lafabricadehielo.net)*. Ideal für den Sundowner ist der **Chiringuito El Ocho** *(Passeig Marítim de la Patacona 93, tgl. 10–22, Sa/So bis 23 Uhr, Fr/Sa Live-DJ)*. ***Anfahrt:*** *Metro L-5, L-7 bis Marítim-Serrería oder Tram 4, 6 bis Les Arenes.* ***Parken:*** *asphaltiert an der C. de Montanejos 4 (GPS: 39.464965, -0.326038), unbefestigt an der C. del Dr. Llluch (GPS: 39.473933, -0.327103), beide kostenlos*

3 Zukunftswelten erkunden

Die futuristische **Ciutat de les Arts i les Ciències** ist das Werk der spanischen Architekten Santiago Calatrava und Félix Candela – und seit gut 25 Jahren das Wahrzeichen Valèncias. Die immense „Stadt der Künste und der Wissenschaften" im alten Flussbett des Túria umfasst u. a. ein Wissensmuseum, Europas größtes Aquarium, ein Konzert- und Opernhaus sowie ein zwinkerndes Betonauge mit IMAX-Kino und Planetarium. (Spitzen-) Restaurants und Shops gibt es ebenso wie Sportanlagen und Palmenpromenaden. ***Infos:*** *Av. del Professor López Piñero 7 | wechselnde Zeiten | Hemisfèric, Museu de les Ciències je ab 9 €, Oceanogràfic ab 34,70 €, 3-Tage-Pass fürs komplette Areal ab 42,80 € | cac.es* ***Parken:*** *Av. de l'Alcalde Gisbert Rico 8.*

Insider-Tipp

Zum Brunch in Mamas kleine Backstube

Stilvolle Stärkung gibt's im ***La Pequeña Pastelería de Mamá*** *nahe der Ciutat de les Arts i les Ciències (Carrer del Poeta Josep Cervera i Grífol 14, Mo–Sa 8–15, 17–20.15, la pequenapasteleriademama.es).*

4 Moderne Kunst betrachten

Im **Institut Valencià d'Art Modern** (IVAM) hast du u. a. die Gelegenheit, die

REGENTAG – UND NUN?

5 Von den Töpfern lernen

Im **Museu Nacional de Ceràmica i de les Arts Sumptuàries Gonzàlez Martí** im wunderschönen Palacio del Marqués de Dos Aguas sind wahre Schätze aus Porzellan und Keramik ausgestellt, ebenso im **Museu de Ceràmica de Manises** *(C. del Sagrari 22, Manises, Di–Fr 10–14, 16–19.30, Sa 10–13.30, 16–19, So 11–14 Uhr, Eintritt frei, museumanises.es).* Hier erfährst du auch noch mehr über den Produktionsprozess und die maurische Tradition des Handwerks. ***Infos:*** *C. del Poeta Querol 2 | Di–Sa 10–14, 16–20, So 10–14 Uhr | 3 €, So Eintritt frei | culturaydeporte.gob.es/mnceramica*

Werke des Eisenplastikers Julio González und des Malers Joaquín Sorolla kennenzulernen. Dazu Fotografien von Constantin Brâncuși, Man Ray, Robert Capa etc. Wechselnder Skulpturenpark vor dem Museum. ***Infos:*** *C. de Guillem de Castro 118 | Di–Do, Sa/So 10–19, Fr 10–21 Uhr | 5 €, Fr abends, Sa nachmittags u. So Eintritt frei | ivam.es*

ESSEN & TRINKEN

6 Taquería La Llorona

Die Tacos sind hier typisch mexikanisch. Neben den Klassikern *(cochinita pibil, tinga, chicharrón)* gibt es auch vegetarische Alternativen und himmlische Desserts! ***Infos:*** *C. del Pintor Salvador Abril 35 | Di–Sa 13.30–15.30, 20.30–23 Uhr | Tel. 963 28 73 97 | taquerialallorona.com | Reservierung empfohlen | €*

7 El Miracle

Im „Wunder" wird nur Glutenfreies zubereitet, herrliche Burger, auch vegan, Crêpes sowie mediterrane, arabische und Latino-Leckerbissen, wie *chifles* (Kochbananen-Chips mit mexikanischem *pico de gallo*). Und als süßes Finale: Brownie oder Käsekuchen (auch als vegane Option!). ***Infos:*** *C. de Campoamor 42 | tgl. 13.30–17.30, 20–24 Uhr | Tel. 963 81 87 69 | elmiraclerestaurant.com | online reservieren! | €€*

EINKAUFEN

8 Mercat Central

Die modernistische **Markthalle** ist mit ihren wunderschönen Keramikkacheln ein meisterlicher Augenschmaus. Drinnen findest du alles, was der Magen begehrt. In der *orxateria* kannst du die regionaltypische und sehr gesunde Tigernussmilch *(orxata de xufa)* probieren. ***Infos:*** *Pl. de la Ciutat de Bruges s/n | Mo–Sa 7.30–15 Uhr | mercadocentralvalencia.es*

9 Madame Mim

Ein **Vintage-Mode-Laden** und Kuriositätenkabinett, auf jeden Fall eine Zeitreise in frühere Jahrzehnte. Hier wirst du zwischen Klamotten, Schmuck, Schuhen und

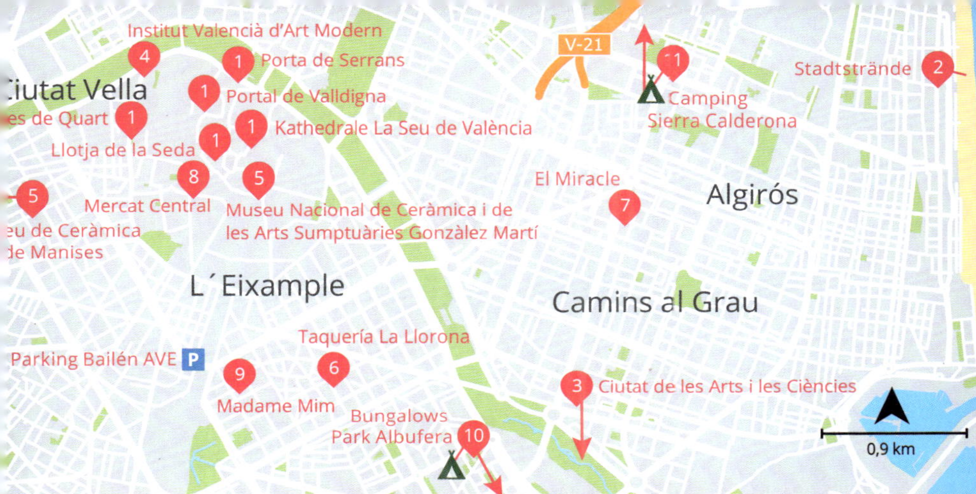

historischen Postern definitiv auf die ein oder andere Überraschung stoßen. ***Infos:*** *C. de Puerto Rico 30 | Mo–Sa 11–14, 18-21.30 Uhr | Facebook: Madame.Mim.Shop*

STELL- & CAMPINGPLÄTZE

10 Preiswert mit Pool und strandnah

Überschaubare, familiär geführte Anlage für kleinere Gefährte. Anhänger und Womos über 8 m Länge finden hier leider keinen Platz. Ruhige Lage nicht weit vom Naturschutzgebiet Albufera, für Gäste kostenlose Busanbindung (ca. 45 Min. nach València). Fahrradverleih, Restaurants, Supermärkte, Bäckerei und Kiosk in der Nähe. In der Hochsaison reservieren!

Bungalows Park Albufera 

€ | C. del Riu 556 | El Saler | 12 km von València über die CV-500
Tel. 961 83 06 24 | bungalowsalbufera.com
GPS: 39.386653, -0.332033

▶ **Größe:** *10 000 m², 22 Womo-Stellplätze, 34 Bungalows*
▶ **Ausstattung:** *Grau- und Schwarzwasserentsorgung, Gasflaschen, WLAN, Pool, Restaurant*

11 Ganz entspannt in der küstennahen Sierra

Inmitten des Wander- und Klettergebiets der Sierra Calderona westlich von Sagunt liegt dieser top-ausgestattete, saubere und grüne Campingplatz. Schattige, geräumige Parzellen, ein Traumpool und ein überaus gutes Restaurant machen die Anlage zu einem tollen Familienziel.

Càmping Sierra Calderona

€€€ | Camí del Pla s/n | Estivella | 37 km von València: AP-7 und A-23 bis zur Abfahrt Nr. 7, Estivella, von der N-234 ausgeschildert
Tel. 962 13 65 89
sierra-calderona.com
GPS: 39.722213, -0.360039

▶ **Größe:** *155 000 m², 211 Parzellen, davon 79 Womo-Stellplätze mit Strom-, Abwasser- und Wasseranschluss, 16 Holzhütten-Bungalows*
▶ **Ausstattung:** *riesiger Swimmingpool, Sportplatz, Kinderspielplatz, Gemeinschaftsgrill, Grau- und Schwarzwasserentsorgung, Gasflaschenverkauf, kostenloses WLAN, Waschmaschine, Wäschetrockner, Restaurant, Cafeteria, Bar, Supermarkt, Fahrradverleih, Animation*

FRÜHLINGSGEFÜHLE

Nach einem Winterregen verwandelt sich die Halbwüste am Cabo de Gata in ein immenses Blütenmeer.

Kultur und Trubel an der Costa Blanca, einsame Natur am Cabo de Gata
Von Gandia bis Almería

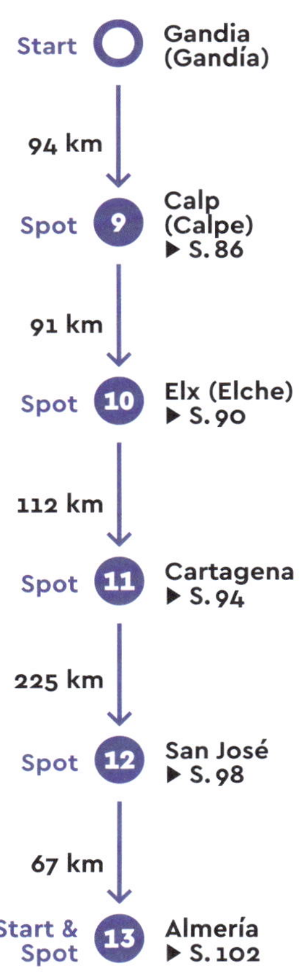

Die Costa Blanca ist mit Bettenburgen wie Benidorm und Dénia zum Innbegriff des Massentourismus geworden. Lass dich davon aber bloß nicht abschrecken, hier warten herrliche Buchten, feinsandige Strände, maurisches und mittelalterliches Kulturerbe sowie kulinarische Highlights auf dich. Schließlich bist du in der Heimatregion der spanischen Paella und ihrer valencianisch-katalanischen Nudelvariante *fideuà* unterwegs! Mit Elx, Cartagena und Murcia liegen Städte mit pulsierendem Leben am Wegesrand und im Naturpark Cabo de Gata findest du Ruhe in Reinform.

Strecke 592 km

Reine Fahrzeit 8 Std. 15 Min.

Streckenprofil Zügig voran kommt man auf der AP-7, (rund um Alicante mautpflichtig), schöner ist es auf den Küstennationalstraßen. Schotterpisten an Strandzufahrten oder Wanderrouten.

Empfohlene Dauer 8–9 Tage

Anschlusstouren B D

Tour C im Überblick

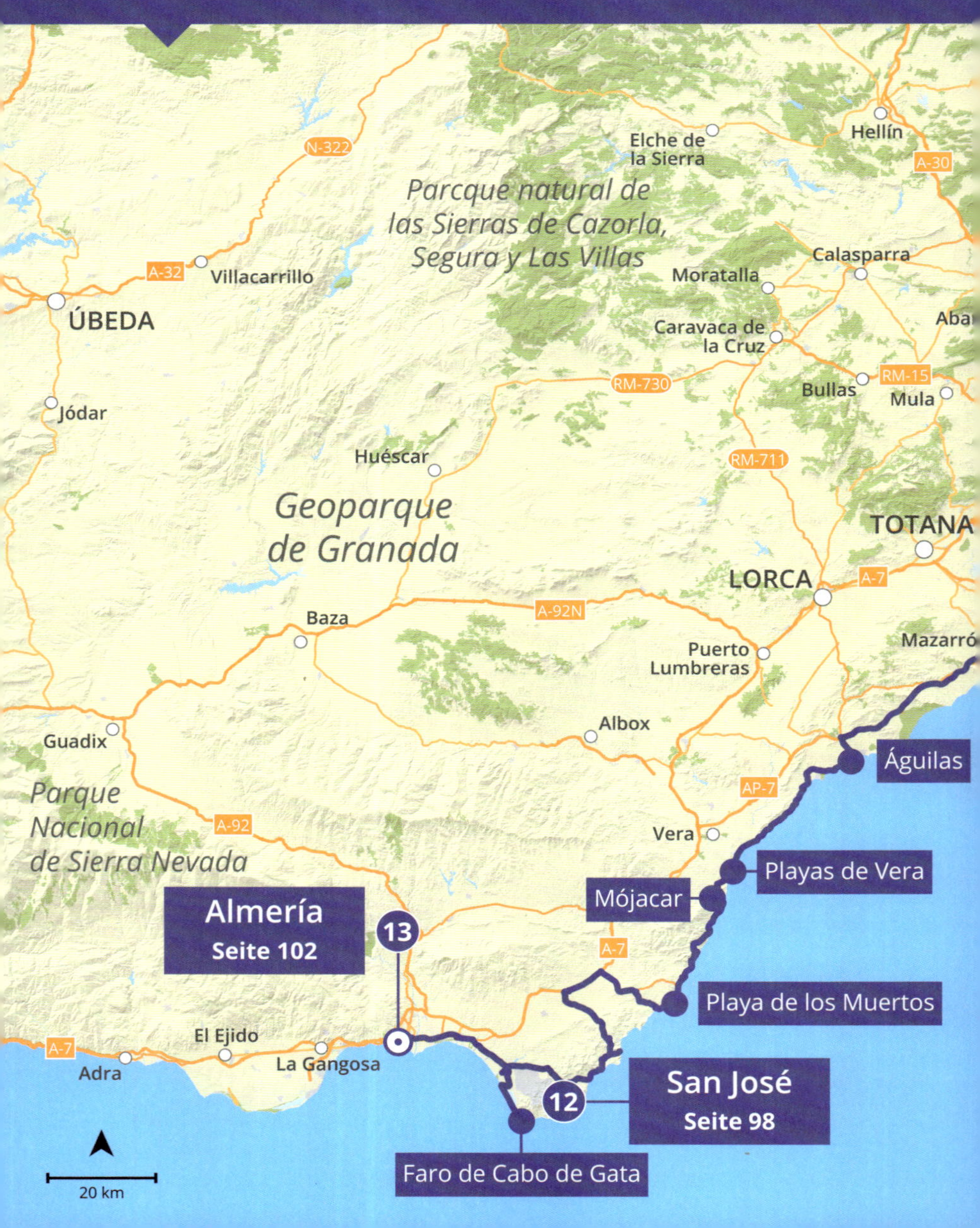

Tour-Highlights

Flamingos beobachten in der Saline beim *Cabo de Gata* ▶ **S. 85**

Hummer-Paella schlemmen im *El Cantal* in Calpe ▶ **S. 88**

Zwischen 11 000 Dattelpalmen und zahllosen Kakteen spazieren im *Palmerar d'Elx* ▶ **S. 91**

Sich wie in der Karibik fühlen an den Traumstränden bei *San José* ▶ **S. 99**

Sonnenuntergang in Westernkulisse genießen am *Camper Park Olivares* ▶ **S. 101**

Tourenverlauf

LOS GEHT'S!

Start

Gandia (Gandía)

Ausgangspunkt der Costa-Blanca-Tour ist Gandia, knapp 70 km oder 1 Std. Fahrzeit südlich von València. Abgesehen von der Strandpromenade in **Platja de Gandia** lohnt sich ein Besuch der Altstadt, die zur „Route der Borgia" zählt. Diese einflussreiche Familie, die im 15. und 16. Jh. zwei Päpste stellte, hat die Stadt auch architektonisch geprägt. Sieh dir unbedingt die **Stiftskirche Santa Maria,** den **Herzogspalast,** das **Kloster Santa Clara** und das **Hospital von San Marcos** an.

P *Zentrumsnah ist der Pàrking de la Fira (GPS: 38.963571, -0.1754000). Beim Friedhof ist es ruhiger (GPS: 38.952924, -0.178286). Sonst bietet sich der Platz* ***Dunes Área Camper*** *in der C. Garbi (GPS: 38.969847, -0.145515, dunesareacamper.com) im benachbarten Strandort Daimús an; allerdings sind es von dort gut 4 km bis in die Altstadt.*

42 km Halte dich auf der N-332 und fahre vor dem Ort Oliva auf die AP-7 bis zur Ausfahrt 62, weiter Richtung Dénia und dann nach Les Rotes.

Cova Tallada

Hinter **Dénia,** das mit seiner überaus hübschen Altstadt und den Fähren nach Mallorca und Ibiza recht viele Touristen anzieht, wartet ein Naturwunder der Region: die **Tallada-Höhle** *(GPS: 38.817570, 0.167206)!* Vom **Mirador Las Rotas** sind es 20 Min. Fußweg mit leichten, auch für Kinder meisterbaren Kletterpassagen. Du kannst aber auch mit dem Kajak hinpaddeln *(fareharbor.com).*

P *In der Nebensaison könnt ihr im Womo an der* ***Platja les Rotes*** *am Strand parken und nächtigen (GPS: 38.828552, 0.149821). Sonst empfiehlt sich der öffentliche Parkplatz beim Restaurant* ***Quinto Pino*** *(GPS: 38.824647, 0.150846, gut 1 km vor dem Mirador).*

Insider-Tipp
Planschen unter Tage!

Proviant, Wander- und Badeschuhe, Schnorchel und Taucherbrille nicht vergessen! Die ***Cova Tallada*** *ist eine natürliche, vom Meer ausgewaschene Höhle mit Felsenpools.*

22 km Über die CV-736 durch die Küstenwälder des Massís del Montgó und vorbei an herrlichen Badebuchten nach **Xàbia** (Jávea). Halte dich hier hinter der **Platja de l'Arenal** und der Cepsa-Tankstelle im Kreisverkehr rechts, dann beim Park und der Bar El Trobador nochmals rechts.

Platja de La Granadella

Halbrund schmiegt sich die Traumbucht in die wildromantische Küste südlich des **Cap de la Nau.** Das türkisblau schimmernde Wasser bietet ideale Bedingungen für Schnorchler. Die Restaurants hier sind preislich gehoben, aber die Qualität stimmt und der Blick ist unbezahlbar! Eine kurze Wanderung *(20 Min.)* bringt dich – umhüllt vom Duft der Pinienwälder – zur Ruine des **Castell de la Granadella.**

P *Wenige Plätze in Strandnähe (GPS: 38.730195, 0.197364, 9 €/Tag). Alternativ: beim Skatepark in der Urbanización Cumbre del Sol (GPS: 38.718497, 0.175241), knapp 1 Std. 15 Min. Wanderung durch den Parc forestal de Granadella zur Bucht.*

Den besten Blickwinkel für Panoramaaufnahmen im Abendrot findest du am Mirador-Aussichtspunkt (GPS: 38.727755, 0.195897) beim Fußweg zum Castell im Südwesten der Bucht. Oder morgens am anderen Mirador (GPS: 38.731677, 0.201452) auf den Serpentinen der ***Carrer del Pic Tort.***

33 km | Es geht zurück bis L'Atzúbia (Adsubia), von dort über CV-747 und CV-740 auf die N-332.

Spot 

Calp (Calpe)
Ein Fels in der Brandung umgeben von Sandstränden ▶ S. 86

MARKANT

In der Altstadt von Calp findet man sein Haus leicht wieder. Zudem machen die bunten Farben gute Laune.

AUSGUCK

Hoch über Alacant thront das Castell de Santa Bàrbara, eine der größten Burganlagen Europas.

63 km Nimm die AP-7, die bis zur Umfahrung von Alicante kostenlos ist. Bei der Gabelung 674 die AP-70 wählen. Du kommst am Vergnügungspark **Terra Mítica** (▶ S. 87) bei Benidorm vorbei.

Alacant (Alicante)

Die mediterrane, moderne Hafen- und Provinzhauptstadt ist ideal für einen mehrstündigen Zwischenstopp, eine Übernachtung bietet sich vor allem an, wenn du dich ins Nachtleben stürzen willst. Auf der mit Marmorfliesen gekachelten Palmenpromenade **Esplanada d'Espanya** kannst du dir zur Meeresbrise die Beine vertreten. Im Hafen ist der Nachbau des einstigen Armada-Flaggschiffs **Santísima Trinidad** *(GPS: 38.337381, -0.484147)* ein Hingucker. Durch das farbenfroh bemalte Altstadt- und Szeneviertel **El Barri Santa Cruz** mit zahllosen Tapa-Bars, Restaurants und Pubs kommst du auf den Benacantil-Hügel, auf dem die Festung thront. Der Schweiß wird mit Panoramablick belohnt. Am Stadtstrand **Platja del Postiguet** kannst du dich abkühlen oder beim Meerblick deine Seele baumeln lassen.

P *Einbrüche sind nicht selten in Alacant, deshalb empfehlen sich die Stellplätze am schier endlosen Muchavista-Strand mit Straßenbahnanschluss ins Zentrum (Linien 1, 3, tramalicante.info):* ***Área Natur Playamuchavista*** *(GPS: 38.391665, -0.412314, ab 13 €/24 Std., Tel. 618 45 00 66, areanaturplaya.com, online reservieren),* ***Camper Área Campello Beach*** *(GPS: 38.394552, -0.410389, camperareacampellobeach.com) oder* ***Camper Area 7*** *(GPS: 38.40498, -0.40979, camperarea7.com).*

Castell de Santa Bàrbara

Die Festung hoch oben auf dem Burgberg beherbergt das kleine, aber fein sortierte historische **Stadtmuseum** (MUSA). An der dem Meer zugewandten Felswand ist mit etwas Fantasie ein „Maurengesicht", die *cara del moro*, zu erkennen.

i Festung: tgl. Mitte Juni–Aug. 10–23, Mitte Nov.–Feb. bis 18, sonst bis 20 Uhr, Museum: tgl. 10–14.30, 16–20 Uhr | Festung/Museum Eintritt frei, Aufzug ab Platja del Postiguet 2,70 € | castillodesantabarbara. com

Museu d'Art Contemporani d'Alacant

Im Museum für zeitgenössische Kunst in der prunkvollen Casa de La Asegurada, dem ältesten Bürgerhaus der Stadt, triffst du neben alten Bekannten wie Salvador Dalí, Pablo Picasso, Joan Miró oder Marc Chagall auch auf die Werke des aus Alacant stammenden Lichtobjektkünstlers und Malers Eusebio Sempere (1923–1985).

i MACA | Pl. Sta. María 3 | Di–Sa 10–20, So 10–14 Uhr | Eintritt frei | maca-alicante.es

28 km | Über A-31, A-70 und AP-7 kommst du nach Elx.

Spot 10

Elx (Elche)

Palmenoase mit historischem Glanz und junger Szenekultur ▶ S. 90

112 km | Schöner als über die Mautautobahn AP-7 ist die Fahrt über **Santa Pola** und von dort auf der N-332 die Küste entlang bis zum **Mar Menor** (▶ S. 95). Weiter geht's durchs Landesinnere über El Algar.

Spot 11

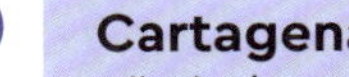

Cartagena

Römisches Kulturerbe und Strandspaß an der Costa Cálida ▶ S. 94

77 km | Halte dich westwärts auf der Autobahn AP-7. Eine schöne Alternative bietet die Strecke über die E-22 durch die Sierra de la Muela, Cabo Tiñoso y Roldán und weiter über die RM-332 (ca. 30 Min. länger), evtl. mit Abstecher zur Küstenfestung **Batería de Castillitos** *(GPS: 37.539674, -1.120391, weitere 70 Min. zusätzlich)*. Der Ausblick entschädigt für die Anfahrt über die engen Serpentinen der RM-E23.

C Tourenverlauf

Águilas

Die kleine Hafenstadt an der **Costa Cálida** verfügt über zwei ausgesprochen angenehme Stadtstrände, die der Festungsfelsen mit dem **Castillo de San Juan** von einander trennt. Vor der Küste liegt das Naturschutzgebiet der **Isla del Fraile,** ein überaus schöner Spot für Unterwassersportler: Tauch- und Schnorchelexkursionen per Boot bietet **Zoe Águilas** *(zoeaaguilas.es).*

P *Meide die zentralen Parkplätze, die Polizei verhängt gern Bußgelder! Am Jachthafen gibt es Womo-Parkplätze ca. 20 Fußminuten vom Zentrum (GPS: 37.396082, -1.599784, 6 €/24 Std., im Sommer 8 €, kein Service, Tel. 968 49 34 93). Ein schöner Stellplatz zum Übernachten außerhalb ist der* ***Area de Servicio Autocaravanas Aníbal*** *an der RM-333 (GPS: 37.388469, -1.61626, 11 €/24 Std., Strom 5 €, Tel. 968 41 42 59, anibalcamperarea.es, hier werden deutsche Gasflaschen befüllt)*

Die ***Geoda de Pulpí*** *ist eine Höhle voller gigantischer Gipskristalle in einer alten Silbermine westlich von Àguilas (GPS: 37.382171, -1.701217, 22 €, geodapulpi.es, online reservieren).*

37 km Über die RM-333 geht es parallel zur Küste nach Andalusien und über die AL-7101 vorbei an **Palomares,** wohin das Techno- und Elektronik-Festival Dreambeach alljährlich über 100.000 Fans lockt. Pause machen kann man hier auf dem **Camper Park Almanzora** *(GPS: 37.241158, -1.79747, camperparkalmanzora.com).*

Playas de Vera

Vor dem im Landesinneren gelegenen Vera erwarten dich einige der schönsten Strände des andalusischen Mittelmeers: **Playa de Quitapellejos, El Playazo, Playa de Puerto Rey** und **Playa de Las Marinas** glänzen mit *chiringuitos* genannten Strandrestaurants, Wassersportangeboten und szenigen Chill-out-Bars.

P *Am Paseo Maritimo 75 in Garrucha (Vera) gibt es einen öffentlichen Parkplatz (GPS: 37.188464, -1.817661), der allerdings meist voll ist. Mehr Glück hat man oft am exzellenten Fischrestaurant El Espigón (GPS: 37.172789, -1.822996) beim Castillo de San Ramón, wo du in der Nebensaison auch über Nacht bleiben kannst. Sonst findest du alle*

*Annehmlichkeiten beim **Camperpark Oasis Al Mar** (oasis-al-mar.com, GPS: 37.226856, -1.827833)*

16 km Nimm die A-370 nach Süden bis zum Abzweig links auf die A-1203. Am Kreisverkehr führt die A-6111 nördlich ins weiße Dorf.

Mójacar

Das erste von so vielen typisch andalusischen weißen Dörfern hat sich nicht nur wunderhübsch herausgeputzt, hier findest du neben Tapa-Lokalen und hippen Lounge-Bars auch jede Menge kleine Läden mit Kunsthandwerk. Die Strände sind paradiesisch. Zudem animieren in Beach-Clubs DJ-Sets mit elektronischer Musik zum Tanzen im Sand oder untermalen den Sundowner-Cocktail stimmig mit Downtempo-Beats.

P *Großer Parkplatz am Gemeindeschwimmbad an der Ortseinfahrt (GPS: 37.139441, -1.853829). Mittwochs ist Wochenmarkt, da kann es eng werden. In der Nebensaison findest du problemlos Parkplätze am Paseo Marítimo, solange du kein Riesenschiff fährst. Dann ist **Camping El Cantal De Mojacar** die Alternative (GPS: 37.125467, -1.833607, campingmojacarelcantal.com)*

27 km Auf der Al-6111 geht es an die Strände von **Mójacar** und parallel zur Küste auf der Al-5107 über **Carboneras** ins Naturschutzgebiet Cabo de Gata (Achatkap).

AUSRUHEN

In La Azohía kannst du dich von der kurvenreichen Fahrt zur Batería de Castillitos erholen.

WÜSTENWINDE

Der Müller der Molino de San José musste wissen, woher der Wind weht, um gutes Mehl zu mahlen.

Playa de los Muertos

„Strand der Toten" klingt zwar abschreckend, doch den musst du gesehen haben! Er markiert das östliche Ende des Cabo de Gata und ist ein fast schnurgerader Strand mit feinem Kies, den im Süden ein mächtiger Fels begrenzt, im Norden leider eine Zementfabrik.

P *An der AL-5106 finden auch große Womos Platz (GPS: 36.953025, -1.905589, etwa 20 Min. Fußweg zum Strand, Juni–Sept. 5 €/Tag, sonst gratis, nur Kartenzahlung).*

Die Playa de los Muertos lässt sich am besten vom ***Fußweg vom Parkplatz*** *aus (GPS: 36.955030, -1.900520) fotografieren. Es ergeben sich herrliche Kontraste zwischen Wüstenlandschaft, Sand, Meer und blauem Himmel!*

68 km Über **Agua Amarga** folgst du der AL-5106, um zurück auf die N-341 zu gelangen. Bei Venta del Pobre fährst du nochmals auf die A-7, nimmst aber gleich wieder die Ausfahrt bei Campohermoso. Halte dich nun zuerst Richtung **Las Negras,** ein wunderhübsches Fischerdorf mit feinen Strandrestaurants. Dann bietet sich ein Abstecher nach **El Playazo de Rodalquilar** an, um schließlich über **La Isleta del Moro** nach San José zu fahren. Die Strecke ist etwas länger als die direkte Verbindung von der Abfahrt Níjar, aber so bekommst du einen guten Eindruck von der zauberhaften Schönheit der Halbwüste am **Cabo de Gata.**

Spot 

San José

Urlaubsort mit Traumstränden mitten im Naturpark Cabo de Gata ▶ **S. 98**

30 km Auf der AL-3108 nach Norden und im Kreisverkehr hinter dem Womo-Stellplatz am Rambla de las Higueras Richtung Westen auf die AL-3201 durch die zu Recht **„Plastikmeer"** genannte Gemüsekammer Europas. In Rambla de Morales biegst du nach Süden auf die AL-3115 ab. Von dieser Kreuzung ist es übrigens nicht weit zum **Camping Cabo de Gata** (▶ S. 101). Vorbei am Küstenort **San Miguel de Cabo de Gata** und flachen Salzlagunen kommst du auf die Straße zum Leuchtturm. Sie führt über enge Serpentinen, ist aber mit dem Camper problemlos befahrbar.

*Bei den **Salinas del Cabo de Gata** kannst du von mehreren Aussichtspunkten die prächtigen, rosafarbenen Vögel beim Stolzieren beobachten (GPS: 36.769455, -2.230733).*

Faro de Cabo de Gata

Nicht allein das „Achatkap" mit den vorgelagerten Felseilanden Las Sirenas und dem kleinen Leuchtturm ist eine Pause wert. Auf der aussichtsreichen Terrasse des **Restaurants El Faro** *(wechselnde Öffnungszeiten, Tel. 950 16 00 54, Facebook: restauranteelfarocabo)* werden beste Fischgerichte serviert. Östlich führt ein Fußweg zur hübschen Sandbucht **Cala de Las Sirenas,** die auch ideal zum Schnorcheln ist.

P *Beim Leuchtturm (GPS: 36.722171, -2.191854), große Womos parken besser beim Restaurant (GPS: 36.724338, -2.193135).*

37 km Zurück auf der AL-3115 bis Retamar, wo du links auf die Schnellstraße N-344 bzw. AL-12 abbiegst.

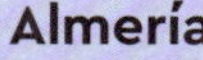

Almería

Mediterrane Hafenstadt mit riesiger Maurenfestung und lebendiger Tapa-Kultur ▶ **S. 102**

Optionaler Anschluss: Tour D

Calp (Calpe)
Ein Fels in der Brandung umgeben von Sandstränden

Wenn du Lust auf Faulenzen am Strand hast, findest du in der Gegend von Calp wunderbare Buchten, auch der Stadtstrand ist allererste Sahne. Gehst du es lieber sportlich an, erwartet dich im Hinterland die herrliche Serra de Bèrnia i Ferrer. Aber auch das Naturschutzgebiet Penyal d'Ifac direkt beim Ort lohnt eine Tour. Packt dich der Hunger, sei dir bewusst, dass du dich in der Wiege der Paella befindest, hier gibt es die besten Reisgerichte des Landes!

P *Womo-Stellplatz Mediterraneo Camper Área (Partida Colari, GPS: 38.651618, 0.069322, ca. 30 Min. Fußweg ins Zentrum, auch Busverbindung, 10–17 €/Tag, mediterraneocamper.com) oder Càmping Calpemar (▶ S. 89). Übernachten im Womo ist auf normalen Parkplätzen in Calp strikt verboten (mind. 70 € Bußgeld)!*

WAHRZEICHEN

Der mächtige Felsen Penyal d'Ifac lässt selbst die Hochhäuser von Calp wie Zwerge aussehen.

AKTIVITÄTEN & SIGHTSEEING

1 Für den Traumblick auf den Penyal d'Ifac steigen

Die vorgelagerte imposante **Felshalbinsel** steht unter Naturschutz, hier brüten auch viele Vögel. Achtung: Der Aufstieg beinhaltet einige Kletterpassagen, nichts für Flip-Flops! ***Infos:*** *Auf- und Abstieg ca. 2 Std.* ***Parken:*** *Für PKW am Beginn des Wanderwegs (GPS: 38.637670, 0.073822), für Womos Stellplatz (▶ S. 86)*

2 Unter Wasserfällen abkühlen

Les Fonts de l'Algar erstrecken sich mit ihren aus dem Fels gewaschenen Schwimmbecken über etwa 1,5 km und garantieren Badespaß in der Natur. ***Anfahrt:*** *ca. 22 km westlich von Calp. Nimm die CV-755 bei Altea de Vella und folge dieser bis Callosa d'en Sarrià, zweige östlich auf die CV-715 ab und folge den Hinweisschildern. In direkter Nachbarschaft des Campings Fonts de l'Algar (▶ S. 89).* ***Infos:*** *GPS: 38.659561, -0.095552 | wechselnde Öffnungszeiten, im Sommer 9–20 Uhr | Parken 5 €, Eintritt 5 € | lesfontsdelalgar.com | Hunde nicht erlaubt*

3 Wandern und mountainbiken in der Serra de Bèrnia i Ferrer

Die gut markierten Wanderungen in den Bergen bei Alacant bieten alle Schwierigkeitsstufen; ein Netz an Tracks eignet sich auch für Mountainbiker. Schön und mit 3–4 Std. nicht zu lang ist die Wanderung zu den Ruinen des **Castell de Bèrnia** und zum **Mirador de Bèrnia.** ***Anfahrt:*** *Von Süden (18 km/40–50 Min.) fährt man hinter Altea La Vella die Partida Riquet rechts hoch über enge Serpentinen. Einfacher ist es von Norden (25 km/40 Min.) in Xaló auf die CV-749. An der Strecke liegen einige Restaurants und Finca-Hotels.* ***Parken:*** *Von Süden GPS: 38.657130, -0.051075, unbefestigte Zufahrt, wenige Plätze; von Norden GPS: 38.671513, -0.046565, Schildern zum Restaurant Sierra de Bernia folgen.*

4 Auf den Rummel gehen!

Die **Terra Mítica** ist einer von Spaniens größten und modernsten Vergnügungsparks. Vor allem die Achterbahnen sind spitze. Ganz in der Nähe liegt der Wasserpark **Aqua Natura** *(terranatura.com).* ***Anfahrt:*** *28 km von Calp* ***Infos:*** *Partida del Moralet s/n | Benidorm | wechselnde Öffnungszeiten | ab ca. 34 € | terramiticapark.com*

REGENTAG – UND NUN?

5 Ab in die Totenkopf-Höhle!

Die **Cova de les Calaveres** ist nicht die größte oder spektakulärste Tropfsteinhöhle, aber sie hat einen unterirdischen See und war schon in der Altsteinzeit bewohnt. Taschenlampe nicht vergessen! ***Anfahrt:*** *35 km (35–40 Min.) über N-332 und CV-732.* ***Infos:*** *GPS: 38.793112, -0.017386 | wechselnde Öffnungszeiten | 4,90 € | cuevadelascalaveras.com | mit Kinderwagen befahrbar*

ESSEN & TRINKEN

6 El Cantal

Reisgerichte wie der *arroz de bogavante* mit Hummer sind hier vom Feinsten. ***Infos:*** *C. Isla de Formentera 16 | Di–Sa 12.30–16, 19–22.30, So 12.30–16 Uhr | Tel. 865 51 16 83 | elcantalrestaurante.com | €€ | Drei-Gang-Menü Sa/So ca. 26 € ohne Getränk* ***Parken:*** *GPS: 38.646338, 0.052897, außer Mi (Markt)*

7 Punjabi Curry

Mach doch zur Abwechslung mal einen kulinarischen Ausflug in die indische Küche. ***Infos:*** *C. la Niña 15 | tgl. 12–16, 17.30–24 Uhr | Tel. 965 50 41 69 | punjabi.curry.com.es | €€*

Insider-Tipp

Vorkoster gesucht!

Um nicht zu scharf zu würzen, lässt der Koch des Punjabi Curry seine Gäste erst probieren.

EINKAUFEN

8 Vins i més

„Wein und mehr" ist ein liebevoll gestalteter und mit Gaumenfreuden gefüllter **Delikatessenladen** in der Altstadt von Xàbia. Hier bekommst du lokale Spitzenweine, Olivenöle, Käse, Konserven in Topqualität, Schokolade und Marmeladen. ***Infos:*** *C. Mayor 1 | Xàbia (ca. 25 km von Calp) | Facebook: Vins.i.mes* ***Parken:*** *C. de Miguel Hernández (GPS: 38.791216, 0.160481)*

9 Lonja de Pescado

Die Versteigerung des Tagesfangs auf der **Fischbörse** am Hafen von Xàbia ist schon ein Spektakel für sich. Hol dir die Zutaten fürs Abendessen, frischer geht es nicht! Auch das Restaurant **La Cantina de Jávea** nebenan ist sehr beliebt! ***Infos:*** *Muelle Pesquero s/n | Xàbia (ca. 25 km von Calp) | Di–Fr ab 16–21 Uhr*

RUNDUM SCHÖN

Bei Calp versinkt die Sonne hinter den Bergen, aber das Abendrot bespielt eine 360-Grad-Bühne.

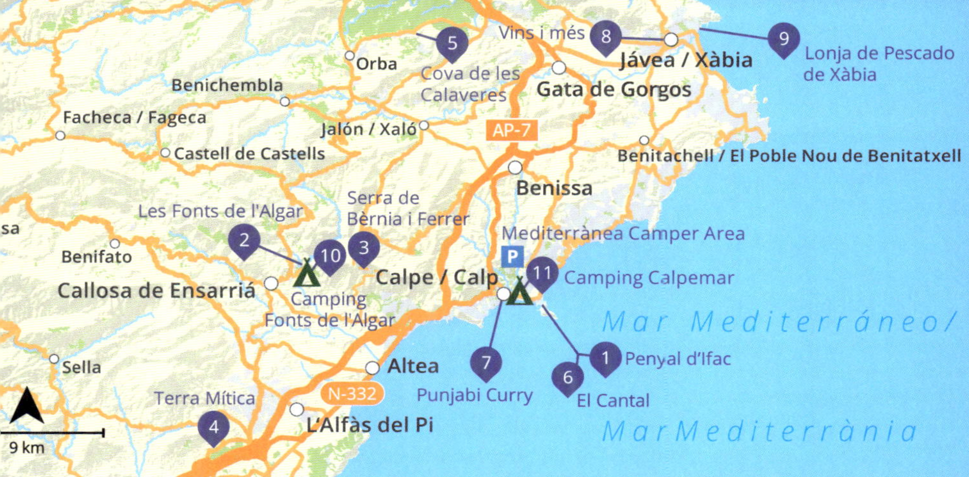

STELL- & CAMPINGPLÄTZE

10 Kinderfreundlich vor toller Bergkulisse

Nur einen kurzen Fußweg von den Wasserfällen Fonts de l'Algar entfernt, liegt dieser familiäre Campingplatz mit gutem Restaurant. Die Zufahrt mit dem Wohnmobil ist nicht einfach, aber definitiv machbar! Ein Insidertipp ist die *calçotada*, zu der die herzlichen Betreiber Ende Februar/Anfang März am Feuerplatz einladen: Dabei werden gegrillte Frühlingszwiebeln in köstliche *Romesco*-Soße getunkt.

Càmping Fonts de l'Algar

€€ | Partida Algar s/n | Callosa d'en Sarrià, Alacant
Tel. 608 742 5 71
fontsdelalgar.com
GPS: 38.654523, -0.093402

Nov.–Sept. geöffnet

▶ **Größe:** *10 000 m², 40 Stellplätze, 100 Zeltplätze, Jurten-Vermietung,*
▶ **Ausstattung:** *kostenloses WLAN, Grillplätze, Kinderspielplatz, Cafeteria, Restaurant, Supermarkt, Exkursionen, Reiten, Canyoning, Fahrradverleih, Strom und Wasser nur auf einigen der Parzellen verfügbar!*

11 Luxusplatz beim Strand und beim Naturpark

Im Herzen von Calp liegt diese Oase für Camper, nur 300 m vom Strand, den Strandrestaurants und dem Naturpark Penyal d'Ifac entfernt. Sprich, alles ist zu Fuß bestens zu erreichen, auch ein Lidl-Supermarkt befindet sich ums Eck. Für Kinder gibt es reichlich Animation, Sport- und Spielplätze sowie einen Swimmingpool. Und du kannst hier sogar Spanischunterricht nehmen!

Càmping Calpemar

€€€ | C. Eslovenia 3 | Calp, Alacant
Tel. 965 87 55 76
campingcalpemar.com
GPS: 38.645035, 0.056644

▶ **Größe:** *10 000 m², 107 eingerichtete Parzellen für Zelte, Wohnwagen oder Womos, 3 Bungalows*
▶ **Ausstattung:** *kostenpflichtiges WLAN, Swimmingpool, Animation, Kinderspielplatz, Fußball- und Basketballplatz, Boulebahn, Tischtennis*

Spot 10

Elx (Elche)
Palmenoase mit historischem Glanz und junger Szenekultur

Elx bietet nicht nur eine sehenswerte Altstadt mit mittelalterlichen Palästen und Bauwerken der Römer- und Maurenzeit, die mit ihren vielen Tapa-Bars auch Treffpunkt des studentischen Lebens der Universitätsstadt ist. Schier immens ist zudem die Zahl der Grünflächen, Parks und Palmenhaine (darunter der größte Europas). Das Hinterland lockt mit verschlafenen Dörfern, wo Kunsthandwerk gepflegt wird. Und die Strände sind bei Weitem nicht so überlaufen wie an der Costa Blanca.

P *Ein zentrumsnaher, kostenloser Parkplatz (nicht für große Womos zu empfehlen) befindet sich in der C. Porta de les Tafulles 69 (GPS: 38.260835, -0.695716). Ansonsten: Aparca2-Stellplatz an der Av. Dolores (CV-855, GPS: 38.250441, -0.697983, Tel. 699 99 93 98, Reservierung via aparca2.net).*

PALMEN UND PALÄSTE

Das Archäologische Museum nimmt dich im Palau d'Altamira mit auf Zeitreise in die Vergangenheit der Oasenstadt Elx.

AKTIVITÄTEN & SIGHTSEEING

1 Auf Sisis Spuren durch den Palmengarten spazieren

Highlight der Pflanzungen im Jardin Huerto del Cura ist die *palmera imperial*, die Königspalme, die einem siebenarmigen Kandelaber gleicht. Sie wurde der österreichischen Kaiserin Sisi gewidmet, die 1894 den **Palmerar d'Elx** besuchte, der heute zum Unesco-Weltkulturerbe zählt. ***Infos:*** *C. Porta de la Morera 49 | wechselnde Zeiten | 5 € | visitelche.com*

2 Wehrhafte Burgen und verwinkelte Dörfer erkunden

Im Hinterland gibt's eine Fülle hübscher Orte: mit weißen Gässchen, alten Festungen, Marktständen und lokalem Kunsthandwerk. Fahre erst zum **Castell de la Mola** *(Partida Molinos 151, Novelda)*, nebenan bei der Kirche Santuari de Santa Maria Magdalena ist der Einfluss von Gaudís Sagrada Família unverkennbar. Weiter geht es nach **Castalla** mit Stopps in **Petrer, Sax** und **Biar.** ***Anfahrt:*** *Hinweg mit Zwischenstopps 83 km, direkte Strecke zurück 54 km*

3 Einen Strandtag genießen bei den Arenals del Sol

Fast überraschend, dass es so stadtnah kilometerlange, unbebaute Sandstrände gibt: An den **Platges de L'Altet** und **d'Arenals del Sol** findest du Hundestrand, FKK-Bereich, loungige Strandbars und Restaurants. ***Anfahrt:*** *24 km von Elx über die A-70* ***Parken:*** *Aparcament Platja de L'Altet, GPS: 38.267903, -0.523894*

Insider-Tipp
Natur und Freiheit pur!

*An der **Platja del Carabassí** kannst du im Womo fast direkt am Sandstrand schlafen (Anfahrt über die Küstenstraße Camí del Carabassí, GPS: 38.235968, -0.518334).*

4 Bei der Tabarca-Insel schnorcheln

Tauchschulen wie **Dive Academy Santa Pola** bieten Exkursionen zu den hervorragenden Tauchspots rund um die Insel an. Auch mit dem **Tabarca Water Taxi** kommst du dorthin *(Hin- und Rückfahrt 15 €, inkl. Schnorchelequipment 25 €, online günstiger, Av. de los Baños, tabarcawatertaxi.com).* ***Infos:*** *Dive Academy Santa Pola | Marina Miramar, Puerto Deportivo 2, Local 3 | Santa Pola (17 km von Elx) | ab 40 € | Tel. 966 69 90 88 | diveacademy-santapola.es* ***Parken:*** *Cam-*

REGENTAG – UND NUN?

5 Eintauchen in die Geschichte

Das **Archäologische Museum** zeigt regionale Funde aus der Jungsteinzeit sowie der Epoche der Karthager, Römer und Mauren. Die Frauenbüste „Dama d'Elx" (5.–4. Jh. v. Chr.), ein herausragendes Werk iberischer Kunst, ist hier als Replik zu sehen. ***Infos:*** *Museu Arqueològic i d'Història | C. de la Diagonal del Palau 7 | Mo–Sa 10–18, So/Fei 10–15 Uhr | 3 €, So Eintritt frei | elche.es/museos/mahes*

per Área Santa Pola (GPS: 38.208239, -0.573815, ca. 2 km ins Zentrum)

ESSEN & TRINKEN

6 Columpio Bar

Burger und *montaditos* mit mexikanischem Touch sind in dieser Bar der Hit, auch vegetarisch und vegan. Dazu passend ein eiskaltes Malquerida-Bier. ***Infos:*** *C. Sant Agatàngel Patró d'Elx 1 | Mi/Do 20–23, Fr/Sa 13–16, 20–24, So 13–16, 20–23 Uhr | Tel. 622 76 25 04 | columpiobar.wordpress.com | €*

7 El Galgo

Herrlich kreative Gerichte werden dir hier serviert, geschmacklich kaum zu toppen und so schön präsentiert, dass es dir fast schwerfallen wird, das alles zu verputzen! Mittagsmenü um 21 €, Getränk inklusive. ***Infos:*** *C. Sant Jaume 6 | Mo–Mi 13.30–15.30, Do–Sa 13.30–15.30, 20.30–23.30 Uhr | Tel. 965 04 22 00 | Instagram: elGalgoElche | Reservierung empfohlen | €€*

EINKAUFEN

8 Mercat Central D'Elx

Auf dem **Zentralmarkt** kannst du dich an den Delikatessen und Produkten der Region sattsehen und dich zugleich an den Ständen mit Tapas oder *raciones* sattessen. Und das Ganze mit Blick durch die Glasfassade auf den Palmenhain. ***Infos:*** *Av. de la Comunitat Valenciana | Sa–Do 8–14.30, Sa auch 17.30–21 Uhr*

9 Alfarería Emili Boix

Im Hinterland liegt das Dorf Agost, das seine lange Tradition der **Keramik-**

SCHMUGGLERNEST

Der Naturhafen der Illa de Tabarca sieht noch fast so aus wie zu Piratenzeiten.

herstellung weiterhin pflegt. Die hohe Kunst des Handwerks zeigt dir Meister Emili Boix in seiner Werkstatt. Neben schönen Souvenirs bietet das **Museu de la Alfarería** einen Einblick in die Geschichte der ehemaligen **Töpferfabrik** *(Di–Sa 9–15, So 10–15 Uhr, 2,50 €, C. de Monfort 4, turismodeagost.com/museo-de-la-alfareria)*. Übrigens darf man Hunde (gratis) mit ins Museum nehmen, eine Ausnahme in Spanien! ***Anfahrt:*** *ca. 30 km von Elx* ***Infos:*** *Av. del Consell del País Valencià 127 | Agost*

STELL- & CAMPINGPLÄTZE

10 Schattiger Ruhepol in Strandnähe

Der moderne Platz an der Ortseinfahrt von Santa Pola ist terrassenförmig angelegt. Geschäfte, Supermarkt und Restaurants findest du in der Umgebung und ein Bus bringt dich flott in die Stadt Santa Pola und weiter nach Elx.

Càmping Bahía de Santa Pola

€€€ | Ctra. Santa Pola, CV-865 bei km 11 | Santa Pola (15 km von Elx)
Tel. 965 41 10 12
campingbahiasantapola.com
GPS: 38.200563, -0.569808

▶ **Größe:** *60 000 m², 350 Parzellen, 100 Dauercamper, 6 Bungalows*
▶ **Ausstattung:** *Indoor- und Outdoorpool, Whirlpool, Kinderbecken, Kinderspielplatz, Basketball- und Fußballplatz, Boulebahn, kostenloses WLAN, Womo-Waschbereich*

11 Beste Infrastruktur

Dieser seit Ende 2023 von einem deutschen Ehepaar überaus herzlich geführte Stellplatz liegt bei einem der schönsten Strände der Provinz: Zur Platja Els Tossals führt ein 1,5 km langer Fußweg durch den Pinienwald. Ganz in der Nähe findest du nicht nur eine exzellente Pizzeria (200 m), auch mehrere Supermärkte sind schnell zu Fuß zu erreichen.

Camper Park San Fulgencio 

€ | C. Mar Cantabrico 7 | San Fulgencio (21 km von Elx)
Tel. 966 72 53 17 | sanfulpark.com
GPS: 38.120762, -0.659905

▶ **Größe:** *30 Stellplätze (auch für große Womos)*
▶ **Ausstattung:** *Waschmaschine (3 €), Trockner (3 €), kostenloses WLAN, Picknickplatz, Grillzone*

Cartagena
Römisches Kulturerbe und Strandspaß an der Costa Cálida

Die geschichtsträchtige Stadt Cartagena wird dich mit ihren Ruinen aus der Römerzeit und den Festungen an der Hafenbucht begeistern. Auch das nahe Murcia ist einen Tagesausflug wert. Umwelt- und Meereschutz ist es zu verdanken, dass die Manga del Mar Menor weiterhin auch empfindlichen Seepferdchen eine Heimat bietet. Jene Lagune ist vielen Spaniern wegen eines Filmklassikers ein Begriff: „En un lugar de La Manga" war die Sommerromantik-Komödie der 1970er-Jahre.

P *Kostenloser Parking Cartagonova beim Stadion (GPS: 37.608686, -0.996018), ca. 20 Min. zu Fuß ins Zentrum. Schöner Womo-Stellplatz außerhalb: Área Autocaravanas Cartagena (GPS: 37.653584, -1.003527), bequeme Busverbindung ins Zentrum.*

GROSSE BÜHNE

Das gut 2000 Jahre alte römische Theater fand man in Cartagena unter den Ruinen der alten Kathedrale.

AKTIVITÄTEN & SIGHTSEEING

1 Antikes Kulturerbe erkunden

Das **römische Theater** solltest du unbedingt gesehen haben. Der nahe **Parque Arqueológico Cerro del Molinete** *(C. Honda 11, 6 €)* erläutert dir die Ausgrabung des römischen Wohnviertels Barrio del Foro Romano. Noch älter sind die Überreste der Mauer, welche die 227 v. Chr. von den Karthagern gegründete „Neustadt" Qart-hadašt umgab, zu sehen im **Centro de Interpretación de la Muralla Púnica** *(C. San Diego 25, 3,50 €)*. ***Infos:*** *Pl. Ayuntamiento 9 | Di–Sa 10–18, Osterwoche, Mai–Sept. 10–20, So 10–14 Uhr | 6 € | teatroromano.cartagena.es | für alle Museen etc.: puertodeculturas.cartagena.es*

2 Ausblicke von Festungsmauern genießen

Die gesamte Hafenbucht Cartagenas säumen Festungen, Bastionen und Ruinen. Der **Castillo de la Concepción** beim Hafen ist die spektakulärste der Burgen und auch die am besten restaurierte. Ein Besuch des **Castillo de la Atalaya** beschert dafür einen Wahnsinnsblick und lässt sich perfekt mit einer schönen Wanderung verbinden *(ca. 30–40 Min. vom Parkplatz beim Stadion)*. Unbedingt sehenswert ist auch das kleine Fischerdorf **La Algameca** an der Mündung des Benipila-Kanals. *(GPS: 37.588716, -1.001854)* ***Infos:*** *Parque Torres Gispert 10 | tgl. 10–20 Uhr | 4 €, 4,50 € inkl. Panoramaaufzug | puertodeculturas.cartagena.es*

3 Im salzigen See baden

Die Manga del Mar Menor, der „Arm des kleinen Meers", ist ein abgetrennter Teil des Mittelmeers, der rund 170 km² umfasst und damit das größte salzhaltige Binnengewässer Europas darstellt. Einen ganz eigenen Reiz haben die Sandstrände auf der vorgelagerten Landzunge. Eine Fülle von *Chiringuito*-Strandrestaurants findest du hier ebenso wie coole Beach-Lounges. ***Anfahrt:*** *Nimm die RM-12 zum Kap Cabo de Palos, schaue dir den Leuchtturm an und fahre weiter auf die Landzunge.* 📷 *Der* ***Leuchtturm*** *am Cabo de Palos ist ein ideales Fotomotiv, für sich alleine oder als Selfie-Hintergrund (GPS: 37.634676, -0.690470).*

4 Durchs nahe Murcia bummeln

Cartagenas größere Schwester ist die Hauptstadt der Autonomen Gemeinschaft Murcia und mit über 400 000 Einwohnern die siebtgrößte Stadt Spaniens. Die Universitätsstadt am Segura-Fluss wird dich mit ihrer barocken Kathedrale und prunkvollen Stadtpalais begeistern. ***Anfahrt:*** *50 km/35 Min. von Cartagena über die A-30* ***Parken:*** *kostenloser Gemeindestellplatz Área Autocaravanas Murcia im Einaufszentrum (GPS: 38.029232, -1.148120)*

Insider-Tipp
Maurisch chillen

Auf dem Gelände des Monasterio de Santa Clara la Real befanden sich einst zwei arabische Paläste samt Lustgärten. Im ***Regionalmuseum*** *im Kloster lässt sich die orien-*

REGENTAG – UND NUN?

5 Neues lernen über alte Schiffe

Im **Museo Naval Cartagena** wird die Geschichte der Schifffahrt von verschiedenen Seiten beleuchtet. Auch das erste U-Boot, das Isaac Peral 1888 entwarf, ist hier ausgestellt. Das **Museo Nacional de Arqueología Subacuática** *(Paseo Alfonso XII 22, Di–Sa 10–20/21, So 10–15 Uhr, 3 €, Sa ab 14 Uhr u. So Eintritt frei, cultura.gob.es/mnarqua)* zeigt gleich um die Ecke Funde von Unterwasserarchäologen aus den letzten Jahrtausenden sowie originalgetreue Nachbauten: von phönizischen Schiffswracks bis zu den versunkenen Schätzen spanischer Galeonen. ***Infos:*** *Paseo Alfonso XII s/n (am Hafen) | Di–Fr 9–14, Sa 10–14 Uhr | freiwillige Spende 3 € | fundacionmuseonaval.com*

talische Pracht dank aufwendiger Restauration wieder bestaunen (Av. Alfonso X el Sabio 1, Di–Sa 10–13, Sept.–Juni auch 16–18.30, So 10–13 Uhr, Eintritt frei, museosregiondemurcia.es).

ESSEN & TRI-NKEN

6 Marisquería Freiduría La Marina

Der Himmel auf Erden für Fans von Fisch und Meeresfrüchten! Die Gerichte sind allesamt fein zubereitet und natürlich gibt es auch Fisch-Tapas, exzellente Paella und andere Reisgerichte. Das Menü für 50 € ist eine üppige Gourmet-Reise und seinen Preis wert! ***Infos:*** *C. Santiago 11 | So–Di 9–17, Mi–Sa 9–17, 20–24 | Tel. 868 05 68 52 | €€*

7 Chiringuito Verano Azul

Benannt nach der legendären Teenie-Sommerserie „Verano Azul" liegt das Strandrestaurant am besten Ort der Manga del Mar Menor neben dem Leuchtturm. Es lohnt sich allemal hierherzukommen und sei es nur für den Sundowner-Cocktail! ***Infos:*** *C. Punta Elena s/n | Cabo de Palos | tgl. 11–22 Uhr | Tel. 674 11 41 33 | €€*

EINKAUFEN

8 Museo de Vidrio Santa Lucía

Hier kannst du nicht nur im Shop **Glaskunstwerke** erwerben, sondern im Museum auch den Glasbläsern auf die Finger oder die Lippen schauen. Im 19. Jh. war Cartagenas Stadtteil Santa Lucía berühmt für dieses – mittlerweile aussterbende – Handwerk. ***Infos:*** *C. Monroy s/n | Sa 9.30–13 Uhr und auf tel. Anfrage | Tel. 640 22 01 55 | Facebook: Museo de Vidrio Santa Lucía*

9 Cuarenta y Tres

Cartagena ist die Heimat des Likörs 43, eine der beliebtesten spanischen Spirituosen. Bei der Tour durch die **Brennerei Diego Zamora** darfst du natürlich verkosten, aber das jahrhundertealte Geheimnis um die 43 Zutaten wird sicher nicht gelüftet. ***Anfahrt:*** *über die Umfahrungsautobahn CT-32 ins Industriegebiet Poligono Industrial Los Camachos* ***Infos:*** *C. Silicio 10 | Los Camachos | Mo–Sa 9–18 Uhr | 20 €/Pers. inkl. Verkostung und Cocktails | Tel. 968 03 01 88 | licor43.es*

STELL- & CAMPINGPLÄTZE

10 Entspannung pur mit Spa-Oase und Fitnesscenter

Dieser topmoderne Platz ist überaus gepflegt, sauber, ruhig und zudem luxuriös ausgestattet mit Fitnesscenter, Außen- und Innenpool sowie einem Spa-Bereich. Ein Rancho Relaxo (wie bei den Simpsons), wenn man so will. Einzig zum Strand ist es etwas weit, etwa 800 m bis zur Playa de Mil Palmeras. Unbedingt mit Vorlauf reservieren!

Camping Lo Monte 

€€ | Av. Comunidad Valenciana 157 | Torre de la Horadada (ca. 47 km von Cartagena)
Tel. 966 76 67 82
campinglomonte.com
GPS: 37.878562, -0.766413

▶ **Größe:** *72 000 m^2, ca. 255 Parzellen, 20 Bungalows*
▶ **Ausstattung:** *Spabereich, Innen- und Außenpool, kostenpflichtiges Glasfaserinternet, kostenloses WLAN nur in Gemeinschaftszonen, Supermarkt, Bar, Restaurant, Fitnesscenter, Fahrradverleih*

11 Rundum umsorgt

Absolutes Plus dieses Stellplatzes sind die überaus hilfsbereiten Inhaber sowie die gepflegte Anlage mit sauberen, modernen Sanitäreinrichtungen. Einen Supermarkt findest du in unmittelbarer Nähe. Ab der nahen Bushaltestelle fahren bis 22.40 Uhr Öffi-Busse in die Altstadt (Ticket 1,20 €, Taxi 10 €).

Área Autocaravanas Cartagena

€ | Ctra. Molino Derribado s/n | Cartagena (5 km vom Zentrum)
Tel. 662 32 64 12 | areaautocaravanas.com
GPS: 37.653689, -1.003511

▶ **Größe:** *40 Womo-Stellplätze*
▶ **Ausstattung:** *Gemeinschaftsraum, Kaffeemaschine, Kühlschrank, Spielplatz, Gratis-WLAN*

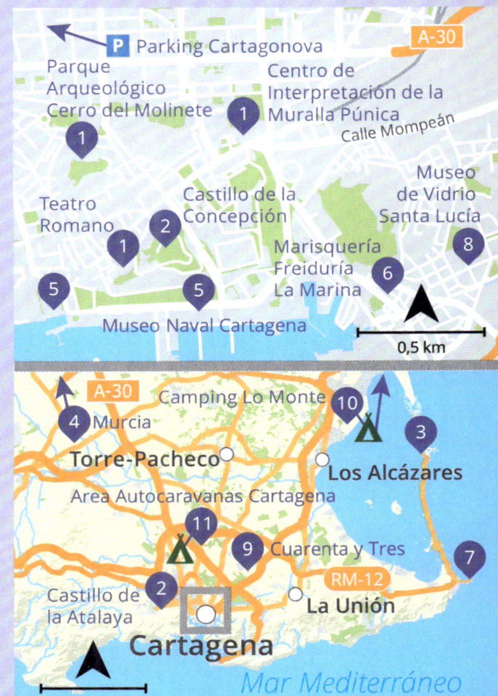

San José
Urlaubsort mit Traumstränden mitten im Naturpark Cabo de Gata

Die mit Agaven und Kaktusfeigen spärlich bewachsene Vulkanlandschaft wird dich sofort in ihren Bann ziehen. Nicht umsonst wurden in dieser Halbwüste schon die Locationscouts für Hollywoodklassiker und Spaghettiwestern fündig. Hier kann man vor allem eins: so richtig abschalten! Denn am Cabo de Gata liegen einige der schönsten Strände der andalusischen Mittelmeerküste, allen voran Playa de Mónsul, Playa de los Genoveses und El Playazo de Rodalquilar.

P *An der Ortseinfahrt großer, kostenfreien Parkplatz (GPS: 36.764619, -2.109944), übernachten nur in der Nebensaison gestattet; Womo-Services gibt es keine! Diese findest du am nahen Campingplatz Camping Tau (Camino de Cala Higueras, GPS: 36.767654, -2.105543, Tel. 950 38 01 66, campingtau.com).*

WILD UND KARG

In den Vulkanhügeln bei San José fühlst du dich schon fast wie am Rand der Sahara.

AKTIVITÄTEN & SIGHTSEEING

1 Zu den besten Schnorchelspots paddeln

Happy Kayak organisiert von San José aus Kajak- und Kanutouren mit Schnorchelausrüstung, etwa zur nahen, östlich gelegenen Cala Higuera. Ein unberührtes Paradies, über und vor allem unter Wasser. ***Infos:*** *C. del Puerto 49 | Touren ab 35 € pro Pers. | Tel. 650 53 14 01 | happykayak.com*

2 Zu versteinerten Dünen spazieren

In der Hochsaison *(Juni–Sept.)* ist die Zufahrt zu den reizvollen Stränden **Los Genoveses, Mónsul** und **Media Luna** kostenpflichtig *(6 € pro Fahrzeug)*, Camper werden bei viel Andrang nicht durchgelassen. Kein Problem! Ein Wanderweg führt einen bequem, sprich mit Flip-Flops in etwa 20 bis 30 Min. machbar, vom südlichen Ortsende von San José zum breiten, feinsandigen „Strand der Genoveser".

3 In die Unterwasserwelt abtauchen

Im Naturpark laden eine Handvoll exzellenter Tauchschulen und -center ein, die Unterwasserwelt des Schutzgebiets zu entdecken. **Buceo en Cabo de Gata** bringt euch zu den schönsten Spots der hiesigen Unterwasserwelt. Tauchgänge sowohl für Anfänger als auch für Fortgeschrittene. ***Infos:*** *C. Cala Stay 1 | La Isleta del Moro (ca. 12 km von San José) | Tel. 664 53 42 00 | buceoencabodegata.es*

4 Geisterstadt mit Wildwestflair erkunden

Rodalquilar ist eine ehemalige Bergbaustadt, wo noch bis ins 20. Jh. Gold geschürft wurde. Die karge Landschaft rund um die ***minas de oro*** erinnert an Amerikas Wilden Westen und diente als Kinokulisse z. B. für Ridley Scotts „Exodus: Götter und Könige". Auf der stets gut instand gehaltenen Schotterpiste ALP-824 nach Los Albaricoques passierst du einen weiteren Ort, der Filmgeschichte geschrieben hat: Am **Cortijo del Fraile** wurde Sergio Leones Westernklassiker „Zwei glorreiche Halunken" gedreht. Und für Literaturkenner: Federico García Lorcas „Bluthochzeit" basiert auf einem realen Drama, das sich hier zugetragen hat! ***Infos:*** *ca. 15 km von San José*

REGENTAG – UND NUN?

5 Zwischen Stalagmiten und Stalaktiten

Einzigartig sind die **Cuevas de Sorbas** am Rand der Tabernas-Wüste. Die faszinierenden Tropfsteinhöhlen voller versteinerter Korallen sind auch ein Zeugnis der gewaltigen tektonischen Kräfte, die die eurasische und die afrikanische Kontinentalplatte aufeinander ausüben! ***Infos:*** *Paraje Barranco del Infierno, GPS: 37.092132, -2.107515 | Sorbas (ca. 60 km von San José) | ab 18 € inkl. Ausrüstung und Führung (auch auf Deutsch, Dauer ca. 2 Std.) | cuevasdesorbas.com | Reservierung erforderlich*

ESSEN & TRINKEN

6 4 Nudos

Das Restaurant am Jachthafen ist die beste Wahl für exzellenten, fangfrischen Fisch und Meeresfrüchte. ***Infos:*** *Club Naútico San Jose | C. del Puerto | Di–So 9–16, im Sommer auch 20.30–23 Uhr | Tel. 620 93 81 60 | 4-nudos.negocio.site | Reservierung empfohlen | €€*

7 La Ola

Frühstück mit Meerblick gefällig? In der „Welle" wird der frischgepresste O-Saft im Jumbo-Format serviert und deine Latte *(café con leche grande)* auf Anfrage mit Bio-Sojamilch gemacht. Ab dem frühen Nachmittag kannst du zur Paella übergehen. ***Parken:*** *unbefestigter Parkplatz beim Strand (GPS: 36.816727, -2.051015), Übernachten (21–8.30 Uhr) streng verboten, 600 € Strafe* ***Infos:*** *C. Rinconcillo 5 | La Isleta del Moro (12 km von San José) | tgl. 10–16.30, Fr/Sa (Ostern–Mitte Okt. Di–Sa) auch 20–23 Uhr | Tel. 950 38 97 58 | laolarestaurante.es | im Sommer reservieren! | €€*

Insider-Tipp
Bekömmliches Brot
Auf Wunsch werden tostadas aus glutenfreiem, vor Ort gebackenem Brot serviert.

EINKAUFEN

8 Cactus Níjar

Hier kannst du (sogar in Begleitung deines Hundes) prachtvolle, meterhohe **Kakteen** und Sukkulenten bestaunen – und die stachligen Schönheiten auch als botanische Souvenirs erwerben. ***Infos:*** *Camino Campo s/n, GPS: 36.955686, -2.196678 | Níjar (26 km von San José) | Eintritt frei | tgl. 10–14, 16–19, im Sommer bis 20 Uhr| cactus-nijar.negocio.site*

SPEKTAKULÄR

Vom Mirador de la Amatista bei La Isleta del Moro schweift dein Blick fast endlos übers türkise Wasser und die felsige Küstenlinie des Naturparks.

9 La Tahona de Pedraza

Wenn dir etwas aus der Heimat fehlt, dann ist es wahrscheinlich ein richtiger **Brotwecken!** Für ofenfrische Brötchen und Sauerteig-Vollkornbrote aus Dinkel und Roggen lohnt es sich, den Weg nach Níjar einzuschlagen. ***Infos:*** *C. Escuela Hogar 1 | Níjar (27 km von San José) | Di–Sa 9–14 Uhr | latahona.net*

STELL- & CAMPINGPLÄTZE

10 In Spaghettiwestern-Kulisse

Der kleine, familiäre Stellplatz bietet Platz für große Womos und die Zufahrt ist einfach. Mit Blick auf die imposante (Halb-)Wüstenlandschaft liegt der Platz an der Piste zwischen Los Albaricoques und Rodalquilar, ca. 15 km von San José und seinen Traumstränden. Die Sanitäreinrichtungen sind modern und sauber. Die Rezeption ist von 9 bis 12.30 Uhr geöffnet, aber María erklärt dir sonst gerne alles telefonisch.

Camper Park Olivares

€ | Cortijo Jurado s/n | Los Albaricoques
Tel. 660 67 46 45
olivaresrural.com
GPS: 36.848177, -2.118002

- **Größe:** *25–30 Stellplätze*
- **Ausstattung:** *Waschmaschine, Wäschetrockner, kostenloses WLAN*

11 Toller Spaß für Familien und Sportskanonen

Der top-ausgestattete, weitläufige Campingplatz liegt unweit des Dorfs San Miguel de Cabo de Gata und ca. 18 km von San José. Zum Strand sind es etwa 2 km. Hier kommen alle auf ihre Kosten: Naturliebhaber, Erholungssuchende, Strandgenießer, Aktivurlauber, (Team-)Sportler etc. Und auch den Kleinsten wird es beim umfassenden Animationsprogramm nie langweilig.

Camping Cabo de Gata 

€€€ | Ctra. Cabo de Gata s/n |
Cabo de Gata, Níjar
Tel. 950 16 04 43
campingcabodegata.com
GPS: 36.801216, -2.245292

- **Größe:** *ca. 36 000 m², 229 Stellplätze, Bungalows und Holzhütten*
- **Ausstattung:** *Pool, Bar, Restaurant, Abendunterhaltung, Wassergymnastik, Sportangebote, Theaterworkshops, kostenloses WLAN, Fahrradvermietung*

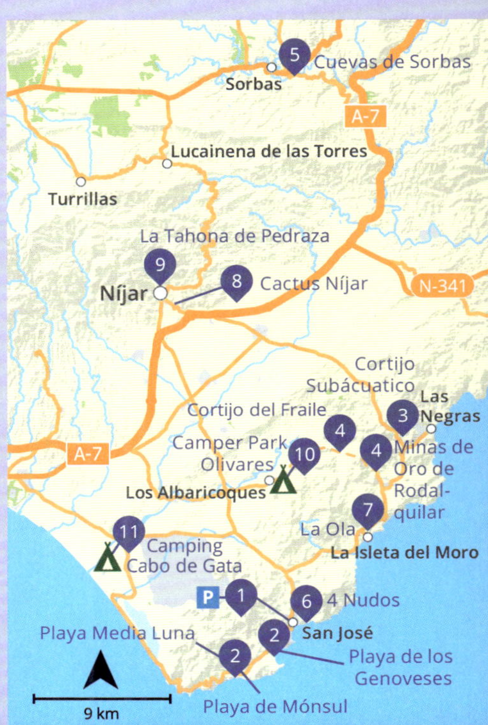

Almería
Mediterrane Hafenstadt mit riesiger Maurenfestung und lebendiger Tapa-Kultur

Almería trumpft mit fast ganzjährigem Sonnenschein auf (max. 15 Regentage!) und beschert von der Alcazaba-Festung einen Hammer-Panoramablick über den Golf. Dank der Fülle an Tapa-Bars wirst Du dich hier wie im Schlaraffenland fühlen! Das Umland bietet neben dem Cabo de Gata (▶ S. 98) nicht nur Bio-Gemüseanbau im „Plastikmeer", sondern auch Traumstrände bei Roquetas del Mar sowie hübsche Bergdörfer in der Alpujarra Almeriense an den Südhängen der Sierra Nevada.

P *Am Hafen gibt es einen bewachten Womo-Stellplatz, zentrumsnah und preiswert (GPS: 36.832897,-2.46495, 6,55 €/Tag, jeweils bis Mitternacht gerechnet).*

IM STIL DES EIFFELTURMS

Der Cable Inglés, die alte Erzverladestation am Hafen von Almería, bietet bei Tag wie bei Nacht tolle Fotomotive.

AKTIVITÄTEN & SIGHTSEEING

1 Den Weihrauchbaum im Kathedralhof bewundern

Die **Catedral de la Encarnación** ist eine Festungskirche aus der Zeit der Angriffe von Berberkorsaren (16. Jh). Ein Bollwerk mit prächtigen Portalen, dessen Inneres mit gotischer, klassizistischer und barocker Pracht aufwartet. In einem der Patios kannst du eine Seltenheit in Spanien bestaunen: einen Weihrauchbaum! ***Infos:*** *Pl. de la Catedral 8 | wechselnde Öffnungszeiten | 6 €, plus 2 € für den Glockenturm | catedralalmeria.com*

2 Von maurischen Mauern aufs Meer blicken

Die **Alcazaba-Festung,** die hoch über der Altstadt und dem Golf von Almería in den Himmel ragt, ist die größte maurische Verteidigungsanlage ihrer Art in Spanien. ***Infos:*** *C. Almanzor s/n | Di–Sa Mitte Sept.–März 9–18, April–Mitte Juni 9–20, Mitte Juni–Mitte Sept. 9–15, 19–22, So 9–15 Uhr | 1,50 €, EU-Bürger Eintritt frei | museosdeandalucia.es/web/conjuntomonumentallaalcazabaalmeria*

3 Im Wüstencanyon abkühlen

Las Canales ist der Name der ausgewaschenen Felsenpools des Río Andarax im Barranco del Bosque. Für die Tour durch die Schlucht beim Bergdorf Padules sind Badesachen, Schwimmschuhe mit Profil und kurze Hose zu empfehlen. ***Anfahrt:*** *Ca. 50 km von Almería, in Padules führt eine steile Piste südwärts.* ***Infos:*** *padules.es/informacion/las-canales-de-padules* ***Parken:*** *3,50 €/Tag (GPS: 36.991023, -2.771250)*

4 Flamingos am Strand beobachten

Bei Roquetas del Mar findest du an den Salinen im Naturschutzgebiet der **Punta Entinas-Sabinar** nicht nur Flamingos, sondern auch schier endlose Strände, Ruhe und Abgeschiedenheit. Und das alles vor der fotogerechten Kulisse der schneebedeckten Sierra Nevada. ***Anfahrt:*** *ca. 28 km von Almería* ***Parken:*** *Kostenloser Gemeindestellplatz (GPS: 36.715606, -2.635661), rechts runter läufst du Richtung Playa de Cerrillos und Salinen.*

REGENTAG – UND NUN?

5 Bunker des Bürgerkriegs besichtigen

Der Besuch der Luftschutzkeller, **Refugios de la Guerra Civil,** verursacht – nicht nur wegen der Temperaturen dort – eine Gänsehaut. Die 4,5 km langen und 9 m tiefen Stollen mit Vorratskammer und Operationssaal wurden während des Spanischen Bürgerkriegs (1936–1939) zum Schutz vor italienischen und nazideutschen See- und Luftbombardements angelegt. Über 34 000 Menschen konnten hier Platz finden. ***Infos:*** *Pl. Manuel Pérez García 1 | Di–Sa 10.30–13.30, 18–21, So 10.30–13.30 Uhr | 3 € | Tel. 950 26 86 96 | Tickets online: flowte.me/storefront/refugios-almeria*

ESSEN & TRINKEN

6 Jovellanos 16

Dieses moderne Lokal, ein Fixstern in der Tapa-Szene von Almería, punktet mit kreativen, überraschend großen Häppchen gratis zum Getränk (manche Spezialitäten mit Aufpreis). ***Infos:*** *C. Jovellanos 16 | Mo–Sa 20–23.30, Di–Sa auch 13–16 Uhr | Tel. 660 54 73 54 | barjovellanos16.es | €–€€*

Insider-Tipp
Vegan und köstlich

Eine absolute Empfehlung sind die Gurken-Röllchen mit Rote-Bete-Hummus.

7 Casa Puga

Die Geschichte der Tapa-Bar geht aufs Jahr 1870 zurück. Spezialitäten sind die *salazones* und *ahumados*, gepökelte Fischleckereien wie *mojama:* hauchdünne Scheiben luftgetrockneten Thunfischfilets. ***Infos:*** *C. Jovellanos 7 | Mo–Sa 12–16, 20.15–24 Uhr | Tel. 950 23 15 30 | barcasapuga.es | €–€€*

EINKAUFEN

8 Mercado Central de Almería

Farbenfrohes Bild auf dem **Markt:** frisches Obst und Gemüse, bester Fisch und ausgesuchtes Fleisch, daneben Delikatessen wie *salazones* und *jamón*. Fisch- und Fleischläden bereiten das Ausgesuchte auch am Grill oder in der Fritteuse zu. ***Infos:*** *C. Circunvalación Ulpiano Díaz 14 | Mo–Do, Sa 8–15, Fr 8–15, 17–20.30 Uhr*

9 Centro de Interpretación del Mármol

Aus Macael, einem maurisch geprägten Dorf 80 km nördlich von Almería, stammt ein wunderbarer Marmor, der schon im 13. Jh. beim Bau der Alhambra in Granada Verwendung fand. Im **Marmor-Infozentrum** bekommst du auch

FRUCHTBAR

In den Alpujarras parkt dein Campingbus zwischen Palmen und Mandelbäumen.

hübsche Souvenirs wie z. B. Seifenhalter oder Mörser. ***Infos:*** *C. García Lorca 50 | Macael | Di–Sa 10–14, 18–20, So 10–14, 17–19 Uhr | macaelturismo.com/web4/centro-de-interpretacion-del-marmol*

STELL- & CAMPINGPLÄTZE

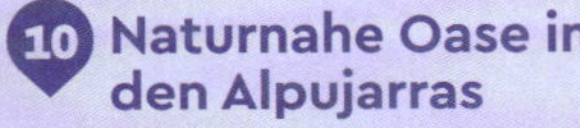

10 Naturnahe Oase in den Alpujarras

Zwischen den Bergdörfern Almócita und Padules liegt dieser kleine, moderne Campingplatz 55 km nordwestlich von Almería inmitten unberührter, karger Natur. Ideal zum Ausspannen, aber auch für aktive Geister, die das Umland mit Wanderschuhen oder dem Mountainbike erkunden wollen. Das öffentliche Schwimmbad ist 1 km entfernt.

Camping Almócita

€€ | Paraje Los Majuelos | Almócita
Tel. 622 56 65 67 | campingalmocita.es
GPS: 36.995284, -2.785001

▶ **Größe:** *12 500 m², 42 Parzellen, 15 Stellplätze für Womos, Wohnwagenanhänger*
▶ **Ausstattung:** *Waschmaschine, Wäschetrockner, Grillplätze, Supermarkt, Bar-Restaurant, kostenloses WLAN, Entleerung chemischer Toiletten, Grauwasserentsorgung*

11 Direkt am Strand mit Yogastudio

Schattige Stellplätze mit Meerblick an einer kleinen Bucht. Almería ist zu Fuß über die Promenade, aber auch per Bus oder Taxi zu erreichen. Der kleine La-Garrofa-Strand (feiner Kies) ist auch für Familien ideal zum Ausspannen und Schnorcheln. Hier kannst du Städtetrip und Badeurlaub ideal verknüpfen. Das Tauch- und Schnorchelcenter **Buceo Aguadulce** *(buceoaguadulce.com)* liegt nur 3 km entfernt und verleiht auch Kajaks und Stand-up-Paddling-Bretter.

Camping La Garrofa

€€ | an der Küstenstraße N-340a, bei km 435 | La Garrofa (etwa 5 km westlich von Almería)
Tel. 950 23 57 70
lagarrofa.com
GPS: 36.826226, -2.516428

▶ **Größe:** *20 000 m², 100 Parzellen, Bungalows*
▶ **Ausstattung:** *Sonnenschirme, Liegen, Bar-Restaurant, Supermarkt, Yogastudio, Waschmaschine, Trockner, Restaurant, kostenloses WLAN, Entleerung chemischer Toiletten, Grauwasserentsorgung, für Personen mit eingeschränkter Mobilität ausgestattet*

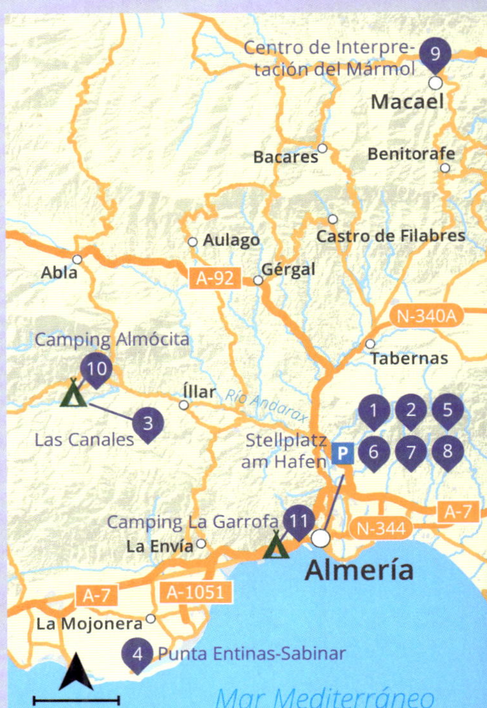

VERSCHLUNGEN

Als Sinnbild Allahs sind die maurischen Stuckornamente in der Alhambra in Granada zu verstehen.

Durch Andalusiens „Wilden Osten"

Rundtour von Almería

Während die hollywoodreifen Landschaften bei Tabernas Wüste sind, zeigen sich die Südhänge der Sierra Nevada dank Bewässerung durch maurische *Acequia*-Kanäle fruchtbar. Die Alpujarra ist hier durchsetzt mit kleinen weißen Dörfern. In den Weltkulturerbe-Städten Granada und Córdoba warten mit dem Alhambra-Palast und der Mezquita-Catedral sowie der Ruinenstadt Medina Azahara Meisterwerke der Maurenherrscher auf dich. Ein Paradies für Aktivurlauber ist Spaniens größtes Naturschutzgebiet: die Sierras de Cazorla, Segura y Las Villas.

Strecke 917 km

Reine Fahrzeit 14 Std. 15 Min.

Streckenprofil Landstraße und Autobahn, starke Steigungen und Serpentinen in der Alpujarra und der Sierra de Cazorla

Empfohlene Dauer 10–12 Tage

Anschlusstouren C E F

Tour D im Überblick

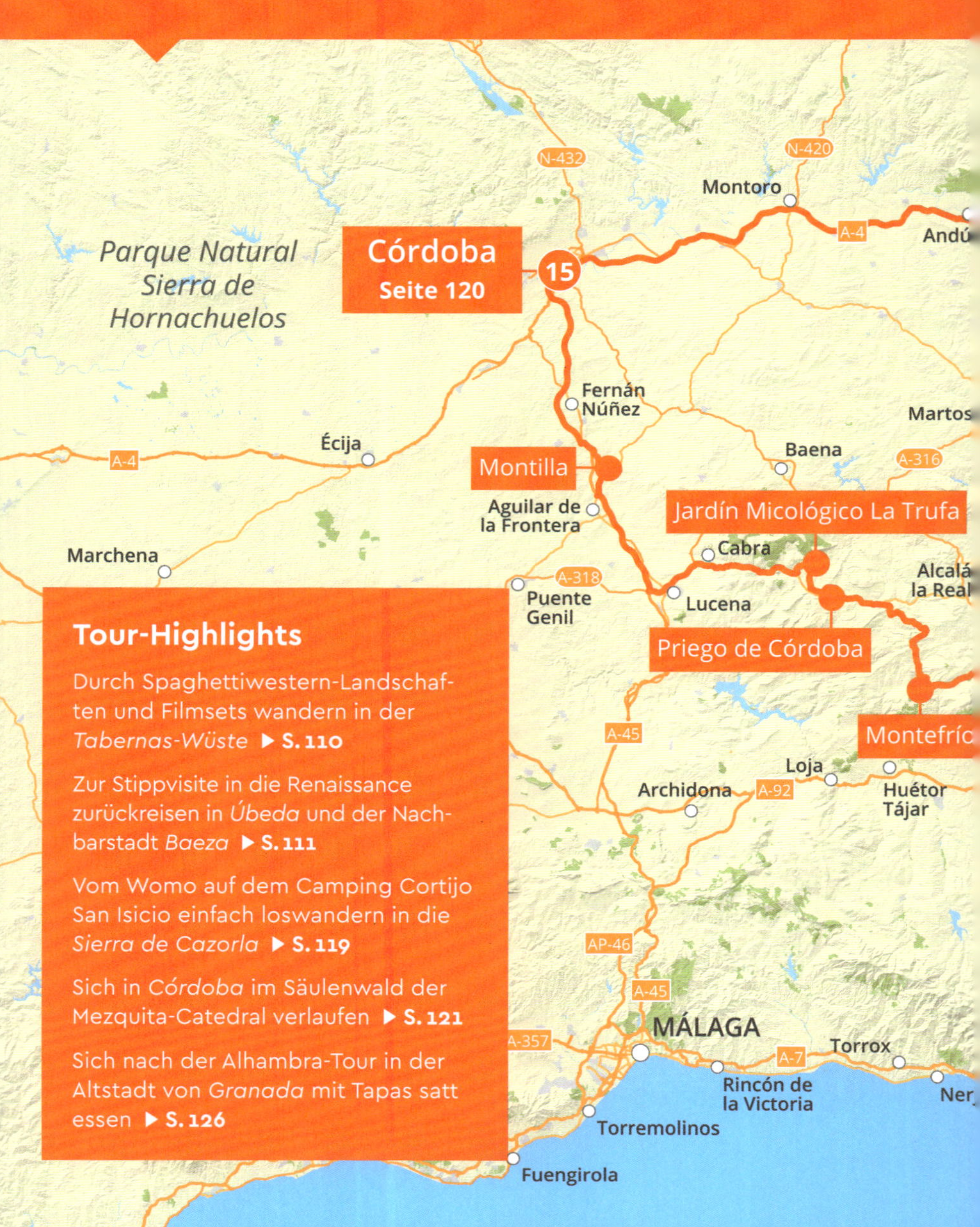

Tour-Highlights

Durch Spaghettiwestern-Landschaften und Filmsets wandern in der *Tabernas-Wüste* ▶ **S. 110**

Zur Stippvisite in die Renaissance zurückreisen in *Úbeda* und der Nachbarstadt *Baeza* ▶ **S. 111**

Vom Womo auf dem Camping Cortijo San Isicio einfach loswandern in die *Sierra de Cazorla* ▶ **S. 119**

Sich in *Córdoba* im Säulenwald der Mezquita-Catedral verlaufen ▶ **S. 121**

Sich nach der Alhambra-Tour in der Altstadt von *Granada* mit Tapas satt essen ▶ **S. 126**

A-4
N-322
La Carolina
Elche de la Sierra
Baños de la Encina
LINARES
ailén
Úbeda
A-44
A-32
Villacarrillo
Mengíbar
Baeza
Naturpark der Sierras de Cazorla, Segura y Las Villas
Seite 116
14
RM-730
Jódar
Mancha Real
EN
Huéscar
Geoparque de Granada
A-44
A-92N
Baza
A-92
Guadix
Granada
Seite 124
16
Albox
Vega
Padul
Parque Nacional de Sierra Nevada
Vera
A-92
Tabernas
A-7
Órgiva
17
La Alpujarra
Seite 128
Almería
Seite 102
Berja
El Ejido
13
lobreña
Adra
A-7
La Gangosa
20 km
Mar Mediterráneo

D Tourenverlauf

Start & Spot 13

Almería
Mediterrane Hafenstadt mit riesiger Maurenfestung und lebendiger Tapa-Kultur ▶ **S. 102**

45 km | Über die A-7 auf die A-92 nach Norden.

Tabernas

Das Dorf, das der Wüste ihren Namen gab, ist berühmt als Location von Spaghettiwestern, allen voran die Klassiker von Sergio Leone. Aber auch Michael „Bully" Herbig drehte hier „Der Schuh des Manitu". Die Kulissen der Westerndörfer **Fort Bravo** *(GPS: 37.046914, -2.420021, fortbravo.org)*, **Oasys MiniHollywood** *(GPS: 37.019789, -2.431682, oasys parquetematico.com)* und **Western Leone** (*GPS: 37.032429, -2.446639, tabernasturismo.com)* kannst du besichtigen. **Malcamino's** bringt dich im Geländewagen zu den Filmschauplätzen. Eindrucksvoll sind auch die Wanderungen auf den Pico Alfaro *(GPS: 36.994581, -2.441839)*, zur Oase aus „Lawrence von Arabien" *(GPS: 37.008992, -2.446639)* oder den Klippen von „Indiana Jones – Jäger des Verlorenen Schatzes" *(GPS: 37.015846, -2.454278)*. Start ist jeweils die Repsol-Tankstelle bei der Ausfahrt Nr. 376: Tabernas.

i *Malcamino's | Av. de las Angustias | Tabernas | malcaminos.com*

101 km | Die A-92 führt durch trockene Landschaften, die mit Canyons und Felsformationen an den Wilden Westen der USA erinnern. Das **Castillo de la Calahorra** *(GPS: 37.183308, -3.065526)* an der Ausfahrt 312 bietet einen herrlichen Anblick vor der schneebedeckten Sierra Nevada.

Guadix

Die Kleinstadt, benannt nach dem arabischen „Fluss des Lebens", ist berühmt für ihre Höhlenwohnungen *(cuevas)*. Ein **Besucherzentrum** gewährt Einblick in die unterirdischen Lebensräume. Die **Kathedrale** an Stelle der einstigen Hauptmoschee kombiniert Renaissancearchitektur mit barockem Überschwang *(7 €, catedraldeguadix.es)*.

i *Centro de Interpretación Cuevas de Guadix | Pl. Del Padre Poveda | Mo–Fr 10–14, 16–18, Sa/Fei 10–14 Uhr | 2,60 € | mcicuevasde guadix.blogspot.com*

P *kostenloser Womo-Stellplatz (C. Adolfo Suarez, GPS: 37.303790, -3.133667, Grauwasserentsorgung) nah am Zentrum*

Insider-Tipp
Aber hallo, ein Höhlen-Hammam!

*In den Arabischen Bädern des **Hammam Kabir** in El Bejarín fällt im warmen Wasser aller Reisestress von dir ab (ca. 5 km von Guadix, GPS: 37.332238, -3.176018, ab 20 €, Tel. 652 89 45 84, hammam-kabir.com, nur mit Reservierung).*

119 km Folge der N-342 bis Baúl, den **Naturpark Sierra de Baza** zu deiner Rechten weiter über die GR-7100 und die A-315 nach Norden. Am **Stausee Negratín** ist Zeit für eine kurze Rast mit Traumausblick. Bleib bei Pozo Alcón auf der A-315, denn die Passstraß ist zu anspruchsvoll für Womos. Kurz hinter Quesada Abzweig nach rechts auf die A-322.

Spot 14 **Naturpark der Sierras de Cazorla, Segura y Las Villas**
Die „grüne Lunge" Andalusiens ▶ **S. 116**

48 km Westwärts geht es über die A-319 bis Peal de Becerro, halte dich an die A-315 bis Torreperogil, wo du auf die N-322 auffährst.

Úbeda

Die Schwesterstädte Úbeda und Baeza zählen als regelrechte Renaissance-Freilichtmuseen zum Unesco-Weltkulturerbe. Prachtbauten zeugen von der Blüte der Isabellinischen Gotik. Die Stararchitekten der Ära, Diego de Siloé und Andrés de Vandelvira, hinterließen Spuren, die

WILDER WESTEN

High Noon in der Kulissenstadt Fort Bravo bei Tabernas

sogar in Lateinamerika Nachahmer fanden. Im **Olivenölmuseum** darfst du grünes Gold verkosten und einiges über seine Herstellung lernen.

i *Centro de Interpretación Olivar y Aceite | Corredera de San Fernando 32 | im Sommer Di–Sa 10–13, 18–20.30, So 10–14, sonst Di–Sa 17–19.30 Uhr | 3,50 €, inkl. Verkostung ab 14,50 € (Englisch 16,50 €) | centrodeolivaryaceitelaloma.com | online reservieren!*

P *Kostenloser Gemeinde-Stellplatz an der Travesía Comendador Messias (GPS: 38.006443, -3.379310), knapp 10 Min. Fußweg ins Zentrum*

10 km | Über die A-316.

Baeza

Hier lohnt der Besuch der **Kathedrale,** beachte die maurischen Elemente am Glockenturm. Der **Palacio de Jabalquinto** glänzt mit prunkvoller Fassade. Die **Tasca Burladero** ist eine Szenekneipe mit Sonnenterrasse *(Mo/Di 20–24, Do/Fr 13–17, 20–3, Sa/So 13–3 Uhr, C. Barbacana s/n, burladerobaeza.com).*

P *Womo-Stellplatz nahe der Busstation an der C. de la Cerca (GPS: 37.996771, -3.459334)*

43 km | Über die C-326 geht es auf die A-32, bei Bailén über die A-44 auf die A-4; an der Abades-Raststätte (Ausfahrt 288) auf die A-6100.

Baños de la Encina

Überragt von der imposante Festung **Castillo de Burgalimar** ist das in den Olivenhainen gelegene Dorf eins der schönsten der Provinz Jaén. Neben der Renaissancekirche San Mateo sticht im Ortskern das Herrenhaus Casa Salido (17. Jh.) als architektonisches Meisterwerk hervor.

i *C. de Santa María 1 | wechselnde Zeiten | 4,50 € inkl. Führung | Tel. 953 61 33 38 | laencinaturismo.com/rutas/ruta-guiada-castillo-de-banos-de-la-encina | online, per Tel. oder WhatsApp 626 81 84 46 buchen*

P *Gemeindeparkplatz C. Cascarrillo s/n (GPS: 38.170424, -3.769074)*

117 km | Über die A-4 zurück und die A-4 Richtung Westen.

Spot 

Córdoba

In orientalischer Pracht schwelgen am einstigen Kalifenhof ▶ S. 120

101 km **Optionaler Anschluss:** Tour F

50 km | Über die A-4 nach Süden auf die A-45 fahren bis La Rambla (Ausfahrt 27), dort auf die N-331.

Montilla

Das entzückende Dorf inmitten der Weinberge ist Namensgeber des Amontillado-Sherrys, über dessen Herstellung du in den hiesigen Bodegas – etwa bei **Cruz Conde** – einiges erfährst (während du ihn natürlich auch verkostest). Zur Tapa lohnt ein Abstecher in die **Taberna Bolero** *(C. Fuente Álamo 9, Di–So 12.30–24 Uhr, Fr/Sa länger).*

i *C. Ronda del Canillo 4 | Mo–Fr 8–15 Uhr | bodegascruzconde.es*

P *Am öffentlichen Gemeinde-Stellplatz (Paseo de Cervantes 8, GPS: 37.588349, -4.633967) steht auch einer Übernachtung nach der Sherry-Verkostung keine Lokalpolizei im Wege. In Doña Mencía gibt es einen schönen Womo-Stellplatz im Grünen (GPS: 37.546094, -4.353114), der als Ausgangspunkt für Via-Verde-Radtouren dient, Bikeverleih vor Ort.*

61 km | A-45 nehmen bis Lucena.

95 km **Optionaler Anschluss:** Tour E

Von der Abfahrt 56 nach Osten weiter über A-318 und A-339 durch den **Naturpark Sierras Subbéticas.** Am Weg bekommst du bei **Almazaras de Subbética** in der Nähe von Carcabuey eines der weltbesten Bio-Olivenöle, unweit kannst du eine exzellent erhaltene **Brücke** aus der maurischen Nasridenära (11. Jh.) in einem Quittenhain bestaunen *(GPS: 37.460848, -4.270275).* Hinter dem Río del Palancar Abzweig auf die CO-7210 Richtung Zagrilla nehmen. Die Serpentinenstraße ist mit dem Womo kein Problem.

Jardín Micológico La Trufa

Der **botanische Pilzgarten** ist einzigartig in Europa: Im Frühjahr und im Herbst sprießen hier nach den ersten ergiebigen Regenfällen Pilze aus den unterschiedlichen Klima- und Vegetationszonen Andalusiens.

i *C. el Batán 86 | Zagrilla | Di–So Sept.–Mai 10–14 Uhr | Eintritt frei, Voranmeldung ratsam | Tel. 671 59 95 62*

10 km | Folge der CO-8211 nach Priego de Córdoba Richtung Süden.

D Tourenverlauf

Priego de Córdoba

In den mit Blumenschmuck herausgeputzten Gassen sprudelt es aus zahlreichen Brunnen. Der „Königsbrunnen", **Fuente del Rey,** ist das Highlight: 139 mythologisch inspirierte Marmorgesichter speien hier kühles Nass aus. Zudem ist der Ort berühmt für seine Mandelturrone mit Schokolade, die gibt es auch gesüßt mit Stevia.

P *kostenloser, schöner und ruhiger Stellplatz an der C. Carrusel hinter dem Messegelände (GPS: 37.443711, -4.211940)*

34 km | Weiter geht es durch schier endlose Olivenhaine über A-339, CO-8205 und CO-8203.

Montefrío

Überragt wird das weiße Dorf von einem markant geformten Felsen, auf dem die Katholischen Könige auf den Resten der maurischen Festung eine Kirche errichteten.

P *kostenloser Gemeindeparkplatz: C. Parque Gran Capitan (A-335, GPS: 37.320114, -4.010331), Zufahrt recht eng für große Womos*

*Vom **Mirador Montefrío** an der A-335 (GPS: 37.317928, -4.011203) hast du den Postkartenblick aufs Dorf.*

53 km | Bis Puerto Lope musst du noch der Landstraße GR-3410 folgen, dann geht es zügig auf der N-432 nach Granada, vorbei an Pinos Puente und der Sierra Elvira.

Spot 

Granada

Die Stadt der Alhambra am Fuß der Sierra Nevada ▶ **S. 124**

17 km | Für den kleinen Abstecher nach Monachil fahre von der A-395 über die Abfahrt 2 auf die A-4028 und die GR-3202.

Insider-Tipp

Nur einzeln betreten, ...

*... sonst wackeln die schmalen Hängebrücken in der **Monachil-Klamm** zu doll. Wer auf der Wanderung nach Los Cahorros (2–3-Std.) ins Schwitzen kommt, darf sich unterwegs im Wasserfall abkühlen (treksierrane vada.com/cahorros.html).*

73 km Bevor du die Bergetappe angehst, prüfe Kühlwasser- und Ölstand (und achte darauf, dass die Toilettenkassette nicht zu voll ist!). Es sind einige Serpentinen und beachtliche Steigungswinkel zu überwinden. Du fährst zurück über die A-395 auf die A-44 und Richtung Süden bis Lanjarón (Ausfahrt 164). Von dort folge der A-348 bis Órgiva (Camping Órgiva ▶ S. 131). Hinter der BP-Tankstelle geht's links hoch auf der A-4132 in die Alpujarra, erst mal bis Pampaneira.

Spot 17

La Alpujarra

Weiße Dörfer am Südhang der Sierra Nevada ▶ **S. 128**

136 km Vorbei an der **Schokoladenmanufaktur** in Pitres (▶ S. 131), am **Jardín de la Alpujarra** (▶ S. 129) und an der **Marmeladenfabrik** in Busquístar (▶ S. 130) führt die serpentinenreiche A-4132 hinauf nach Trevélez auf 1500 m. Nicht weit vom **Camping Trevélez** (▶ S. 131) startet die Wanderung auf den **Mulhacén** (▶ S. 129). Am Panorama-Womo-Stellplatz bei Juviles *(GPS: 36.948667, -3.221601)* kannst du Trink- und Kühlwasser nachfüllen. Nach Bérchules wird auf der A-348 die Strecke endlich kurvenärmer und breiter. Hinter Cherín fährst du auf die A-347 und bei Berja auf die A-358. Ab El Ejido nimm die A-7.

Ziel  **Almería**

KLETTERKÜNSTLER

Die Bergziege liebt steiles, felsiges Gelände. Da ist sie in der Sierra Nevada bei Granada gerade richtig.

Naturpark der Sierras de Cazorla, Segura y Las Villas

Die „grüne Lunge" Andalusiens

Die Sierras im Norden Andalusiens sind eine verwunschene, nur spärlich besiedelte Bergregion, die seit 1983 Unesco-Biosphärenreservat ist. Es ist Spaniens größtes Naturschutzgebiet, dessen über 214 300 Hektar nur darauf warten, von dir erkundet zu werden. Die schönsten Dörfer sind neben Cazorla und La Iruela, Hornos sowie Segura de la Sierra.

P *An der A-319 gibt es einen kostenlosen Womo-Stellplatz mit Blick auf die Olivenhaine: Área de Autocaravanas de Cazorla (Av. del Parque Natural, GPS: 37.921103, -2.998881). Nach La Iruela sind es nur wenige Minuten zu Fuß, nach Cazorla ebenso.*

GESAMTKUNSTWERK

Das kleine Bergdorf Cazorla schmiegt sich samt Burg und Kirchenruine perfekt in die Landschaft.

AKTIVITÄTEN & SIGHTSEEING

1 Eine Bergdorfburg erklimmen

La Iruela, der Nachbarort von Cazorla, liegt direkt unterhalb des schroffen, über 1700 m hohen Berggipfels El Calarillas. Nachdem du durch die engen, weißen Gässchen spazierst bist, musst du auch zur alten maurischen Festung hinaufsteigen. Schon allein wegen des Ausblicks! ***Anfahrt:*** *über die A-319 gut 5 km von Cazorla* ***Infos:*** *Mi–So 10–14, 16–19, im Sommer bis 20 Uhr | 1 €*

Insider-Tipp
Besser nicht schwindeln!

Hinterm Burgberg geht es an der ***Via Ferrata La Mocha*** *über Eisensprossen steil die Felswand hinauf (an der A-319 beim Restaurant Los Chorillos, GPS: 37.920667, -2.987403, Schwierigkeit K2–K3, 4 Std., Reservierung mind. 1 Tag im Voraus, 10 €, mit Kletterausrüstung und Guide 40 €, aventuracazorla.com, Sonnenschutz und Wasser nicht vergessen). Oben angelangt balancierst du über eine tibetische Brücke.*

2 Die Klamm-Wanderlust befriedigen

Bei der Wanderung zur Quelle **Nacimiento del Borosa** passierst du nicht nur wunderbare Wasserfälle, sondern auch zahlreiche türkisblaue, von der Natur ausgewaschene Felsenpools. ***Anfahrt:*** *Vom Centro de Visitantes de la Torre del Vinagre (A–319 bei km 48,8) folgt man dem ausgeschilderten Weg zur piscofactoría, der Forellenzucht am Río Borosa (36 km von Cazorla).* ***Infos:*** *22 km (Hin- und Retourweg), ca. 7 Std.* ***Parken:*** *am Startpunkt der Wanderung (GPS: 38.015101, -2.865177)*

3 Fuchs und Hirsch Gute Nacht sagen

Im **Parque de Fauna Silvestre Collado de Almendral,** einem über 100 ha großen Wildtierreservat inmitten des Naturparks, kannst du Füchse, Hirsche und zahlreiche Vogelarten – darunter mit etwas Glück auch Steinadler – beobachten, während du bequem in einem Züglein knapp 45 Min. durch die Anlage gefahren wirst. Es gibt auch kurze Spaziergänge zu Aussichtspunkten und einen botanischen Garten, in dem mehr als 60 Pflanzenarten auf Infotafeln anschaulich erklärt werden. ***Infos:*** *Ctra. del Tranco bei km 60, GPS: 38.090343, -2.813809 | Hornos (45 km von Cazorla) | tgl. 10–17 Uhr | 10 € | Tel. 953 82 52 67 | parquecinegeticocolladodelalmendral.com*

4 Durch die Stromschnellen des Guadalquivir gleiten

Eine Rafting- oder Kajaktour mit den Guides von **Contadero Aventuras** wird deinen Puls schneller schlagen lassen, denn die Sierra de Cazorla ist ein andalusisches Mekka für Wildwasserfans. Wer Adrenalinkicks sucht, der wird im Naturpark auch bei anderen Outdooraktivitäten fündig: Sei es Canyoning, Paragliding oder Mountainbiking in allen Schwierigkeitsgraden. Es geht aber auch gemütlicher, z. B. beim gemächli-

REGENTAG – UND NUN?

5 Entspannen im Hotel-Spa

Wenn es nieselt und noch dazu kalt ist, dann sind die luxuriösen Spa-Bereiche des Oberklassehotels Coto del Valle der beste Ort, um von Wanderungen und Canyoningtouren müde Knochen zu verwöhnen. Das **Balneario Cazorla** bietet mit seinen Whirlpools und Saunawelten auch für externe Besucher die rechte Kur gegen den Muskelkater, auf Wunsch mit Massage. ***Infos:*** *Ctra. del Tranco, bei km 34,3 | Cazorla | ab 21€, Massage ab 33€ | Tel. 953 12 40 67 | balneariocazorla.com, coto delvalle.com*

chen Kanufahren auf dem Stausee oder im Winter bei Schneeschuhwanderungen. ***Infos:*** *Ctra. De Beas de Segura | Cortijos Nuevos (85 km von Cazorla) | Tel. 648 18 30 26 | contadero.com | Rafting und Kayak auch guadalkayak.com, Canyoning: aventurasport.es*

ESSEN & TRINKEN

6 La Cueva de Juan Pedro

Im *mesón asador* kommen seit über 100 Jahren neben Fleisch- und Wildgerichten zur Saison Pilze aufs Feuer, darunter auch Pinienpilze und typische *niscalos* (Edelreizker). Dem (vegetarischen) Grillgemüse (üppige Portion!) wird mindestens so viel Liebe gezollt. ***Infos:*** *Pl. Santa María 10–11 | Cazorla | Mi–So 12–22.30 Uhr | Tel. 953 72 12 25 | €€*

7 La Yedra

Alles was hier auf den Tisch kommt ist hausgemacht und das, typisch für die Bergregion in üppigen Portionen. Tages-Mittagsmenu ab 12,50 €, Getränk, Brot und Nachtisch oder Café inklusive. Wer nur ein paar Tapas möchte, sollte am Tresen Platz nehmen. ***Infos:*** *C. Cruz de Orea 51 | Cazorla | Mo–Sa 13–16, 20.30–23.30 Uhr | Tel. 953 71 02 92 | €–€€*

EINKAUFEN

8 Embutidos Carrasco

Die Jagd hat in der Region um Cazorla jahrhundertelange Tradition und ist bis heute beliebt. Einen Teil der Beute findest du dann in diesem **Delikatessgeschäft** wieder: als beste Trockenwürste, darunter hausgemachte Hirsch- und Wildschwein-Chorizo. ***Infos:*** *Travesía Sombra 2 | Cazorla | embu tidoscarrasco.com*

9 Apisierra

Ein Laden für Honig und Schokolade, in dem du wie Pu der Bär aus den Töpfen naschen darfst. In unberührter Natur sammeln Bienen die Pollen für den Honig, der glutenfreier Bio-Schokolade mit Olivenöl die Süße gibt – ein Hit! Vegan und laktosefrei ist die mit 85 % Kakao-Anteil. ***Infos:*** *Av. Jaén 72 | Pozo Alcón | apisierra.com*

STELL- & CAMPINGPLÄTZE

10 Für Naturliebhaber, Familien und Individualisten

Nur knapp 1 km außerhalb des Dorfs Cazorla liegt dieses saubere, gepflegte Campingparadies im Grünen. Neben dem familiären Service ist es einfach genial, zu Fuß den nahen Ort mit seinen Bars und Geschäften besuchen zu können, ohne das Womo bewegen zu müssen. Und die Betreiber geben sich Mühe, den Campingplatz ökologisch zu bewirtschaften.

Camping Cortijo San Isicio

€€ | Camino de San Isicio s/n | Cazorla
Tel. 953 72 12 80
campingcortijo.com
GPS: 37.904319080059, -3.013644218444

Ostern–Okt.

▶ **Größe:** *20 000 m², 50 Stellplätze für Womos, 3 Bungalows*
▶ **Ausstattung:** *Entleerung chemischer Toiletten, Gasflaschenverkauf, Klettersteige, Klettertouren, Rafting, Kajak, Canyoning, Radtouren, Ausritte zu Pferd, Jeep-Exkursionen, Vogelbeobachtung, Swimmingpool mit Kinderbereich (im Sommer), Kinderspielplatz, Grillplätze, WLAN im Rezeptionsbereich, Waschmaschine, Geschirrspülbecken, Lebensmittelgeschäft*

11 Inmitten der Wildnis

Das große Plus dieses gepflegten, komfortablen Platzes ist seine Lage mitten im sattgrünen Wald just am Ufer des Guadalquivir-Flusses: der perfekte Ausgangspunkt für die Wanderroute entlang des Rio Borosa (▶ S. 117) und andere sportliche Aktivitäten (▶ S. 117). Wenn du auf der JF-7099, einer auch für Wohnmobile gut befahrbaren Schotterpiste, weiter nach Norden fährst, Richtung Aguasmulas, kommst du nach knapp 5 km zum **Mirador de Mirabueno,** dem schönsten Aussichtspunkt der Region *(GPS: 38.070905, -2.81809)*.

Camping Llanos de Arance

€€€ | Ctra. de La Sierra bei km 53 | Coto Ríos
Tel. 953 71 31 39
llanosdearance.com
GPS: 38.052907, -2.840527

ganzjährig geöffnet

▶ **Größe:** *55 000 m², 167 Stellplätze, Holzhütten für 2–6 Personen*
▶ **Ausstattung:** *Swimmingpool samt Kinderbecken, Grillplätze, Kinderspielplatz, Restaurant, Barbereich, Tischfußball, Lebensmittelgeschäft, Waschmaschine, Wäschetrockner*

Córdoba

Am einstigen Kalifenhof in orientalischer Pracht schwelgen

Schreite über die Puente Romano aus der Römerzeit, verlier dich im weißen Gassenlabyrinth des jüdischen Viertels, lass dich von der schieren Größe der Mezquita-Catedral verzaubern! Die ehemalige Hauptstadt des Kalifats entführt dich in die Blütezeit von Al-Andalus vor über einem Jahrtausend. Die *judería* mit ihrer alten Synagoge *(Di–Sa 9–21, So 9– 15 Uhr, Eintritt frei, C. Judíos 20)* und den lauschigen, blumengeschmückten Innenhöfen zählt zu den schönsten Stadtvierteln Spaniens.

P *Am Gemeinde-Womostellplatz Área de Autocaravanas de Córdoba beim Friedhof parkt dein Womo sicher und nur 10 Min. zu Fuß vom Zentrum (A-431, Av. del Corregidor 1, Tel. 957 29 96 19, GPS: 37.874415, -4.787065, max. 23 €/Tag).*

FOTOPERSPEKTIVE

Perfekt im Bild einfangen lassen sich Mezquita-Catedral und römische Brücke vom anderen Ufer des Guadalquivir.

AKTIVITÄTEN & SIGHTSEEING

1 Durch einen maurischen Säulenwald wandeln

Wie die von Stadtmauern umsäumte Altstadt gehört die **Mezquita-Catedral** zum Unesco-Weltkulturerbe. Die Gebetshalle wird getragen von 856 Säulen mit doppelten Hufeisenbögen, die einen atemberaubenden Eindruck von Unendlichkeit suggerieren. Schau dir auch die Mihrab an, die muschelförmige Gebetsnische mit byzantinischer Kuppel. ***Infos:*** *Mo–Sa 10–18, So 8.30–11.30, 15–18, Glockenturm 9.30–14.30 Uhr | 13 € (gratis Mo–Sa 8.30–9.30 Uhr), theatralische Nachtführungen 20 €, Glockenturm 3 € | mezquita-catedraldecordoba.es*

2 „Ayayay" – die Leidenschaft des Flamenco spüren

Anhand interaktiver Exponate tauchst du im **Centro de Flamenco Fosforito** in der **Posada del Potro** mit allen Sinnen in die Flamencowelt ein. Abends finden im Innenhof der jahrhundertealten Location – die schon „Don Quijote"-Autor Miguel de Cervantes als Gaststätte schätzte – stimmungsvolle Tanzdarbietungen und Konzerte statt. ***Infos:*** *Pl. de Potro 7 | Di–Fr 8.30–19, Sa/So 8.30–14 Uhr | Eintritt frei | centroflamencofosforito.cordoba.es*

3 Von arabischer Märchenwelt träumen

Die Palaststadt **Medina Azahara** westlich von Córdoba am Guadalquivir-Strom gilt als das Versailles des 10. Jhs. So ist ein Besuch der weitläufigen Ruinen Pflicht, wenn du in der Gegend bist. Leider überdauerte die Anlage aufgrund von Bürgerkriegen keine 100 Jahre. Seit 2018 zählt sie zum Unesco-Weltkulturerbe. ***Anfahrt:*** *10 km von Córdoba, von der A-341 gut ausgeschildert* ***Infos:*** *Di–Sa Jan.–März, Mitte Sept.–Dez. 9–18.30, April–Mitte Juli bis 20.30, Mitte Juli–Mitte Sept. bis 15.30, So 9–15.30 Uhr | 1,50 €, für EU-Bürger Eintritt frei* ***Parken:*** *Gratis-Parkplatz ca. 2 km von den Ausgrabungen, Zubringerbus 3 €/Pers.*

4 Im Stammsitz des Hauses Tyrell vorbeischauen

Die Ursprünge des imposanten **Castillo de Almodóvar del Río** gehen auf das Jahr 760 zurück. Die Festung ist mit ihren acht Türmen dank Restaurierungsarbeiten in außergewöhnlich gutem Zustand

REGENTAG – UND NUN?

5 Alchemisten über die Schulter blicken

Im **Museo de la Alquimia Al-Iksir –** von diesem Begriff leitet sich das Wort Elixier ab – lernst du die Wegbereiter der modernen Chemie kennen, die in Córdoba am Kalifenhof forschten. In Al-Andalus ging es dabei nicht nur um die Suche nach einer Rezeptur zur Goldherstellung, sondern auch um Fortschritte in Medizin und Waffentechnik. ***Infos:*** *C. Judíos 14 | tgl. 11–20 Uhr | 6 €, Kombiticket mit dem maurischen Herrenhaus* ***Casa Andalusí*** *nebenan 8 € | museodelaalquimia.com*

und überzeugte die Locationscouts von „Game of Thrones" als Kulisse für Highgarden. ***Anfahrt:*** *30 km von Córdoba über die A-431* ***Infos:*** *C. del Castillo s/n | Almodóvar del Río | Juli Mo/Di, Do/Fr 10–16, Mi 10–19, Sa/So, Fei 10–20, sonst Mo–Fr 11–14.30, 16–19/20, Sa/So, Fei 11–19/20 Uhr | 10 € | castillodealmodovar.com*

Insider-Tipp

Eisgekühlte Suppenwunder

*Am Marktstand von **La Salmoreteca** gibt es salmorejo, die für Córdoba typische kalte Tomatensuppe samt reichlich Topping auch mit Avocado, Rote Bete, Mango, Orange, Schokolade oder probiotisch. Die Marke ist ebenso in Supermarkt-Kühlregalen zu finden (lasalmoreteca.com).*

ESSEN & TRINKEN

6 Mercado Victoria

In der **Gourmet-Markthalle** kannst du nicht nur die lokalen Spezialitäten Andalusiens verkosten, sondern gleich per Gaumenkitzel um die halbe Welt reisen. ***Infos:*** *Paseo de la Victoria s/n | Mo–Do 8.30–0.30, Fr/Sa 8.30–2 Uhr | Tel. 957 29 07 07 | mercadovictoria.com | €–€€*

7 ReComiendo

Spitzenkoch Periko Ortega überrascht dich mit peppig-modern interpretierten Gaumenfreuden der andalusischen Küche, die ihre Wurzeln in der arabischen, christlichen und jüdischen Kulinarik hat. ***Infos:*** *C. Mirto 7 | Di–Sa, 14–16, 21–23 Uhr | Tel. 957 10 73 51 | recomiendopower.com | €€€ | Reservierung empfohlen*

DAS AROMA VON PINIENNADELN …

… hilft gegen Stress und lässt dich besonders tief schlafen.

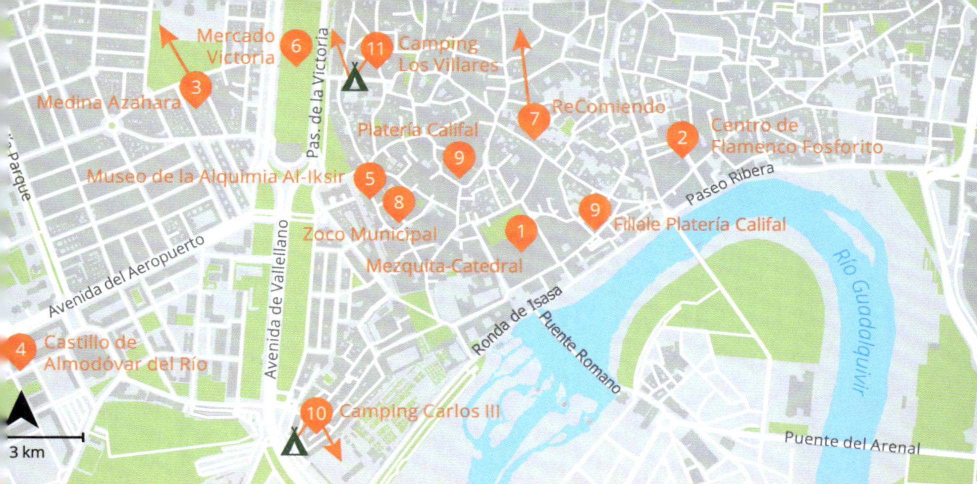

EINKAUFEN

8 Zoco Municipal

Auf dem Handwerksbazar in der Judería findest du Holzschnitz-Arbeiten, farbenfrohe Keramik und Lederwaren im maurischen Stil. ***Infos:*** *C. Judíos | tgl. 10–20 Uhr | artesaniadecordoba.com*

9 Platería Califal

Der bunt emaillierte **Schmuck** ist inspiriert von den geometrischen Motiven der Stuckornamente in der Mezquita-Catedral und in Medina Azahara. ***Infos:*** *C. Buen Pastor 19 (Filiale in der C. Alfayatas 7) | Mo–Sa 10.30–14.30, 17–20.30, So 10.30–14.30 Uhr | plateriacalifal.com*

STELL- & CAMPINGPLÄTZE

10 Familienfreundlich mit Pool

Der Campingplatz liegt etwa 30 km südwestlich von Córdoba (30–40 Min. mit dem Regionalbus, der am Eingang hält). Die Anlage bietet Schattenplätze, Grünflächen und einen großen Swimmingpool.

Camping Carlos III

€€ | Ctra. Madrid–Cádiz km 430, La Carlota
Tel. 957 30 03 38 | campingcarlosiii.com
GPS: 37.682310, -4.918845

▶ **Größe:** *60 000 m², 310 Parzellen (65 m²)*
▶ **Ausstattung:** *Swimmingpool, WLAN, Supermarkt, Restaurant, Minigolf, Paddle-Platz, Kinderspielplatz, Streichelzoo, Reitausflüge*

11 Bergluft und Pinienduft

Knapp 10 km von der Stadtgrenze entfernt findest du hier Natur pur und vor allem Ruhe – und jede Menge Wanderwege. Das Restaurant ist auch bei Nicht-Campern sehr beliebt. Wermutstropfen: unebener Untergrund auf den Parzellen (Keile nicht vergessen!) und große Wohnmobile verlangen hier zum Manövrieren etwas Geschick am Steuer.

Camping Los Villares

€€ | Los Villares Park, CO-3408 km 5,5 | Parque Periurbano Los Villares Bajos
Tel. 857 89 09 02 | campinglosvillares.es
GPS: 37.960723, -4.812232

▶ **Größe:** *ca. 37 000 m², 96 Parzellen (davon 31 für Womos), Bungalows und Glamping-Zelte*
▶ **Ausstattung:** *WLAN, Waschmaschine, Trockner, Pool, Restaurant, kleiner Shop, Café-Bar, Brotzustelldienst, Mountain-Bike-Station*

Granada
Die Stadt der Alhambra am Fuß der Sierra Nevada

Natürlich solltest du den Besuch der Alhambra-Palastfestung, die erhaben über dem Zentrum thront und Granadas Touristenmagnet per se ist, keinesfalls missen. Aber die andalusische Universitätsstadt verzaubert auch im dörflichen Albaicín-Viertel, im trendigen Realejo-Quartier, beim Spaziergang entlang des Darro-Bachs und überhaupt mit ihrer Tapa-Kultur sowie der überaus lebendigen Indierock- und Flamenco-Musikszene. Ein magischer Ort, in den du dich höchstwahrscheinlich verlieben wirst!

P *Schotterparkplatz im Albaícin bei der Kirche San Miguel alto (GPS: 37.185248, -3.586521). Auf dem Womo-Stellplatz bei der Alhambra (GPS: 37.171562, -3.579615) darf man übernachten. Viele Straßen im Zentrum sind für Privatverkehr gesperrt!*

MÄRCHENSCHLOSS

Für den Besuch der Alhambra solltest du dir Zeit lassen, um mit allen Sinnen in die orientalische Pracht einzutauchen.

AKTIVITÄTEN & SIGHTSEEING

1 Sich wie ein Sultan fühlen

Äußerlich ist die **Alhambra** eine massive Festung, doch im Inneren überraschen verspielte Nasridenpaläste und maurische Paradiesgärten. ***Infos:*** *C. Real de la Alhambra | 19,09 €, Nachtbesuch Nasridenpaläste 10,61 € | tickets.alhambra-patronato.es/en | mehrere Wochen vorher online buchen* ***Parken:*** *beim Eingang (GPS: 37.173251, -3.582603), 11,84 €/3 Std. (Juni–Sept. 21,63 €)*

Insider-Tipp **Trostpflaster** *Sollten die Nasridenpaläste ausverkauft sein, besuche zumindest die* ***Gärten*** *der Alhambra, die* ***Festung*** *und den* ***Generalife*** *(10,61 €) sowie die* ***Monumentos Andalusíes*** *(7,42 €).*

2 Perfekten Spot fürs Alhambra-Foto finden

Der **Albaicín,** Granadas altes arabisches Viertel, ist ein Labyrinth aus engen Gassen, die sich zwischen weiß gekalkten Häusern bergauf winden. Spätestens am **Mirador San Nicolas** zücken dann alle die Kamera: Gegenüber schmiegt sich die Alhambra ins grüne Panorama unter der schneebedeckten Sierra Nevada.

3 Spaniens wichtigsten Dichter kennenlernen

Federico García Lorca (1898–1936), der zu Beginn des Bürgerkriegs von den Faschisten ermordete Dichter, verfasste in der am Stadtrand gelegenen **Huerta de San Vicente** seine bedeutendsten Werke. Das moderne **Centro Federico García Lorca** in der Innenstadt organisiert ihm zu Ehren Sonderausstellungen *(Pl. de la Romanilla, wechselnde Öffnungszeiten, Eintritt frei)*. Auch sein **Geburtshaus** im rund 20 km westlich gelegenen Fuente Vaqueros kannst du besichtigen *(C. García Lorca 4, wechselnde Öffnungszeiten, 3 €, patronatogarcialorca.org).* ***Infos:*** *C. Virgen Blanca s/n | Di–So Winter 10–16.30 (letzte Führung), Sommer 9–14.30 Uhr, Fei geschl. | 3 €, nur mit Führung (alle 45 Min.) | huertadesanvicente.com*

4 Zu Indiemusik abrocken

Kaum eine andere spanische Stadt hat so viele Generationen von Rockmusikern geprägt und hervorgebracht. Sogar The-Clash-Frontmann Joe Strummer hatte in den 1980er- und 90er-Jahren ein Faible für die Stadt und ihre

REGENTAG – UND NUN?

5 Wissenschaft gegen Schlechtwetterlaune

Der **Parque de las Ciencias** ist durch sein interaktives Angebot ein Museum der Extraklasse. Lebendige Tiere und Pflanzen gibt's im tropischen Biodomo samt Schmetterlingshaus. Auch Planetarium, Aussichtsturm und Escape-Room gehören zum Wissenschaftspark. ***Infos:*** *Av. de la Ciencia, s/n | Di–Sa 10–19, So 10–15 Uhr | 7 €, BioDomo 6 €, Kombiticket 11 €, Planetarium 2,50 € | parqueciencias.com*

Bands wie 091 oder Los Planetas. Die beste Konzertlocation ist das **Planta Baja,** aber auch in der (Tapa-)**Bar de Eric** *(C. Escuelas 8, Di–Do 20–24, Fr/Sa 13–24 Uhr)* von Planetas-Drummer Eric Jiménez kannst du Newcomer oder Legenden der Szene treffen. ***Infos:*** *C. Horno de Abad 11 | plantabaja.club*

ESSEN & TRINKEN

6 Lemon Rock

Dieses Tapa-Restaurant bietet eine Fülle an Craftbier-Sorten vom Fass und ist gleichzeitg Bar und Szene-Institution. In loungiger Atmosphäre lässt es sich hier herrlich auf bequemen Sofas chillen. Abends spielt Livemusik: von Funk über Rockabilly bis zu Elektronik. ***Infos:*** *C. Montalbán 6 | So–Do 13–2, Fr/Sa u. vor Fei 13–3 Uhr | Tel. 958 09 69 75 | lemonrockgranada.com | €€*

7 El Bar de Nino

Die Tapas (auch viele vegetarische darunter) sind allesamt hausgemacht. Die leckeren Burger – mit Rind, Huhn oder fleischlos – gibt es auch in magenfüllender Version. Wer es scharf mag, probiert die Tacos mit Ninos Pulled Pork. ***Infos:*** *C. Joaquín Costa 11 | Mo–Do 20–1, Fr/Sa 20–2 Uhr | Tel. 858 95 91 45 | €*

EINKAUFEN

8 Pastelería López-Mezquita

Naschkatzen kommen in der **Konditorei** voll auf ihre Kosten, aber auch Salziges schmeckt vorzüglich in Blätterteig verpackt. Die besten *empanadas* der Stadt und famose marokkanische *pastela* werden täglich frisch zubereitet. ***Infos:*** *C. Reyes Católicos 39 | Mo–Fr 9.30–14.30, 16.30–20.30, Sa 10.30–14.30, 16.30–20, So 10.30–14 | Tel. 958 22 12 05*

GRATIS-TAPAS …

… bekommst du in Granada zu praktisch jedem Getränk.

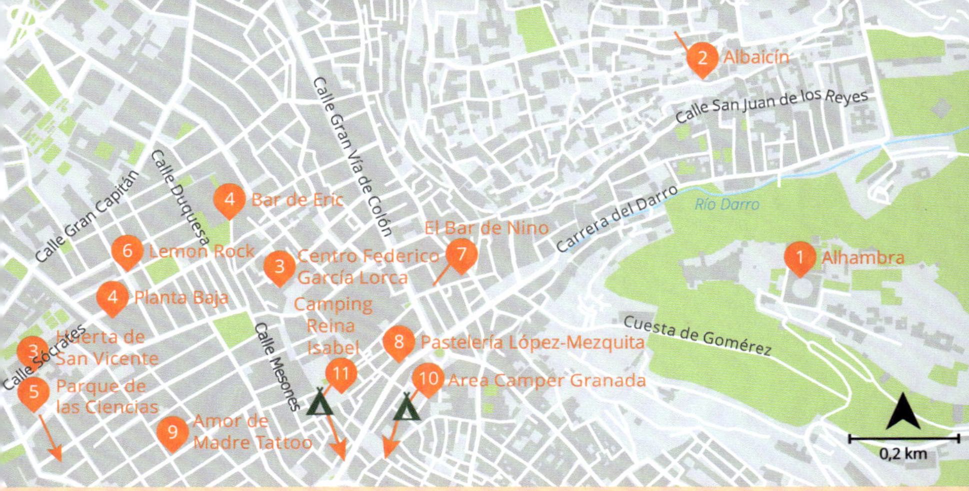

9 Amor de Madre Tattoo

Hier tätowieren und piercen neben Antonio und Vero lokale und internationale Meisterinnen und Meister. Dazu gibt es die ökologisch-produzierten Klamotten und Accessoires der antipatriachal-feministischen Kooperative Misscomadres aus Granada. ***Infos:*** *C. Gracia 27 | Di–Fr 10–14.30, 16.30–19.30, Sa 10–14.30 Uhr | Tel. 695 23 72 25 | misscomadres.com, Facebook: Amordemadretattoogr*

STELL- & CAMPINGPLÄTZE

10 Minimalistisch und günstig

Am Rand von Cájar – einem Ort mit Restaurants, Supermärkten und Busverbindung nach Granada (knapp 10 km) – findest du absolute Nachtruhe. Wer dagegen nachts Action braucht, kann zu Fuß zum besten Elektronik- und Techno-Club der Gegend spazieren: Industrial Copera (im Shopping-Areal von La Zubia, industrialcopera.net).

Area Camper Granada

€ | Camino de las Huertas s/n | Cájar-Granada
Tel. 606 33 88 70 | areacampergranada.es
GPS: 37.134263, -3.576280

▶ **Größe:** *4000 m², 24 Parzellen*
▶ **Ausstattung:** *Entleerung chemischer Toiletten, Gasflaschenverkauf, barrierefreie Duschen, kostenloses WLAN*

11 Naturnah und doch gut angebunden ans Zentrum

Vom Platz im einladenden Vorort La Zubia (ca. 5 km von Granada) starten diverse Wanderungen, etwa zum „Hausberg" Trevenque (2079 m), zu den Cumbres Verdes oder in die Monachil-Schlucht (▶ S. 114). Alle 15–30 Min. bis in die Nachstunden Busse ins Zentrum. Einen Golfplatz gibt es in 10 km Entfernung. Reservierung ist Pflicht, vor allem zur Hochsaison.

Camping Reina Isabel 

€€ | C. Laurel de la Reina 15 | La Zubia
Tel. 958 59 00 41 | campingreinaisabel.com
GPS: 37.124725, -3.586247

▶ **Größe:** *6 000 m², 50 Stellplätze, 11 Bungalow-Holzhütten*
▶ **Ausstattung:** *Swimmingpool (im Sommer), Restaurant, Shop, kostenloses WLAN (fast auf dem ganzen Platz), Fahrradtour-Organisation, geführte Wanderungen*

Spot 17

La Alpujarra

Weiße Dörfer am Südhang der Sierra Nevada

Dieser traumhafte Landstrich zieht Erholungsuchende genauso an wie Natur- und Wanderfans. Über dem gepflegten Dorf Pampaneira mit seinen sprudelnden Brunnen und zahllosen Treppen liegen hinter Mandelbaumhainen, die im März zartrosa blühen, die ebenso sehenswerten Orte Bubión und Capileira. Die Mauren prägten diese Kulturlandschaft mit Terrassenfeldern, Seidenraupenzuchten und Bewässerungskanälen, die bis heute in Betrieb sind. Auch architektonisch zeugen die weißen Würfelhäuser und das Gassengewirr in Hanglage noch von der typisch arabischen Medina. Von Trevélez, dem höchsten Ort Festlandspaniens, starten Routen zum Dach der Iberischen Halbinsel, dem Mulhacén. Also, vergiss die Bergschuhe nicht!

TOR ZUM PARADIES

So nannten die Mauren die fruchtbare Landschaft der Alpujarra rund um Pampaneira.

AKTIVITÄTEN & SIGHTSEEING

1 Von einem weißen Bergdorf zum nächsten wandern

In einer etwa vier- bis fünfstündigen Rundwanderung kannst du von **Pampaneira** aus auf gut ausgeschilderten Wegen die Nachbarorte **Bubión** und **Capileira** erreichen und dich in den weißen Dörfern mit Tapas stärken! ***Infos:*** *turgranada.es/ruta/los-pueblos-del-poqueira* ***Parken:*** *Öffentlicher, kostenloser Parkplatz in der dritten Serpentinenkurve der A-4132 (GPS: 36.938624, -3.361414). Hier finden auch große Womos Platz und du kannst über Nacht bleiben!*

2 Das Dach der Iberischen Halbinsel erklimmen

Von Trevélez, dem für seinen Schinken berühmten Dorf auf knapp 1500 m Höhe, startet die Gipfelwanderung Siete Lagunas. Vorbei an maurischen Bewässerungskanälen, Wasserfällen und Hochgebirgsseen führt sie in 5 bis 6 Std. auf den **Mulhacén** (3482 m). Plane für den Abstieg 2 bis 2,5 Std. Im unbewirtschafteten Schutzhaus auf halber Strecke kannst du übernachten. Eine Alternativroute beginnt bei La Cebadilla oberhalb von Capileira *(Womo-Parkmöglichkeit GPS: 36.991270, -3.349861)*. Von dort erreichst du nach rund 3 Std. das Refugio Poqueira *(Tel. 958 34 33 49, refugiopoqueira.com)*, das auch Steigeisen und Eispickel vermietet. Zum Gipfel sind es noch 3 bis 3,5 Std., der Abstieg dauert insgesamt ca. 4 Std. ***Infos:*** *turgranada.es/ruta/trevelez-siete-lagunas* ***Parken:*** *In Trevélez (GPS: 37.002115, -3.268713), allerdings nur für PKW und kleinere Womos, striktes Parkverbot für Anhänger. Die müssen sich an der A-4132 eine Lücke suchen oder zum Campingplatz von Trevélez (**▶ S. 132**).*

3 Einheimische Blütenpracht in Extremlage bewundern

Der **Jardín de la Alpujarra,** ein herrlicher botanischer Garten auf über 1250 m, ist in privater Hand. Ein Paradies, das ohne die von den Mauren eingeführte Terrassenwirtschaft nicht möglich wäre. ***Infos:*** *Cortijo Opazo | Pórtugos | Okt.–Juni Fr 10–18 Uhr | 3,50 € | Tel. 646 43 06 56 | jardinalpujarra.com | tel. Anmeldung erforderlich*

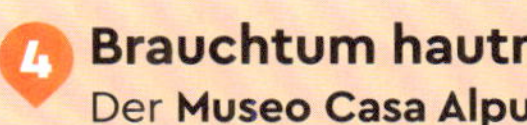

Insider-Tipp
Kraft des Wassers

Gegenüber der Kapelle an der A-4132 (GPS: 36.941020, -3.306747) schießt gut versteckt ein ***Wasserfall*** *aus der rötlichen Felsschlucht.*

REGENTAG – UND NUN?

4 Brauchtum hautnah

Der **Museo Casa Alpujarreña** gewährt in einem Haus des 15. Jhs. Einblicke ins harte bäuerliche Leben in dieser Bergregion, die bis zum Straßenbau in den 1950er-Jahren weitgehend isoliert war. ***Infos:*** *Pl. de la Iglesia 1 | Bubión | Mi–Mo 11–14, Fr/Sa auch 17–19 Uhr | 1,80 € inkl. Führung | Voranmeldung unter Tel. 958 76 30 32, empfohlen*

5 Hoch zu Ross durch die Sierra

Andalusien ist ein Pferdeland und so überrascht es nicht, dass Anbieter wie **Riding Andalucía** in der Alpujarra Ausritte für Anfänger und Fortgeschrittene anbieten. ***Infos:*** *Ermita 11 | Bubión | 1 Std. 30 €, 2 Std. 50 €, Tagesausflug 125 € | Tel. 679 44 33 98 | ridingandalucia.com*

ESSEN & TRINKEN

6 Mesón Joaquín

Berühmt ist hier der deftige *plato alpujarreño* mit Röstkartoffeln, Spiegelei, Schinken (lokaler Trevélez-Jamón), Blutwurst und Schweinefleisch. ***Infos:*** *A-4132 | Trevélez | Mi–Di 9–18, Fr/Sa bis 18.30 Uhr, im Sommer deutlich länger | Tel. 958 85 85 14 | €–€€*

7 El Corral del Castaño

Hier wird mit lokalen Spitzenprodukten gekocht und gemütlich gegessen am knisternden Kamin oder in der Sonne auf der Terrasse. Probier unbedingt auch die Desserts! ***Infos:*** *Pl. Calvario 16 | Capileira | Do–Di 12.30–16, 19.30–22.30 Uhr | Tel. 958 76 34 14 | besser reservieren! | €€*

EINKAUFEN

8 La Cruz del Viso

Die naturbelassenen **Marmeladen** der Marke sind einfach zum Fingerablecken lecker. Warum, das erfährst du bei einer Führung durch die Manufaktur. Zum Glück gibt es die Produkte auch in vielen Delikatessläden der Region, u. a. bei Ca Emilia in Busquístar *(Pl. de la Iglesia, Mo–Sa 9–20 Uhr)*. ***Infos:*** *Cortijo La Cruz del Viso s/n | an der A-4132 Richtung Trevélez, 4 km hinter Busquístar | Tel. 958 34 38 15 | mermeladaslacruzdelviso.com | Besuch der Manufaktur und Fabrikverkauf nur auf Anfrage*

FEST IM SATTEL

Uralte Reitwege verbinden die Bergbauernhöfe in der Alpujarra.

9 Chocolate Sierra Nevada

Nachhaltige und hausgemachte **Bio-Spitzenschokolade** bekommst du in der Schokoladenmanufaktur. ***Infos:*** *Paseo Marítimo 5 | Pitres | tgl. 9–19 Uhr | Tel. 958 76 63 61 | chocolatesierranevada.com*

STELL- & CAMPINGPLÄTZE

10 Dem Himmel so nah!

Gut möglich, dass es der höchstgelegene Campingplatz Spaniens ist, just an der Einfahrt von Trevélez. Die Einrichtungen sind sauber, modern, die Aussicht von den terrassierten Parzellen ist unschlagbar, wie auch der Sternenhimmel in klaren Nächten. Die Inhaber sind überaus hilfsbereit und sorgen dafür, dass man sich fast wie zu Hause fühlt.

Camping Trevélez 

€€ | Ctra. Órgiva-Trevélez (A-4132), bei km 32,5 | Trevélez
Tel. 958 85 87 35 | campingtrevelez.com
GPS: 36.994020, -3.270374

▶ **Größe:** *13 000 m², 100 Parzellen, 32 Stellplätze für Womo geeignet, 11 Bungalows*
▶ **Ausstattung:** *Swimmingpool (nur im Sommer), Kinderspielplatz, Trampolin, Tischtennis, kostenloses WLAN, Grillplätze, Restaurant, Bar, Lebensmittelladen, Postservice*

11 Ruhepol im Olivenhain mit Bergblick

Hier herrscht kein Trubel, sondern absolute Ruhe. Der kleine, überaus saubere und familiär geführte Campingplatz liegt nur einen etwa 20-minütigen Fußweg, der an jahrhundertealten Olivenhainen vorbeiführt, vom wunderschönen Ort Órgiva entfernt. Ideal, um Natur und Bergwandern mit einem Ausflug zur nahen Costa Tropical oder ins „Orangental" Valle de Lecrín zu kombinieren.

Camping Órgiva 

€€ | Ctra. A-348, bei km 18,9 (Cortijo del Cura) | Órgiva
Tel. 958 78 43 07 | campingorgiva.com
GPS: 36.887147, -3.417696

▶ **Größe:** *10 000 m², 31 Womo-Stellplätze, 11 Bungalows*
▶ **Ausstattung:** *Grauwasserentsorgung, Entleerung chemischer Toiletten (5 €), Gasflaschenverkauf, Restaurant, Bar, Swimmingpool (im Sommer), kostenloses schnelles WLAN, Grillbereich, Waschmaschine, Wäschetrockner, Fahrradverleih, Reiten, Rafting, Quad, Paintball, Hunde nur nach Ankündigung*

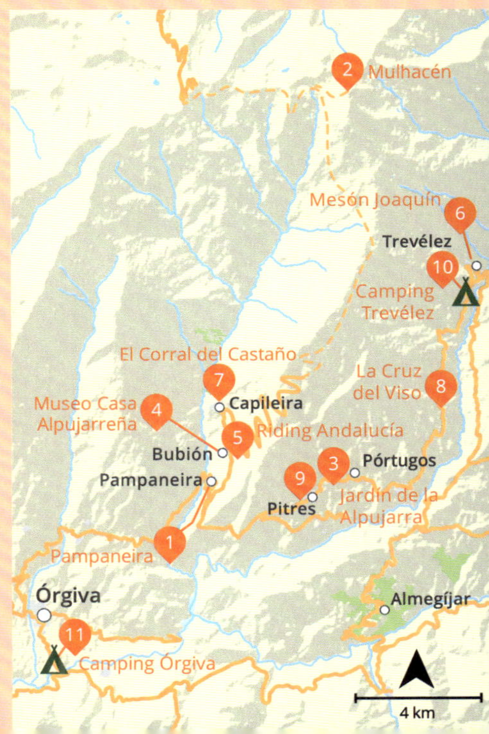

MAURISCHES DORF

Tordurchgänge und Häuserwürfel bilden im mauerbewehrten Vejer de la Frontera ein weißes Labyrinth.

Stadt der Museen, bewaldete Berge und Küste des Lichts **Rundtour von Málaga**

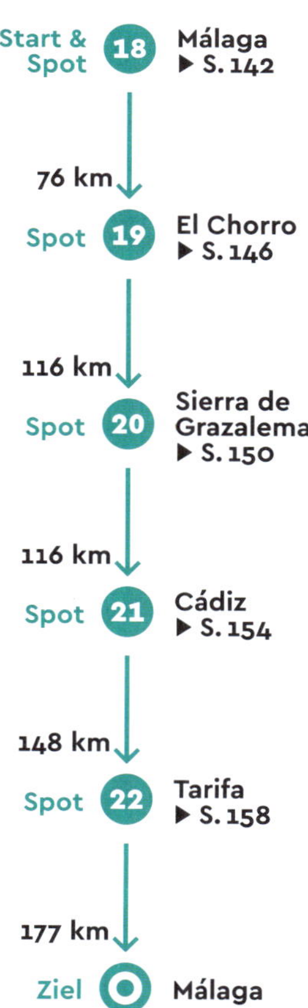

Von der pulsierenden Mittelmeermetropole Málaga geht es zum Klettersteig, der bei El Chorro hoch über dem Fluss durch eine enge Schlucht führt. Auch die Dolmen von Antequera und die Karstfelsformationen von El Torcal sind als Unesco-Welterbe Must-sees. Nach der Fahrt durch die immergrüne Sierra de Grazalema, vorbei an weißen Dörfern, erreichst du mit Cádiz eine der schönsten Städte an der andalusischen Atlantikküste. Endlose, feinsandige Strände erstrecken sich gen Süden bis nach Tarifa an der Straße von Gibraltar.

Strecke 633 km

Reine Fahrzeit 10 Std.

Streckenprofil Überwiegend gut-geteerte Landstraße oder Autobahn, im Hinterland teils enge Serpentinen, nur kurze Abstecher auf Schotterpisten

Empfohlene Dauer 9 Tage

Anschlusstouren D F

FACTS

Tour E im Überblick

Tour-Highlights

Über offenem Feuer gegrillte Sardinenspieße am Stadtstrand in *Málaga* verputzen ▶ **S. 144**

Auf dem *Caminito del Rey* bei El Chorro deine Schwindelfreiheit testen ▶ **S. 147**

Direkt am goldgelben Sandstrand im Womo an der *Playa de Punta Candor* bei Cádiz übernachten ▶ **S. 157**

Delphine zählen vor der Kulisse Afrikas beim Whalewatching in *Tarifa* ▶ **S. 159**

Im nebligen Märchenwald im *Naturpark Los Alcornocales* Gesichter in knorrigen Eichen erahnen ▶ **S. 159**

E Tourenverlauf

Start & Spot 18

Málaga

Mediterrane Spezialitäten, Topmuseen und Traumblicke von arabischen Festungen ▶ **S. 142**

76 km

Am nördlichen Stadtrand liegt der botanische Garten **Jardín Botánico-Histórico La Concepción,** der einen Zwischenstopp definitiv lohnt *(GPS: 36.759723, -4.426413, von der A-45 Ausfahrt 140, laconcepcion.malaga.eu, Womo-Parkplätze vor Ort)*. Nach El Chorro sind es etwa 1 Std. 15 Min. Fahrzeit. Es geht über die A-357 vorbei an Cártama und Carratraca bis **Ardales** (Ardales-Höhle ▶ S. 147) und dort rechts ab auf die MA-5403 Richtung Osten. Zu deiner Linken hast du zunächst den Stausee **Embalse del Conde de Guadalhorce** im Blick, später den **Embalse Tajo de la Encantada.**

Spot 19

El Chorro

Abenteuerspielplatz vor atemberaubender Naturkulisse ▶ **S. 146**

84 km

Nimm die MA-5403 zurück nach Ardales und zweige Richtung Nordwesten auf die A-357, dann beim Kreisverkehr dem Weg nach Ronda (A-367) folgen. Ein Stück weiter kommt der Abzweig zum **Kart Center Campillos** (▶ S. 147).

Ronda

Überaus spektakulär auf steilen – von der Tajo-Schlucht getrennten und mit einer Brücke verbundenen – Felsen gelegen, begeisterte die typisch andalusische Kleinstadt schon Schriftsteller wie Ernest Hemingway und Rainer Maria Rilke, der hier einige der schönsten Wintermonate seines Lebens verbrachte. Eine **Rilke-Statue** im Park des Hotels Reina Victoria *(C. Jerez 25, cataloniahotels.com)* erinnert an ihn. Auf keinen Fall verpassen solltest du die gut erhaltenen **Arabischen Bäder** *(C. Molino de Alarcón 11)*, die **Casa del Rey Moro** *(C. Cuesta de Santo Domingo 9, casadelreymoro.org)* und das Museum im **Palacio de Mondragón** *(Pl. Mondragón, museoderonda.es)*. Die **Stierkampfarena** *(C. Virgen de la Paz 15, rmcr.org)* ist eine der ältesten und berühmtesten Spaniens. Das **Museo del Bandolero** *(C. Armiñán 65, museobandolero.com)* widmet sich den Straßenräubern, die im 18. Jh. in den Bergen der Region ihr Unwesen trieben und Eingang in die Literatur und die Flamencolieder fanden. Wenn dich der Hunger packt, dann wirst du im **Tragatá** *(C. Nueva 4, tragata.com, €€)* mit feinen Tapa-Kreationen und Gerichten aus ökologischen Produkten der Region verwöhnt. Dazu gibt es eine Weinkarte mit edlen Tropfen der Serranía de Ronda, etwa aus der **Bodega Kieninger** *(GPS: 36.797189, -5.165302, Tel. 952 87 95 54, bodegakieninger.com, Besuch u. Verkostung auf Anfrage)*: Der Österreicher Martin Kieninger brachte aus seiner Heimat Zweigelt- und Blaufränkischreben nach Ronda, die hier prächtig gedeihen und die Grundlage für seine exzellenten Bioweine bilden.

P *Am Bahnhof (Av. Andalucía, GPS: 36.748263, -5.161778, ca. 1,10 €/Std., bei Reservierung über saba.es/es/parking-estacion-ronda günstiger). Für Riesenschiffe besser auf dem Womo-Stellplatz 2,5 km außerhalb:* ***Área de Autocaravanas Ronda*** *(GPS: 36.722047, -5.172147, an der A-369, areaautocaravanasronda.com) neben dem* ***Campingplatz El Sur*** *(campingelsur.com).*

Die ***Puente Nueva****, die sich über die Schlucht inmitten Rondas spannt, ist ein wahrlich imposanter Anblick vor dem blauen Himmel und den weißen Häusern! Aussichtspunkt für ein tolles Panoramafoto hinter der Plaza de María Auxiliadora: GPS: 36.739473, -5.167556*

Insider-Tipp
Kälteschock gefällig?

An heißen Tagen kannst du dich im kleinen ***Teich mit Wasserfall*** *unterhalb der Cueva del Gato abkühlen (ca. 12 km westl. des Zentrums, GPS: 36.726489, -5.236557).*

ANBETUNGSWÜRDIG

Eine ganze Stadt liegt ihm zu Füßen – dem historischen Pavillon in Málagas Botanischem Garten.

CHILL-OUT

In Conil gehört der Sundowner am Strand zum allabendlichen Pflichtprogramm.

32 km Auf der A-374 nach Westen, hinter La Indiana geht es in den regenreichen Naturpark der Sierra de Grazalema. Die serpentinenreiche A-372 bringt dich ans grüne Ziel.

Spot **20**

Sierra de Grazalema

Wo Andalusien seine grünste Seite zeigt ▶ **S. 150**

50 km Halte dich weiter auf der A-372 Richtung Westen, immerhin ist das Ziel die Atlantikküste bei Cádiz. Bis die Straßenführung wieder geradliniger wird, folgst du den Flussverläufen des Rio Guadalete und der Garganta del Boyar. Zahlreiche Aussichtspunkte, wie der **Mirador Puerto del Boyar** *(GPS: 36.755711, -5.395085)*, laden zu kleinen Pausen mit Panoramaaussicht ein. Vom Picknick-Areal **Los Llanos del Campo** *(GPS: 36.755403, -5.454765)* starten Wanderrouten wie der Sendero El Torreón oder die Klammwanderung am Arroyo del Descansadero.

Arcos de la Frontera

Die geschichtsträchtige Kleinstadt mit ihrem **Castillo** (mit Wahnsinnsaussicht!) liegt für dich ideal auf halber Strecke von Grazalema nach Cádiz und bietet sich für einen Zwischenstopp an. Natürlich samt

Stärkung und Bummel durch die gepflegte Altstadt, die von einem Mäander des Rio Guadalete umflossen wird.

P *Am besten stellst du dein Womo am Gemeindeparkplatz ab, gratis und 10 Min. zu Fuß von der Altstadt entfernt gibt es hier geräumige Parklücken (Av. Duque de Arcos 12, GPS: 36.750172, -5.815340).*

66 km Bei der Abfahrt aus Arcos halte dich Richtung Jerez de la Frontera und Cádiz, um auf die A-382 zu kommen.

91 km **Optionaler Anschluss:** Tour F

Ab **Jerez de la Frontera** (▶ S. 156) ist die längst mautfreie AP-4 die schnellste Verbindung nach Cádiz.

Spot 21

Cádiz
Vielleicht eine der schönsten Städte der Welt ▶ **S. 154**

58 km Nach Verlassen der Stadt über die CA-33 bietet es sich an, hinter **San Fernando** (▶ S. 156) die Autobahn A-48 zu nehmen, wo du insbesondere zur Hochsaison weit flotter vorankommst als durch Chiclana de la Frontera und die Küste entlang. Wähle die Ausfahrt 15, wenn du zum **Camping Cala del Aceite** (▶ S. 157) willst. Die A-48 endet bei Vejer de la Frontera.

Vejer de la Frontera

Schon von Weitem wird dir das Dorf auf einem Felsen ins Auge springen: Vier Stadttore führen in die gänzlich ummauerte Altstadt mit ihrem typisch arabischen Gassenlabyrinth und den weiß gekalkten Häusern. Verschlafen ist der Ort aber keinesfalls. Hier herrscht das ganze Jahr über lebhaftes Treiben mit zahlreichen Konzerten und Kunsthandwerkermärkten. Einheimische und Zugezogene aus aller Welt betreiben zudem hippe Läden, Cafés und Bars. So wird hier auch die Trendlimonade **Patría Pura** *(Pl. de la Páz, patriapura.com)* in lokaler Bioproduktion hergestellt.

P *In der C. Hijuela de Lucas beim Recinto Ferial findest du sicher eine Lücke für dein Womo (GPS: 36.245026, -5.968626). Zur Hochsaison sonst auf dem unbefestigten Parking Besaro (GPS: 36.249085, -5.963928, Achtung: unebener Untergrund) oder beim Restaurant Venta Pino (GPS: 36.253670, -5.956780).*

E Tourenverlauf

90 km Wenn du es eilig hast, halte dich von Vejer de la Frontera auf der N-340 direkt Richtung Tarifa (ca. 45 Min. schneller). Sonst geht es über die A-2230 Richtung Küste, wo du an der **Playa de El Palmar** einen langen Hunde-Sandstrand findest und einen spartanischen **Womo-Stellplatz** *(GPS: 36.235825, -6.068410)*. Am **Kap Trafalgar** bietet der Leuchtturm beim Camping Faro Trafalgar (▶ S. 161) ein super Fotomotiv *(GPS: 36.182918, -6.035032)*. Hier kam der britische Admiral Nelson 1805 bei seiner siegreichen Seeschlacht gegen Franzosen und Spanier ums Leben. Du fährst über **Los Caños de Meca** und **Barbate** entlang unberührter Sandstrände weiter gen Süden. Bei Zahara de los Atunes – dort lädt das **Restaurante El Refugio** (▶ S. 160) zur Pause ein – führt die A-2227 auf die N-340, die dich vorbei am **Camping Rio Jara** (▶ S. 161) nach Tarifa bringt. An der Strecke liegen der Abzweig nach **Playa de Bolonia** (▶ S. 159) und der Strand von **Valdevaqueros** (▶ S. 159).

Spot **22**

Tarifa
Windig und gechillt: der Südzipfel Europas mit Afrikablick **▶ S. 158**

104 km Fahre auf der N-340 nach Osten in Richtung Algeciras. Nach ca. 10 km erreichst du den ausgeschilderten Mirador del Estrecho.

Afrika, zum Greifen nah! Vom kleinen Café-Kiosk ***El Mirador*** *hast du den wohl besten Blick über die Meerenge von Gibraltar auf das Rif-Gebirge in Marokko (GPS: 36.053898, -5.550405).*

Bei Algeciras beginnt die A-7, von der bei San Roque ein Abzweig nach **Gibraltar** (▶ S. 159) führt. Wer Zeit und nerven sparen möchte, wählt ab Torreguadiaro die Mautautobahn AP-7 (ca. 8 €)

Marbella

Das überaus mondäne Jetset-Pflaster lockt die Reichen und Schönen aus aller Welt. Nicht nur den **Yachthafen**, sondern auch das mittelalterliche **Stadtzentrum** solltest du dir ansehen.

P *Sofern dein Womo die 6 m nicht überschreitet, kannst du an der Av. Cánovas del Castillo kostenlos parken (GPS: 36.512561, -4.898215, ca. 25 Fußminuten von der Altstadt).*

39 km Direkt an der Küste führt die kostenlose A-7 durch die touristische Zone der Costa del Sol, wo du aber auch die eine oder andere Gelegenheit hast, ein Bad im Meer an einem unberührten Strand zu nehmen. Einer der schönsten ist der FKK-Strand am **Cabopino** mit den Dunas de Artola *(GPS: 36.486972, -4.742766)*. Vom nahen **Cámping Cabopino** *(GPS: 36.488860, -4.742508, campingcabopino.com)* fährt auch ein Bus ins Zentrum von Marbella.

Mijas Pueblo

Während die Costa del Sol ziemlich mit Beton verbaut ist, ist das weiße Dörfchen am Hang mit Panoramaaussicht und minikleiner **Stierkampfarena** *(Paseo de las Murallas)* zwar touristisch, aber immer noch bildschön. Plane einen kurzen Abstecher ein, im Idealfall zum Sonnenuntergang!

P *In der Nebensaison bietet sich für Campingbusse die C. el Mirador 38 an (GPS: 36.595412, -4.641038), sonst Plaza Virgen de la Peña GPS: 36.595387), -4.636735) oder C. Camisa (GPS: 36.597381, -4.634491)*

34 km Das letzte Teilstück der Tour geht noch einmal über die Autobahn A-7 bzw. AP-7, die ab Benalmadena kostenlos ist. Hinter dem **Flughafen** zweigt die A-357 ins Zentrum ab. Rechne mit etwa einer halben Stunde bis Málaga.

Ziel Málaga

110 km Optionaler Anschluss: Tour D

KITSCHIG SCHÖN

Vom Meeresrauschen in den Schlaf begleitet? Aber logisch, wenn dein Wohnmobil am Strand parkt.

Málaga

Mediterrane Spezialitäten, Topmuseen und Traumblicke von arabischen Festungen

In den letzten 25 Jahren hat sich Málaga zum Kultur-Hotspot am Mittelmeer gemausert: eine Metropole, die gar Vergleiche mit Barcelona oder València nciht merh scheut. Am Hafen wurde die Muelle Uno zur stylishen Flaniermeile umgestaltet, die Altstadt brilliert als marmorgeflieste Fußgängerzone und lange Stadtstrände laden zum Bad ein. Bei Nerja und Maro erwarten dich von Felsen eingefasste Sandbuchten un in der Axarquía schmiegen sich weiße Dörfer an die Hügel.

P *Campingbusse finden oft eine Lücke hoch über der Stadt (Camino Gibralfaro 11, GPS: 36.723705, -4.410140), sonst am Stellplatz Área Málaga Beach (▶ S. 145).*

AVANTGARDE

Bunt leuchtend weist der Glaswürfel an der Muelle Uno den Weg zum Centre Pompidou Málaga.

AKTIVITÄTEN & SIGHTSEEING

1 Das Malergenie im Renaissancepalast erleben

Bunt, plastisch, bewegend – das ganze Spektrum des Jahrhundertkünstlers lernst du im **Museo Picasso** kennen. Echte Fans besuchen auch ein paar Ecken weiter das **Museo Casa Natal** *(tgl. 9.30–20 Uhr, 3 €, Pl. de la Merced, fundacionpicasso.malaga.eu)*, Picassos Geburtshaus, in dem die **Fundación Picasso** ihre Ausstellung zeigt. ***Infos:*** *C. San Agustín 8 | tgl. 10–18/19/20 Uhr | 12 € | museopicassomalaga.org*

2 Auf dem Dach der Kathedrale spazieren

Die **Catedral de la Encarnación** wurde in einem Stilmix aus Renaissance und Barock auf den Überresten der alten Moschee erbaut. Vom Kirchendach bekommst du nicht nur einen interessanten Eindruck von der Architektur, sondern auch Ausblicke auf die Altstadt. Besonders stimmungsvoll ist der Nachtbesuch (10 €). ***Infos:*** *C. Molina Lario 9 | Öffnungszeiten s. Website | Kathedrale 8 € (Mo–Do 9–10 Uhr Eintritt frei), Kathedralendach 8 €, Kombi-Ticket 12 € | malagacatedral.com*

3 Von Mauerzinnen in die Ferne blicken

Die **Alcazaba-Burg** mit ihren Palastquartieren und eleganten Gärten liegt oberhalb der Ruinen des römischen Theaters und ist bequem zu Fuß zu erklimmen. An den Außenmauern entlang führt ein aussichtsreicher Fußweg weiter hoch zum Militärmuseum in der Wehrburg **Castillo de Gibralfaro** *(Camino Gibralfaro 11)*. Wem dieser Aufstieg zu schweißtreibend ist, der kann den Kleinbus Linie 35 vom Paseo del Parque nehmen. ***Infos:*** *C. Alcazabilla | April–Okt. tgl. 9–20, Nov.–März Mo 9–18, Di–So 9–19.30 Uhr | Einzelticket je 3,50 €, Kombiticket 5,50 € | alcazabaygibralfaro.malaga.eu*

4 Moderne Kunst unterm Glaskubus genießen

An der zur Restaurant- und Shoppingmeile ausgebauten einstigen Hafenmole (Muelle Uno) hat unter einem bunten Würfel das Centre Pompidou Paris eine Dependance eröffnet. Das **Centre Pompidou Málaga** bietet im Zweijahrestakt wechselnde Schwerpunkt-Ausstellungen. Zudem gibt es kürzere temporäre Ausstellungen und ein toll gestaltetes Areal für Kinder. Auch der Museumsshop

REGENTAG – UND NUN?

5 In Nostalgie schwelgen

Das **Museo Automovilístico y de la Moda de Málaga** beherbergt neben einer Kollektion an Haute Couture und Modefotografie eine der weltgrößten Sammlungen an Oldtimern und Sportwagen. ***Anfahrt:*** *an der MA-22 Richtung Torremolinos ausgeschildert* ***Infos:*** *Av. de Sor Teresa Prat 15, Ed. Tabacalera | tgl. 10–14.30, 16–19.30 Uhr | 8,50 € | museoautomovilmalaga.com*

lohnt einen Blick. ***Infos:*** *Pasaje Doctor Carrillo Casaux s/n, Muelle Uno | Mi–Mo 9.30–20 Uhr | 9 €, So ab 16 Uhr Eintritt frei | centrepompidou-malaga.eu*

ESSEN & TRINKEN

6 El Pimpi

In Málagas berühmtester Bodega und Tapa-Bar ist Antonio Banderas nicht nur häufig zu Gast, sondern auch Miteigentümer. ***Infos:*** *C. Granada 62 | tgl. 12–1 Uhr | Tel. 952 22 54 03 | elpimpi.com | Reservierung empfohlen | €€*

7 El Balneario

Dieser Jugendstilpavillon ist einer der schönsten Orte Málagas: 1918 wurde er am Strandbad Baños del Carmen neben der Playa Pedregalejo errichtete. Das Restaurant ist gehoben. Nachts gibt es Konzerte – von Flamenco bis kubanische Klänge – und DJ-Sets! ***Anfahrt:*** *N-340 Richtung El Palo* ***Infos:*** *C. Bolivia 26 | So–Do 8.30–24, Fr/Sa 8.30–2 Uhr | Tel. 951 90 55 78 | elbalneariomalaga.com | abends Reservierung empfohlen | €€€* ***Parken:*** *kostenpflichtiger Parkplatz (1 €) an der Hauptstraße*

Insider-Tipp

Vom Spieß in den Magen

An den Stränden von Málaga werden die Sardinen am offenen Feuer gegrillt.

EINKAUFEN

8 Casa Mira

Das **Eiscafé** ist bekannt für sein Eis mit Málagawein-getränkten Rosinen und die Sorte *leche merengada:* Baisermilch mit Zimt und Zitrone. Probier auch die hausgemachte *horchata* (Erdmandelmilch). ***Infos:*** *C. Marqués de Larios 5 | tgl. 10.30–1 Uhr | fernandomira.es*

AM KLIPPENRAND

An den Steilküsten östlich von Málaga werden die Bäume vom Wind zerzaust.

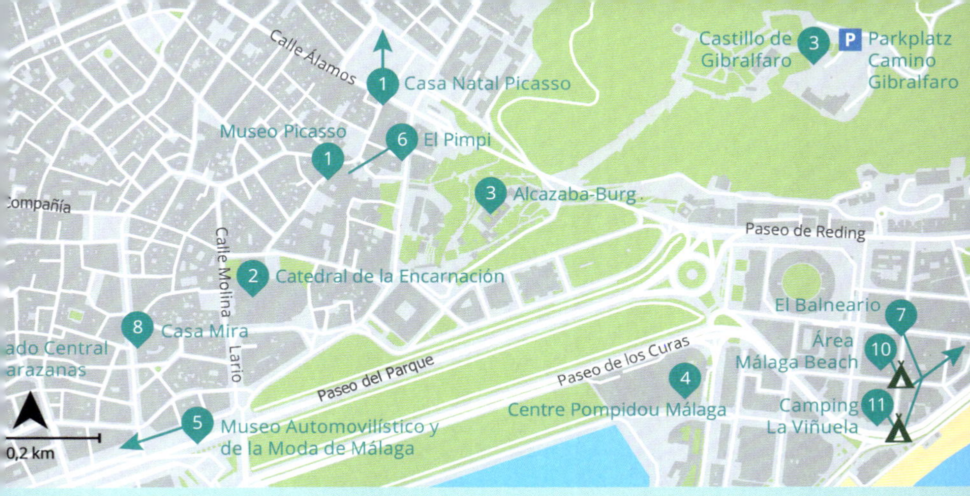

9 Mercado Central de Atarazanas

Davon, dass hier die Werften des maurischen Nasridenreichs standen, zeugt die prächtige Eingangspforte der Markthalle. Hier findest du alle Spezialitäten, die auf Málagas Tische kommen: tropisches Obst, Ibérico-Rohschinken, luftgetrockneten Thun- und Schwertfisch, eingelegte Oliven etc. ***Infos:*** *C. Atarazanas 10 | Mo–Sa 8–15 Uhr*

STELL- & CAMPINGPLÄTZE

10 Vom Wellenrauschen in den Schlaf begleitet

Nicht nur, dass der Strand dir hier zu Füßen liegt, für einen Stadtrand-Stellplatz ist die Ausstattung sehr gut. Ins Strandviertel El Palo, wo du viele Bars und Restaurants mit *espetos* (Sardinenspießen) findest, ist es ein etwa 40-minütiger Spaziergang. Ins Zentrum gibt es eine Busverbindung.

Área Málaga Beach 

€ | Cala del Moral | Rincón de la Victoria
Tel. 951 90 43 91 | areamalagabeach.com
GPS: 36.713991, -4.317011

▸ **Größe:** *200 Stellplätze zu 40 qm*
▸ **Ausstattung:** *Gemeinschaftsbereich, gratis WLAN, Werkstatt, Warmwasserduschen, Waschmaschine, Wäschetrockner, Backwarenverkauf, Grauwasserentsorgung, Entleerung chemischer Toiletten, Gasflaschenverkauf*

11 Panoramablick auf Stausee und Berge

Das östlich gelegene Hügelland der Axarquía lockt mit verschlafenen weißen Dörfern und Steilküsten. Als Ausgangspunkt für Erkundungen bis zu den Sierras de Tejeda, Almijara y Alhama bietet sich dieser kleine, feine Campingplatz an. Der angegliederte Landgasthof ist weit über die Provinz hinaus bekannt.

Camping La Viñuela 

€€ | Ctra. A-356 km 30 | Viñuela
Tel. 952 55 45 62 | campinglavinuela.es
GPS: 36.873680, -4.185159

▸ **Größe:** *20 000 m², 39 Parzellen, 10 Bungalows*
▸ **Ausstattung:** *Swimmingpool, Kinderpool, Restaurant, Cafeteria, Supermarkt, Gasflaschenverkauf, Abwasseranschlüsse an den Parzellen, Kajaktouren, Bogenschießen, Fahrradverleih*

El Chorro
Abenteuerspielplatz vor atemberaubender Naturkulisse

Nordwestlich von Málaga erwarten dich spektakuläre Landschaften: smaragdgrüne Stauseen, umgeben von dichten Pinienwäldern und Schluchten wie der Desfiladero de los Gaitanes mit dem berühmten Caminito de Rey in schwindelerregender Höhe. Natürlich findest du hier auch überaus hübsche weiße Dörfer, überragt von Festungen und Ruinen, und jede Menge Möglichkeiten, dich sportlich zu betätigen: Kajakfahren, Canyoning, Mountainbiking oder – besonders beliebt – Klettern. Die Via Ferrata in El Chorro ist z. B. der Hit und dabei technisch nicht besonders anspruchsvoll *(GPS: 36.912767, -4.761678, Material u. Bergführer über fincalacampana.com, lagarganta.com oder alandalusactiva.com).*

AUF DEM „KÖNIGSWEG"

Achtung, die Brücke am Caminito del Rey schwankt! Deshalb dürfen nicht zu viele Wanderer gleichzeitig drauf.

AKTIVITÄTEN & SIGHTSEEING

1 Schwindelfreiheit am Caminito del Rey testen

Keine Angst, die 2015 rundum renovierten Bretterwege an der steilen Felswand der **Gaitanes-Schlucht** (an den engsten Stellen nur knapp 10 m breit) sind bombenfest und praktisch jeder schafft die nur in eine Richtung begehbare Strecke mühelos in ca. 2 Stunden (7,7 km von Ardales nach El Chorro). Schwindelfrei solltest du allerdings sein! ***Infos:*** *10 €, mit Führung 18 €, Shuttlebus zwischen Endpunkt und Start der Wanderung 2,50 € | Zutritt ab 8 Jahren, Tickets unbedingt ein bis zwei Monate (!) im Voraus online buchen | caminitodelrey.info* ***Parken:*** *am Toureinstieg beim Restaurant Mirador de Ardales (GPS: 36.928739, -4.801704, 2 €/Tag)*

2 Prähistorische Höhlenmalereien bestaunen

Die Tropfsteinhöhle **Cueva de Ardales** wurde 1821 entdeckt und birgt neben Stalagmiten und Stalaktiten auch Wandmalereien unserer frühen Vorfahren. ***Infos:*** *Führung (nur span.) Di–So 10, Fr/Sa auch 16 Uhr (nur nach Anmeldung beim Museum in Ardales: Tel. 952 45 80 46) | Zutritt ab 6 Jahren | 15 € | cuevadeardales.com* ***Parken:*** *Die Zufahrt zum Parkplatz am Eingang ist auf den letzten 800 m Schotterpiste etwas beschwerlich, besser am Ende der asphaltierten Strecke parken (GPS: 36.873317, -4.827446), von dort etwa 10 Min. bergan spazieren.*

3 Selfies vor kuriosen Karstformationen knipsen

Für fantasiebegabte Naturliebhaber ist eine Wanderung durchs Steinlabyrinth von **El Torcal** Pflicht. Erosion hat aus dem bis zu 1370 m hohen Kalksteinmassiv verrückte Skulpturen ausgewaschen. ***Infos:*** *Antequera (GPS: 36.953272, -4.544372) | tgl. 10–17, im Sommer bis 19 Uhr | Eintritt frei | torcaldeantequera.com* ***Parken:*** *am Besucherzentrum und am 3,5 km entfernten Tajo de la Venta (Shuttlebus 2 €)*

4 Richtig Gummi geben

Als adrenalin- und vor allem spaßgeladenes Kontrastprogramm zu all der

REGENTAG – UND NUN?

5 Kultur genießen

In der **Altstadt von Antequera** informiert das **Stadtmuseum** über Archäologie, Ethnologie und sakrale Kunst. Ein Stück weiter gibt es im **Museo MAD** Zeitgenössisches *(C. Diego Ponce 12, tgl. 10–14, 18–20.30 Uhr, Eintritt frei, madantequera.com)*. Am Stadtrand erwarten dich seit fast sechs Jahrtausenden die Dolmen von **Menga** und **Viera** *(Ctra. de Málaga bei km 5, tgl. 9–19.30/21 Uhr, Eintritt frei)*, knapp 3 km weiter das Megalithsteingrab **Tholos de El Romeral** *(GPS: 37.034100, -4.535018)*. ***Infos:*** *Pl. del Coso Viejo | Antequera | Di–So wechselnde Öffnungszeiten | 3 €, So Eintritt frei | museoantequera.wordpress.com*

Natur kannst du dich beim **Kart Center Campillos** mit Freunden und noch unbekannten Rivalen messen – auf Andalusiens längster Rennstrecke (1,5 km). ***Infos:*** *an der A-384, km 101 | Campillos | Mo–Do 10–19, Fr–So 10–21 Uhr | ab 30 € | kartingcampillos.com*

ESSEN & TRINKEN

6 Casa Pepa Fonda

Hausmannskost wie bei einer andalusischen Großmutter im Esszimmer: Spiegelei, Lamm, Blutwurst etc. Menü 12 €, Getränke und Nachtisch inklusive. ***Infos:*** *C. Baños 18 | Carratraca | tgl. 13.30–15.30 Uhr | casa-pepa.com | €*

7 Arte de Cozina

Typische Spezialitäten des ländlichen Andalusiens werden im „Kunst der Küche" wunderbar modern inszeniert, darunter auch die klassische kalte Tomatensuppe *porra antequerana.* ***Infos:*** *C. Calzada 27 | Antequera | tgl. 13–23 Uhr | Tel. 952 84 00 14 | artedecozina.com | Reservierung empfohlen | €€*

Insider-Tipp

Weiche (Vollkorn-)brötchen

Antequera ist berühmt für seine **Molletes,** *am besten mit Olivenöl und frischer Tomate zum Frühstück.*

EINKAUFEN

8 La Perla

In dieser traditionsreichen **Keksbäckerei** in Antequera werden *mantecados* gebacken, überaus mürbe Köstlichkeiten. Aber auch *roscos de vino,* die ausgezeichnet zum Rotwein munden. ***Infos:*** *tgl. 9–13, 15–19, Sa/So 16–19 Uhr | C. Mesones 26 | Antequera | mantecadoslaperla.com*

SONNENSAMMLER

Am Stausee bei Ardales ist Licht tanken für deine Solarpanele in der Regel kein Problem.

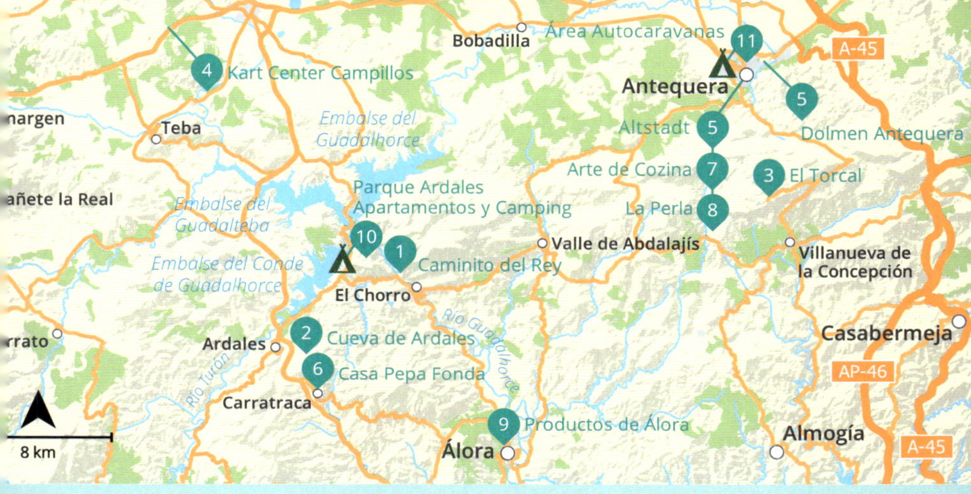

9 Productos de Álora

In dem kleinen Laden werden regionale Produkte aus **ökologischer Landwirtschaft** angeboten: köstlicher, kräftiger Käse, Oliven und auch Wildkräuter, die am nahen Monte Hacho gesammelt wurden. ***Infos:*** *C. Carmona 24 | Álora | Mo–Fr 10–13.30, 17–20, Sa 10–13.30 Uhr*

STELL- & CAMPINGPLÄTZE

10 Idyllisch im Grünen am See

Direkt am Stausee und nur etwa 20 Min. Fußweg vom Eingang des Caminito del Rey entfernt befindet sich dieser Campingplatz inmitten der Natur unter Schatten spendenden Bäumen. Hier kannst du dich nach Wanderungen herrlich im See abkühlen, aber auch Kanus, Kajaks und SUP-Boards mieten *(ab 15 €, Tel. 951 21 20 11, indiansport.es).*
*Vom **Mirador de Tres Embalses** hat man alle drei Stauseen im Blick (GPS: 36.950120, -4.800671).*

Parque Ardales Apartamentos y Camping

€€ | Barriada de los Embalses s/n | Ardales | beim Besucherzentrum Caminito del Rey Richtung Norden halten
Tel. 951 26 49 24
GPS: 36.918962, -4.804101

▸ **Größe:** *240 000 m², 250 Stellplätze, 14 Hütten*
▸ **Ausstattung:** *Warmwasserduschen, Waschmaschine, Trockner, Supermarkt, Restaurant, Gasflaschen, Grillplätze, Bootsanleger, Grauwasserentsorgung, Entleerung chemischer Toiletten*

11 Schön und nah am Zentrum von Antequera

Neben Fußballstadion und Polizeiwache (Stichwort: Sicherheit) hat die Gemeinde einen kostenlosen Womo-Stellplatz eingerichtet, sehr lobenswert! Ins Zentrum sind es 10–15 Min. zu Fuß. Ideal für den Besuch der Museen und Dolmen (Unesco-Weltkulturerbe!) oder einen Ausflug zum faszinierenden El-Torcal-Massiv.

Área Autocaravanas Antequera

Av. Miguel de Cervantes 43 | Antequera
GPS: 37.021379, -4.571978

▸ **Größe:** *ca. 20 Womo-Stellplätze, ca. 40 weitere womotaugliche Parkplätze in der nahen C. de los Abogados*
▸ **Ausstattung:** *Frischwasser, Grauwasserentsorgung, kein Strom!*

Sierra de Grazalema
Wo Andalusien seine grünste Seite zeigt

Im Naturpark Sierra de Grazalema erwarten dich an der Ruta de los Pueblos Blancos die schönsten weißen Dörfer Andalusiens, eingebettet in die mit Pinien und den spanischen Pinsapo-Tannen dicht bewaldeten Hügel. Das wild-romantische Gebiet ist ideal für Mountainbiking, Klettertouren und ausgedehnte Wanderungen, die oft an Bergbächen entlangführen.

SLOW LIFE

Der Zeltplatz von Grazalema liegt mitten im Wald, doch der Weg ist für Naturverliebte gut ausgeschildert.

AKTIVITÄTEN & SIGHTSEEING

1 Die Ruta de los Pueblos Blancos abfahren

Von Grazalema kommend steuere zunächst **Setenil de las Bodegas** an: Hier sind die weißen Häuser regelrecht mit dem Fels verwachsen. Auf dem Rückweg mach einen Abstecher nach **Zahara de la Sierra** am Stausee Embalse de Zahara–El Gastor. Zurück führt über den Puerto de Las Palomas eine spektakuläre Passstraße (CA-9104), von der schöne Wanderrouten abzweigen. ***Infos:*** *Die Route ist ca. 86 km lang, reine Fahrzeit im Womo knapp 2,5 Std. | cadiz-turismo.com/rutas/rutadelospueblosblancos.php*

2 Im Crashkurs das Lederhandwerk erlernen

Die nächste Weiße-Dörfer-Rundtour führt von Grazalema – mit einem Abstecher nach **Prado del Rey** – über **El Bosque** nach **Ubrique,** das berühmt für sein Lederhandwerk ist. Im **Museo de la Piel** gint's nicht nur hübsche Geldbörsen, Gürtel etc., sondern auch Schnupperkurse, in denen Maribel dich in die hohe Kunst der Lederverarbeitung einführt. Schau dir auf dem Rückweg noch **Benaocaz** und **Villaluenga del Rosario** an. ***Anfahrt:*** *Über A-372, A-373 und A-374, insgesamt 75 km* ***Infos:*** *Av. Herrera Oria 10 | Ubrique | Di–Sa 10–14, 16–18, So 10–14 Uhr | 3 € | manosymagiaenlapiel.es*

Insider-Tipp
Fest im Sattel

In der Finca ***Tambor del Llano*** *kannst du auch als Anfänger Reitausflüge buchen (Cañada Grande, Los Alamillos, GPS: 36.749185, -5.332433, 55 €/2 Std., Tel. 674 48 48 85, tambordelllano.es).*

3 Beim Canyoning durch den „Grünen Schlund" klettern

Der **Sendero Garganta Verde** zählt zu den Naturwundern der Sierra de Grazalema, doch du brauchst für diese Schluchtentour einen Guide und Kletterausrüstung. Zudem solltest du wasserfeste Kleidung und Schuhe sowie körperliche Fitness mitbringen, denn die Wanderung führt streckenweise mitten durchs Flussbett des Arroyo de Bocaleones. ***Anfahrt:*** *ca. 12 km von Grazalema, auf der CA-9104 über den Pass Puerto de las Palomas in Richtung Zahara de la Sierra* ***Infos:*** *Explora Aventura | geführte Tour pro Pers. ab 50 € (je nach Teilnehmerzah) | Dauer ca. 7 Std. | Tel. 617 59 75 24 | exploraaventura.com* ***Parken:*** *GPS: 36.808328, -5.392228*

4 Sich wie in Schlumpfhausen fühlen

Nein, nicht alle Dörfer sind weiß. **Júzcar** wurde von einem Hollywoodfilmstudio auserkoren und 2011 als Werbung für den Film „Die Schlümpfe in 3D" komplett blau gestrichen. ***Anfahrt:*** *Alleine die durchaus abenteuerliche Fahrt (Serpentinen ohne Ende!) durch die Sierra de Grazalema führt dich zu sagenhaften Ausblicken. Von Grazalema kommst du über A-372 und MA-8403 nach Benaoján, von dort folge der MA-8401 und dem Rio Guadiano sowie der Eisenbahntrasse bis nach*

REGENTAG – UND NUN?

5 Handgemachte Wolldecken kaufen

Nirgendwo in Spanien regnet es so viel wie in Grazalema und es kann auch ziemlich kühl werden, insbesondere des Nachts im Womo. Beim Besuch der Textilmanufaktur **Mantas de Grazalema** bekommst du einen Einblick in die traditionsreiche Produktion und kannst auch gleich eine hochqualitative Wolldecke, einen Schal oder einen hippen Poncho kaufen. Stilvolle Hüte gibt es auch. ***Anfahrt:*** *von Norden kommend bei der Tankstelle an der Dorfeinfahrt die erste Straße rechts* ***Infos:*** *C. Ronda s/n | Grazalema | Mo–Do 8–18.30, Fr 8–14 Uhr | mantasdegrazalema.com*

Barriada de la Estación. Dann bringen dich MA-8307, A-369 und MA-7307 ans Ziel (70 km, ca. 2 Std. 10 Min. Fahrzeit).

ESSEN & TRINKEN

6 Casa del Duende

Das bunte „Haus des Gnoms" ist nicht nur für seine Tapas bekannt, sondern auch für die schöne Terrasse. Das Gemüse stammt aus dem hauseigenen Ökogarten, die feinen Pizzen gibt's auch zum Mitnehmen. Nachts kommt hier bei Gin Tonic und hausgemachtem Craft-Weizenbier ganz schön Stimmung auf. ***Infos:*** *Av. la Vega 17 | El Bosque | Juli/Aug. tgl. ab 20, sonst Sa/So, Fei 12–24 Uhr | Tel. 956 71 61 35 | casadelduende.es | €*

7 Gastrobar La Maroma

Probiere unbedingt die Spezialitäten der Region: die lokalen Käsesorten (z. B. Payoyo), Pilzgerichte zur Saison und Steak vom Retinto-Rind. Das Lokal legt besonderen Wert auf glutenfreie Speisen. ***Infos:*** *C. de Santa Clara s/n | Grazalema | Sa–Do 12–17 Uhr | Tel. 956 13 22 79 | gastrobarlamaroma.com | €–€€* ***Parken:*** *Campingbusse finden mit Glück eine zentrale Lücke (GPS: 36.759010, -5.364904), große Womos parken besser außerhalb an der A-371 (GPS: 36.760953, -5.375217).*

EINKAUFEN

8 Bodegas Rivero

In der Sierra de Grazalema wird seit Generationen bester **Wein** angebaut und gekeltert. Der traditionsreiche Familienbetrieb bietet exzellente Führungen und Verkostungen an. ***Infos:*** *Ctra. de Arcos, CA-5231 bei km 1 | Prado del Rey | Verkostung ab 6 Pers. pro Pers. 6 €, inkl. Ibérico-Schinken, Wurst und Käse 16 € | Tel. 956 72 43 20, | bodegasrivero.com | per Tel. oder E-Mail mind. 2 Tage im Voraus reservieren*

9 Queso Payoyo

In der Finca Las Hazuelas kannst du den lokalen **Käse** nicht nur verkosten und kaufen, du erfährst auch einiges über seine Herstellung. Verkauf auch bei der Käserei in Villaluenga del Rosario

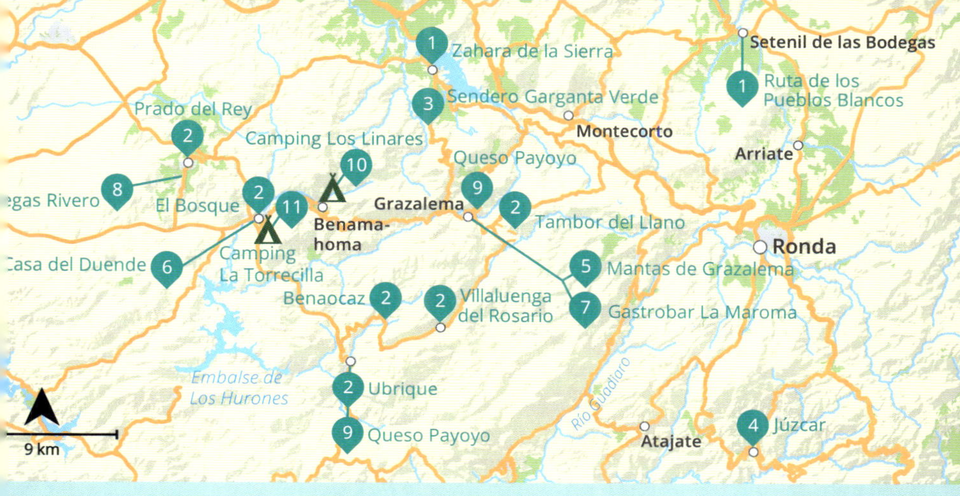

(C. Ermita 14) ***Infos:*** *am nordöstlichen Ortseingang an der A-372 | Grazalema | Mo–Sa 10–14, 15–19, So bis 18 Uhr | Tel. 956 23 16 34 | payoyo.com*

STELL- & CAMPINGPLÄTZE

10 Ursprünglich und spartanisch mitten in der Sierra

An der Quelle des Benamahoma-Flusses, umgeben von dichten Wäldern und mit herrlichem Ausblick kannst du hier die Natur in vollen Zügen genießen. Zum Bad im Fluss hast du es nicht weit und zum Wandern ebensowenig. Definitiv einer der schönsten Plätze Südspaniens!

Camping Los Linares 

€–€€ | C. Nacimiento s/n | Benamahoma
Tel. 956 71 62 75
Facebook: Campingloslinares
GPS: 36.770179, -5.458223

Mitte Juni–Mitte Sept. tgl. geöffnet, sonst nur Sa/So

▶ **Größe:** *23 000 m², ca. 60 Stellplätze, 3 Bungalows*

▶ **Ausstattung:** *Swimmingpool, WLAN, Grauwasserentsorgung, Entleerung chemischer Toiletten, Kajakverleih, Fahrradverleih*

11 Familiäres, kleines Waldparadies

Am Rande des Naturparks Sierra de Grazalema überzeugen die schattigen Parzellen inmitten der Natur mit weichem Rasen. Die Sanitäreinrichtungen sind etwas sanierungsbedürftig, aber noch im Bereich des Vertretbaren. Hunde dürfen sich nur angeleint bewegen. Geweckt wird man von den Dorfhähnen. Wanderungen kannst du hier oder im nahen Benamahoma beginnen und wenn dir das zu langweilig wird: In unmittelbare Nähe gibt es einen Paintball-Anbieter. Insbesondere um Ostern solltest du vorab reservieren.

Camping La Torrecilla

€–€€ | Ctra. El Bosque–Ubrique bei km 1, Camino Torrecilla | El Bosque
Tel. 629 48 39 13, 95 | campinglatorrecilla.es
GPS: 36.749451, -5.504862

Osterwoche bis Anfang Okt. tgl. geöffnet, Okt. geschl., Herbst/Winter Fr 15 Uhr bis So geöffnet

▶ **Größe:** *8 000 m², ca. 60 Parzellen, 5 Bungalow-Holzhütten (Familien)*

▶ **Ausstattung:** *Restaurant, Minimarkt, Swimmingpool, Kinderpool, Grillplätze, schwaches WLAN, Grauwasserentleerung, Entleerung chemischer Toiletten, Wäscherei*

Spot 21

Cádiz

Wahrscheinlich eine der schönsten Städte der Welt

Cádiz wurde wohl im 8. Jh. v. Chr. von den Phöniziern gegründet und gehört somit zu den ältesten Städten Europas. Auf einer von herrlichen Stränden gesäumten lang gezogenen Halbinsel im Atlantik gelegen, wird sie dich unweigerlich in ihren Bann ziehen – auch der gepflegten Altstadt und des klaren Lichts wegen, das ihr den Spitznamen „Silbertasse" einbrachte. Der von den Küstenfestungen Santa Catalina und San Sebastián geschützte Stadtstrand Playa La Caleta ist das Sahnehäubchen der Hafenstadt, deren Bewohner spanienweit als die freundlichsten Landsleute gelten.

P *Beim Castillo de Santa Catalina (C. Campo de las Balas 5, GPS: 36.534452, -6.306754, 1,20/2,40 €/Std. für Womos unter/über 6 m, max. 14/28 € über Nacht)*

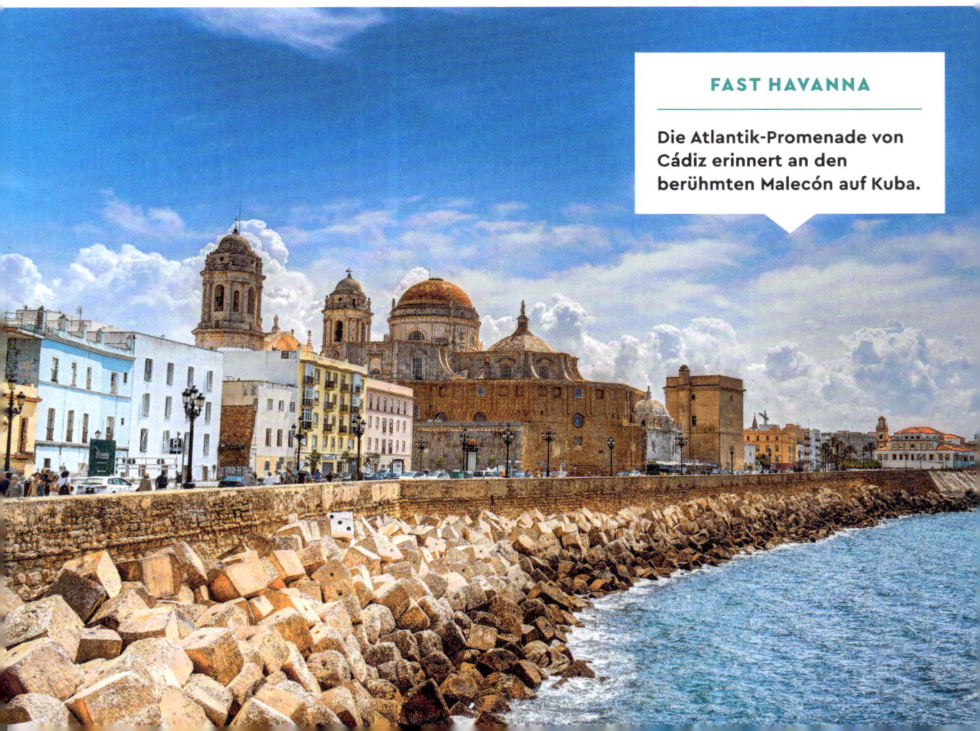

FAST HAVANNA

Die Atlantik-Promenade von Cádiz erinnert an den berühmten Malecón auf Kuba.

AKTIVITÄTEN & SIGHTSEEING

1 Die Altstadt zu Fuß erkunden

Am besten beginnst du den Rundgang am Botanischen Garten **Parque Genovés.** Einen guten Überblick gewährt dir die **Torre Tavira Cámara Oscura** *(C. Marqués del Real Tesoro/C. Sacramento, Mai–Sept. tgl. 10–20, sonst bis 18 Uhr, 7 €, torretavira.com).* Gleich nebenan liegen die **Ruinen des phönizischen Gadir** *(Yacimiento Arqueológico Gadir, C. San Miguel 15, Di–So 10–17 Uhr, Einlass zur vollen Stunde, Eintritt frei).* Sehenswert ist auch die strahlend weiße **Kathedrale.** ***Infos:*** *Parque Genovés – Jardín botánico | Av. Doctor Gómez Ulla | tgl. 8–22.30 Uhr, im Winter bis Sonnenuntergang | Eintritt frei*

2 Einfach nur am Sandstrand chillen

Schon an der beidseitig vom Meer umspülten Zufahrt nach Cádiz laden die **Playa El Chato** und die **Playa de la Cortadura** zum Bad ein. Die fein-goldene **Playa de la Victoria** zählt zu den schönsten Stadtstränden Europas. ***Parken:*** *Playa El Chato (GPS: 36.480478, -6.262415), Zufahrt nur stadtauswärts, Lücken für Campingbusse an der Playa Victoria (GPS: 36.500637, -6.274830)*

Insider-Tipp

Windgeschützter Strand

*Weht der Levante Handtücher und Sonnenschirme davon, fahren die Gaditanos gen Süden zur **Cala de Roche** (GPS: 36.308035, -6.150941).*

3 Von wo die Entdecker ins Unbekannte segelten

Von **Sanlúcar de Barrameda** stach Ferdinand Magellan zur Weltumsegelung in See, wovon das Denkmal der **Null-Seemeile** zeugt *(Monumento Legua Cero, Av. Bajo de Guía 50).* Zudem starten auf der anderen Seite des Guadalquivir Boote in den **Doñana-Nationalpark** *(▶ S. 176, visitasdonana.com).* ***Infos:*** *Besucherzentrum Fábrica de Hielo | Av. Bajo de Guía s/n | Sanlúcar de Barrameda (45 km von Cádiz) | tgl. 9–18/20 Uhr* ***Parken:*** *Stellplatz Sanlúcar AC Parking, Camino de la Reyerta (GPS: 36.761851, -6.395671), Tel 656 97 04 09, tel. voranmelden!*

4 Auf den Spuren einer Flamencolegende

In **San Fernando** lohnt es sich, das Geburtshaus von **Camarón de La Isla** (1950–1992) und sein Museum *(Plaza Juan Vargas, Di–Sa 11–14, 17/18–19/21, So*

REGENTAG – UND NUN?

5 Sherry verkosten in Jerez de la Frontera

Die auch für ihre Pferde berühmte Stadt hat ein wunderbares mittelalterliches Zentrum und weite Plätze mit Tapa-Bars. Gönn dir eine Weinverkostung in einer der **Bodegas!** Die berühmteste ist **González Byass.** ***Infos:*** *C. Manuel María González 12 | Jerez de la Frontera (32 km von Cádiz) | Führung inkl. Verkostung ab 20,80 € | Tel. 956 35 70 00 | tiopepe.com | Anmeldung online oder tel.*

10–14 Uhr, Eintritt frei, leyendacamaron.com) zu besichtigen und auch sein Grab besuchen *(Cementerio de San Fernando, C. General García de la Herrán 141, Mo–Fr 9–18, Sa/So, Fei 9–15 Uhr, Eintritt frei).* In der Peña Camarón de la Isla kannst du Flamenco live erleben (*C. Manuel de Arriaga, pfccamarondelaisla.com*). ***Infos:*** *Casa Natal de Camarón de la Isla | C. Carmen 29 | San Fernando (17 km von Cádiz) | Fr 17–19, Sa 11–13, 18–20, So/Fei 11–13 Uhr | Eintritt frei | turismosanfernando.es/ruta/la-ruta-de-camaron-de-la-isla*

ESSEN & TRINKEN

6 La Sorpresa

Weinbar mit Feinkostladen im Stil der 1950er-Jahre. Man serviert exzellente (Fisch-)Tapas wie z. B. Thunfisch-Carpaccio. ***Infos:*** *C. Arbolí 4 | Di–Sa 12.30–16.30, 20.30–23.30, So 12.30–13.30 Uhr | tabernalasorpresa.com | €€*

7 La Taberna del Chef del Mar

Spitzenkoch Ángel León bringt in seiner Taverne in El Puerto de Santa María seine Kreationen aus den Schätzen des Meers erschwinglich auf deine Zunge. Phyto-Plankton ist übrigens vegan! ***Infos:*** *C. Puerto Escondido 6 | El Puerto de Santa María (21 km von Cádiz) | So-Abend u. Mo geschl. | Tel. 956 11 20 93 | latabernadelchefdelmar.com | unbedingt online reservieren und Rückruf annehmen! | €€–€€€* ***Parken:*** *Paseo Marítimo de la Puntilla (GPS: 36.584736, -6.236416), Di (Flohmarkt) Stellplatz Av. de Europa (GPS: 36.598848, -6.221232)*

EINKAUFEN

8 Mercado Central de Abastos

Tauche ein in die lebendige **Markthalle** im Herzen von Cádiz. Und probier, was dir schmeckt. ***Infos:*** *Pl. de la Libertad | Di–Sa 9–16, 20–23, So 12–17 Uhr*

BLAU IN BLAU

An der Costa del la Luz, der „Lichtküste" bei Cádiz, strahlen die Farben besonders intensiv.

9 Casa Serafín

Im ältesten Geschäft der Stadt kannst du (Taschen-)**Messer** kaufen und stumpfe Klingen schleifen lassen. Alles Handarbeit! ***Infos:*** *C. Compañía 3 | Mo–Fr 10.30–14, 16.30–19.30, Sa 11–14 Uhr*

STELL- & CAMPINGPLÄTZE

10 Mit Blick auf den Atlantik aufwachen

Es gibt Orte, die sind ebenso überraschend wie magisch, wie dieser Gratis-Stellplatz am Strand von Punta Candor bei Rota, nördlich von Cádiz. Es ist ein Naturparadies, die Wasserqualität wird alljährlich mit der „Blauen Flagge" gekürt, der Sand ist fein und goldgelb. Am Strand findest du Kaltwasserduschen und Toiletten. In unmittelbarer Nähe gibt es auch Strandbars, ein Steakhouse und eine Pizzeria. Zum Supermarkt musst du etwa 20 Min. spazieren.

Aparcamiento de Autocaravanas Playa de Punta Candor

€ | Av. Punta Candor 114 | Rota
GPS: 36.637734, -6.391141

- **Größe:** *ca. 30 Stellplätze*
- **Ausstattung:** *Frischwasser, Grauwasserentsorgung, kein Strom!*

11 Wo in Spanien die Sonne am schönsten untergeht

Los Caños de Meca mit seinen Traumstränden voller trendy Bars und Restaurants ist eins der schönsten Dörfer an der „Küste des Lichts". Und an diesem von überaus netten Betreibern geführten Platz findest du nachdem im Sommer die letzten Sonnenstrahlen gegen 23 Uhr im Atlantik versinken in unmittelbarer Strandnähe ungestörte Nachtruhe!

Área de Autocaravanas Los Caños de Meca

€ | C. Galeón | Los Caños de Meca
Tel. 606 92 82 10 | areacañosdemeca.com
GPS: 36.189351, -6.021249

- **Größe:** *8000 m², ca. 70 Stellplätze*
- **Ausstattung:** *kostenloses WLAN, Duschen, Kiosk-Laden, Chill-out-Zone, Brot und Croissants auf Bestellung am Morgen, Grillzone, Waschmaschinen, Tockner, Abwaschbecken, Bügelmöglichkeit, Gasflaschenverkauf, Grauwasserentsorgung, Entleerung chemischer Toiletten*

Tarifa

Windig und gechillt: der Südzipfel Europas mit Afrikablick

Keine Fata Morgana – drüben am Horizont, das ist wirklich Afrika. Nur 12 km trennen hier Marokkos Küste von der Spaniens. Wie wäre es mit einem Tagestrip nach Tanger? Das mittelalterliche Städtchen Tarifa ist längst vom Geheimtipp zum Mekka für Kite- und Windsurfer avanciert. Im Sommer herrscht hier Trubel, Elektrobässe lassen die Clubs bis in den Morgen beben. Dagegen triffst du in der Nebensaison an den kilometerlangen Traumstränden stundenlang kaum eine Menschenseele.

P *Campingbusse bis 2,50 m Höhe finden an der C. Calzadilla de Téllez unbefestigte Parkplätze (GPS: 36.014362, -5.600991, ca. 1 €/Std.); besser ist der Womo-Stellplatz an der C. del Mar norte (GPS: 36.017971, -5.610607, 8 €/24 Std.).*

DRACHEN ZÄHMEN

Europas Windhauptstadt Tarifa ist ein Magnet für Kitesurfer aus aller Welt.

AKTIVITÄTEN & SIGHTSEEING

1 Wale und Orcas beobachten

Delphine sind generell häufig beim **Whalewatching** anzutreffen, Orcas (Schwert- oder Killerwale) sieht man frühmorgens eher, Pott- und Pilotwale tauchen meist nachmittags und abends auf. Seetauglich solltest du sein! ***Infos:*** *Turmares | Av. Alcalde Juan Núñez 3 | Mitte März–Okt. tgl. 9–21 Uhr, Abfahrt vom Hafen mehrmals tgl. | ab 45 €/3 Std. | Tel. 956 68 07 41 | turmares.com | nur mit Online-Reservierung*

2 Zehen in den feinen Sand stecken wie die Römer

Playa de Bolonia lohnt einen Ausflug wegen der riesigen Sanddüne und der gut erhaltenen römischen Ruinen von Baelio Claudia, einst Zentrum der Garum-Produktion (Würzsoße aus Fischinnereien). Auf dem Weg dorthin passierst du den Strand von **Valdevaqueros** der für Chill-out-Bars wie das El Tumbao *(Facebook: tumbaotarifa, 11 km von Tarifa)* bekannt ist. ***Infos:*** *Conjunto Arqueológico Baelo Claudia | Ensenada de Bolonia (23 km von Tarifa) | Di–So wechselnde Öffnungszeiten | Eintritt frei | museosdeandalucia.es/web/conjuntoarqueologicobaeloclaudia* ***Parken:*** *GPS 36.087420, -5.770114 | 1,50 €/Tag, max. 7 m Länge erlaubt*

Insider-Tipp
Schlamm-packung!

Im Norden des ***Valdevaqueros-Strands*** *findest du salzhaltige Heilerde: ideal als Körper-Peeling, das du im Meer abwaschen kannst.*

3 Wandern im Märchenurwald

Grün bemooste, uralte Stein- und Korkeichen, formenreich knorrig verwachsen, lassen den **Naturpark Los Alcornocales** vielerorts wie verhext wirken. Eine der schönsten Wanderungen führt vom Besucherzentrum Huerta Grande nach Llanos del Juncal *(Rundtour ca. 6 Std., wikiloc.com/hiking-trails/bosque-de-niebla-p-n-alcornocales-4705468, Genehmigung der Naturparkbehörde einholen: tel. oder per E-Mail an pn.alcornocales.cma@juntadeandalucia.es).* ***Infos:*** *Besucherzentrum Huerta Grande | Ctra. N 340 bei km 96 | El Pelayo (15 km von Tarifa) | meist Mi–So 10–14 Uhr | Tel. 856 58 75 08*

4 Britische Luft schnuppern am Affenfelsen

In der britischen Kleinstadt **Gibraltar** wird das Ale in Pints serviert, dazu gibt's Fish & Chips. Ein Highlight ist die Seilbahnfahrt auf den Felsgipfel zu den diebischen

REGENTAG – UND NUN?

5 Einfach abtauchen!

Das Meeresschutzgebiet vor Tarifa bietet eine tolle Artenvielfalt: Zu farbenfrohen Seeanemonen, Mondfischen, Meeresschildkröten, Seeschnecken, Tintenfischen und sehenswerten Wracks tauchst du mit **Yellowsub Tarifa** ab. ***Infos:*** *PADI-Einführungskurs (halbtags) und ein Tauchgang 95 € zzgl. 7 € Versicherung, Bootsfahrt mit zwei Tauchgängen inkl. Equipment 80 € | Tel. 956 68 06 80 | divingtarifa.com*

Berberaffen (Füttern wird mit Bußgeld bestraft). Skywalk-Plattform mit Glasboden nicht verpassen! Den Spaziergang durchs Naturreservat hier oben kannst du mit der Besichtigung der Belagerungsbunker verbinden. Sehenswert ist auch der Ausblick vom Südzipfel. ***Anfahrt:*** *A-7 bis zur Abfahrt San Roque, rechne mit etwa 30–45 Min. (evtl. sogar 2 Std.) Wartezeit an der Grenze, die mitten über die Rollbahn des Flughafens verläuft.* ***Infos:*** *46 km, knapp 1 Std. von Tarifa* ***Parken:*** *Av. Príncipe de Asturias 6 | La Línea de la Concepción | parkingstabarbara.es*

ESSEN & TRINKEN

6 Restaurante El Puerto

Typisch andalusisches Restaurant mit Terrasse am Hafenkai, hier kommt der Fisch direkt vom Boot auf den Teller. ***Infos:*** *Av. Fuerza Armadas 13 | tgl. 12–16, 20–23.30 Uhr | Tel. 956 68 19 14 | Facebook: restaurante.elpuerto | €*

7 Restaurante El Refugio

Das Lokal mit Meerblick ist auf Almadraba-Thunfisch spezialisiert, der noch wie zu Zeiten der Phönizier gefangen wird. Fleischfans bekommen das beste Rind von Cádiz serviert: Retinto. ***Infos:*** *C. Cerro Currita 10 | Zahara de los Atunes | März–Okt. tgl. ab 13 Uhr | Tel. 601 64 01 85 | casapuerta-elrefugio.com | €€*

EINKAUFEN

8 Confitería La Tarifeña

Bei Einheimischen und (Kite-)Surfern auf der Suche nach einem Kalorienschub ist die Tortenbäckerei gleichermaßen beliebt. ***Infos:*** *C. Ntra. Sra. de la Luz 21 | tgl. 9–20 Uhr | pastelerialatarifeña.com*

NATURBELASSEN

Die endlosen Sandstrände bei Tarifa sind zu großen Teilen noch unverbaut.

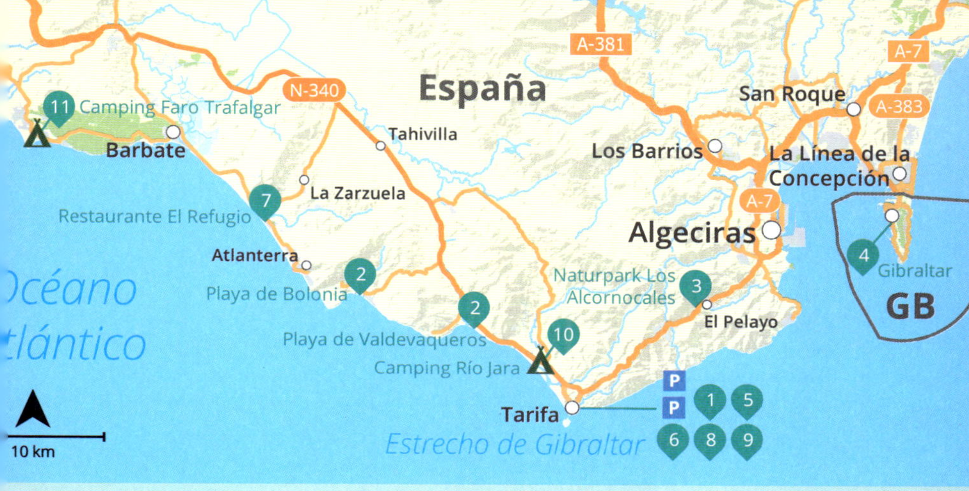

9 Wet Watersports

Kite-Surfer (und Neulinge) können sich hier beim Kauf der Ausrüstung von erfahrenen Profis beraten lassen. ***Infos:*** *Polígono Industrial La Vega, Nave 208 | Mo–Sa 10–14, 17.30–20.30 Uhr | wet-watersports.com*

STELL- & CAMPINGPLÄTZE

10 Kiten an Europas südlichstem Campingplatz

Der Platz an der Playa Norte ist eine Institution. Mauern schützen ihn vorm ständigen Wind. Nach Tarifa kannst du bequem am Sandstrand in etwa 40–50 Min. spazieren. Sollte dein Womo länger als 6 m sein, frage an der Rezeption vorab an.

Camping Río Jara 

€€–€€€ | N-340, km 81 | Tarifa, Cádiz
Tel. 956 68 05 70 | campingriojara.com
GPS: 36.042581, -5.629751

▸ **Größe:** *30 000 m², 265 Parzellen*
▸ **Ausstattung:** *Supermarkt, Restaurant, Waschmaschine, Wäschetrockner, Gemeinschaftsraum, Billardtische, kostenloses WLAN, Grauwasserentsorgung, Entleerung chemischer Toiletten, Gasflaschenverkauf, Kite- und Surfschule*

11 Mit Leuchtturmblick aufwachen

Zwischen dem Leuchtturm am Cabo Trafalgar, dem Naturschutzgebiet und Los Caños de Meca liegt der gepflegte, kleine Platz, der alles bietet, was du für ein paar entspannte Tage an den schönsten Stränden der Costa de la Luz benötigst. Und wenn du mehr Action brauchst, kannst du hier surfen (mit oder ohne Kite), Kajak fahren, stehend paddeln (SUP), Rad fahren, durch Pinienwälder und Dünenlandschaften wandern oder ausreiten. Restaurants und Bars sind ebenso nah wie der Atlantik: 50 m! Klingt gut, oder?

Camping Faro Trafalgar

€€–€€€ | Av. de las Acacias 3 |
Los Caños de Meca (63 km von Tarifa)
Tel. 956 43 70 17 | campingfarodetrafalgar.com
GPS: 36.189072, -6.026325

Karwoche–Sept. geöffnet

▸ **Größe:** *20 000 m², 200 Parzellen, Bungalows*
▸ **Ausstattung:** *Warmwasserduschen (kostenlos), Supermarkt, Restaurant, Bar, Waschmaschine, Wäschetrockner, Grauwasserentsorgung, Entleerung chemischer Toiletten, Gasflaschenverkauf*

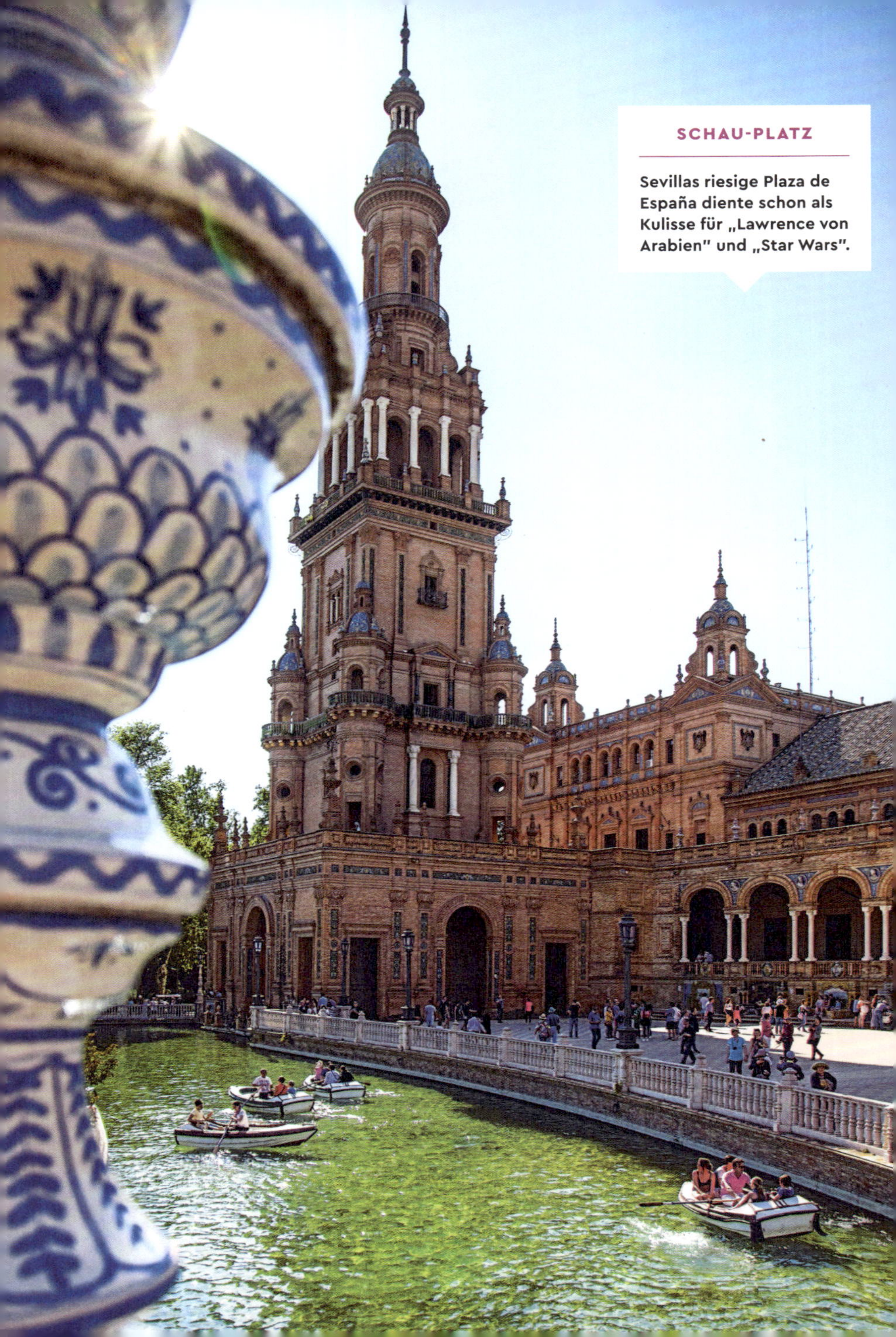

SCHAU-PLATZ

Sevillas riesige Plaza de España diente schon als Kulisse für „Lawrence von Arabien" und „Star Wars".

Tour F

Andalusiens grüner Westen
Rundtour von Sevilla

In Andalusiens Hauptstadt Sevilla erwartet dich nicht nur spannendes Großstadtleben, sondern auch eines der größten und besterhaltenen historischen Stadtzentren Europas. Um Huelva sind kilometerlange Sandstrände Garant für deinen Traumtag am (und im) Atlantik. Die mit ehemals maurischen Dörfern gesäumte Sierra de Aracena ist mit ihren Eichen- und Kastanienwäldern ein Paradies – auch für Ibérico-Schweine. Von der ESA zu Tests für künftige Marsmissionen genutzt wird der Fluss bei Minas de Riotinto, der von Jahrtausenden des Bergbaus in der Gegend rot gefärbt ist.

Strecke 577 km

Reine Fahrzeit 7 Std.

Streckenprofil Gut geteerte Landstraßen und Autobahnen. In der Sierra de Aracena Serpentinen. Im Nationalpark Doñana und an einigen Stränden etc. zum Teil Schotterpisten.

Empfohlene Dauer 6–8 Tage

Anschlusstouren E

FACTS

Tour F im Überblick

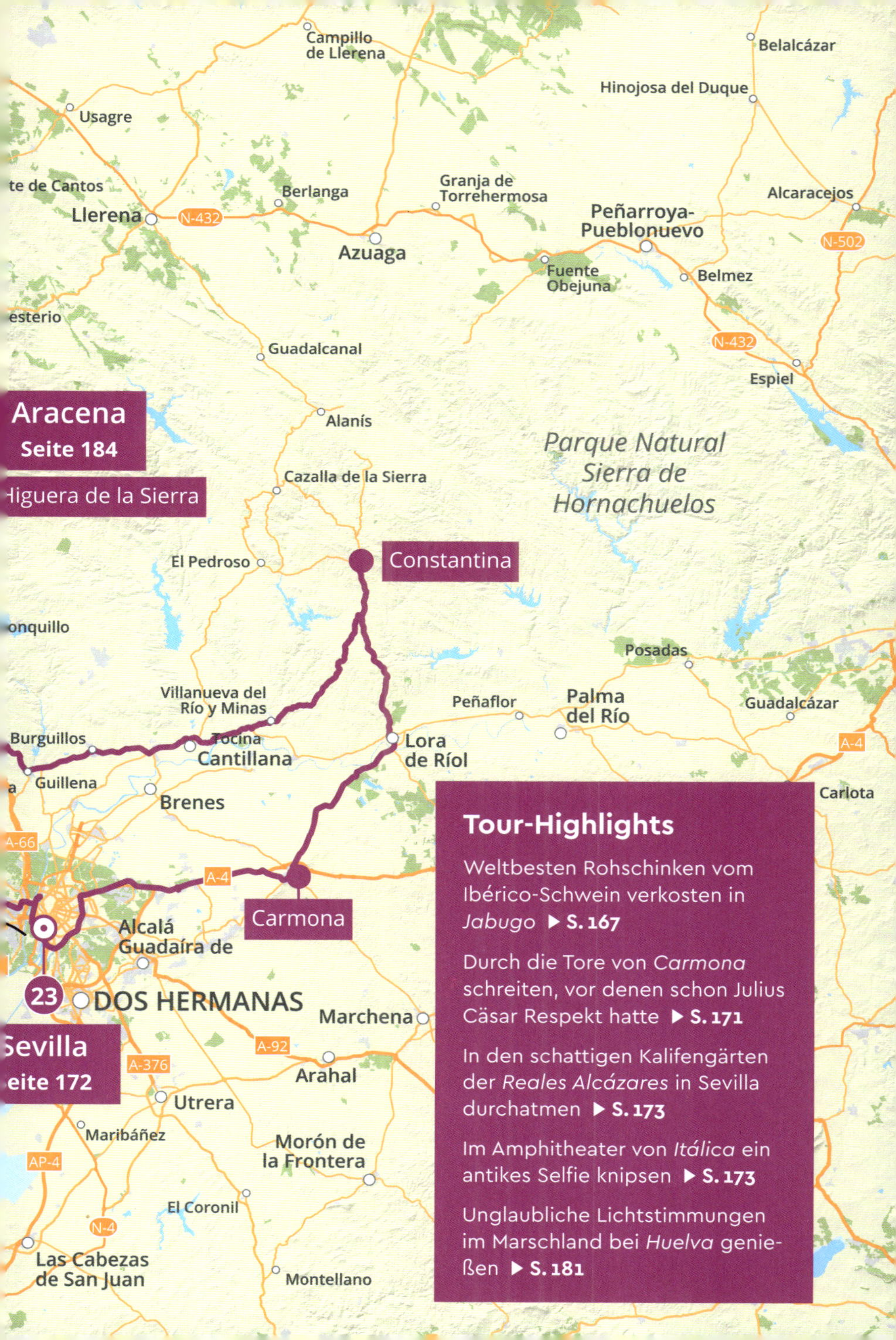

Tour-Highlights

Weltbesten Rohschinken vom Ibérico-Schwein verkosten in *Jabugo* ▶ **S. 167**

Durch die Tore von *Carmona* schreiten, vor denen schon Julius Cäsar Respekt hatte ▶ **S. 171**

In den schattigen Kalifengärten der *Reales Alcázares* in Sevilla durchatmen ▶ **S. 173**

Im Amphitheater von *Itálica* ein antikes Selfie knipsen ▶ **S. 173**

Unglaubliche Lichtstimmungen im Marschland bei *Huelva* genießen ▶ **S. 181**

F Tourenverlauf

Start & Spot **23**

Sevilla

Andalusische Lebensart und prächtige Architektur ▶ **S. 172**

111 km

Der Großstadtdschungel Sevillas verschwindet alsbald in deinem Rückspiegel, während dein Weg westwärts über die Isla de la Cartuja führt, den Schauplatz der Expo '92, der Weltausstellung von Sevilla. Die Insel begeistert bis heute Architekturfans und das **Centro Andaluz de Arte Contemporáneo** zeigt hier im einstigen Kartäuserkloster Gegenwartskunst. Interessierst du dich mehr für Frühgeschichte, dann mach einen kleinen Abstecher von Ausfahrt 3 an der A-49 zu den Megalithdolmen **Tholos de La Pastora** *(GPS: 37.413026, -6.066839, valencinadelaconcepcion.es/es/museo-y-dolmenes)*. Zurück auf der A-49 fährst du nach Westen bis Bollullos Par del Condado (Ausfahrt 50). Dort sind auch bereits Almonte und Matalascañas ausgeschildert. Folge der A-483 vorbei am Wallfahrtsort **El Rocío** (▶ S. 177) bis ans erste Etappenziel: **Matalascañas** am Atlantik. Auf deinem Weg durch den Nationalpark Coto de Doñana passierst du Aussichtsplattformen, von denen sich zahlreiche Zugvogelarten beobachten lassen. Aber auch Hirsche und Wildschweine kannst du hier zu Gesicht bekommen und mit viel Glück einen der seltenen Iberischen Luchse.

Spot **24**

Nationalpark Coto de Doñana

Sandstrände, Marschen und ein Western-Wallfahrtsort ▶ **S. 176**

77 km

Halte dich mit Kurs Nordwesten auf der A-494, die parallel zur Küste verläuft. Beim Ort **Mazagón** erwartet dich ein weiterer karibisch anmutender Strand, ideal für ein Picknick und ein Bad im Meer. Ab hier führt die N-442 den Río Odiel entlang Richtung Huelva. Kurz vor der Brücke biegst du rechts ab auf die A-5025 nach **La Rábida** (▶ S. 181). Dort sowie im benachbarten **Palos de la Frontera** und im weiter nördlich gelegenen **Moguer** traf Christoph Kolumbus die Vorbereitungen für seine erste Entdeckungsreise über den Atlantik. In diesen Orten heuerte er auch seine Crew an, ehe er von der Mündung des Río Odiel gen Westen aufbrach. Auf der A-494 überquerst du den Río Tinto, einen Nebenfluss des Odiel, und fährst über die A-5000 nach Huelva. Lass dich nicht von Raffinerien und Schwerindustrie abschrecken, das historische Zentrum ist architektonisch interessant und überaus schön herausgeputzt.

Spot 25

Huelva

Geschichtsträchtige Hafenstadt umgeben von langen Traumstränden am Atlantik ▶ S. 180

103 km

Es geht weiter durch die **Dehesa,** eine jahrhundertealte Kulturlandschaft mit knorrigen Stein- und Korkeichen, unter denen die typischen Ibérico-Schweine ihre Siesta halten. Eingesprenkelt wie zum reizvollem Kontrast inmitten von all dem Grün findest du weiße Dörfer mit verwinkelten Gassen. So bringt dich die N-435 über einige Serpentinen nach Jabugo, in die Heimat des Schinkens. Nach etwas über der Hälfte der Strecke passierst du den Abzweig Richtung **Minas de Riotinto** (▶ S. 185). Etwas später könntest du linker Hand einen Abstecher nach **Almonaster la Real** machen (▶ S. 185).

Jabugo

Der Ort ist vollkommen zu Recht berühmt für Spaniens hochwertigste **Ibérico-Rohschinken,** die von dunkelhäutigen Schweinen stammen, welche sich meist freilaufend in den Wäldern von Eicheln ernähren.

Bodega Cinco Jotas

Der mittlerweile zur Osborne-Gruppe gehörende Betrieb gilt in Jabugo seit über 140 Jahren als Inbegriff für das Nonplusultra in Sachen

SURREAL

Eisen- und Kupfersalze aus den Bergbauminen färben das Wasser des Río Tinto rostrot.

FUSSGÄNGERFREUNDLICH

In die engen Gassen von Fuenteheridos begibt man sich am besten nicht mit dem Wagen.

jamón ibérico. Du kannst hier die *bodega* besuchen, in der die Haxen getrocknet werden, und den wertvollen Premiumschinken „5J" *(ab 25 €/100 g)* natürlich auch verkosten. Auf den Geschmack gekommen wirst du dich im Shop sicher mit vakuumverpackten Wurstwaren für die Weiterreise oder die Zuhausegebliebenen eindecken wollen.

i an der HU-8112 im Ortskern | Mo–Sa 10–18, So 10–14 Uhr | Bodega-Besuch (ca. 65 Min.) mit Verkostung ab 15 € | Tel. 603 59 90 61 | cincojotas.com | Reservierung für Bodega-Besuch telefonisch, über Online-Formular oder via E-Mail an visitas.cincojotas@osborne.es

11 km | Nimm erst die N-435 Richtung Norden und biege dann rechts ab auf die N-433 Richtung Aracena.

Insider-Tipp
Einkehr im Eichenhain

*Der bezaubernde Picknickplatz **Área Recreativa El Talenque** (GPS: 37.930599,-6.676610, an der HV-3113 etwa 3 km vor Navahermosa) ist ein guter Ausgangspunkt für eine Wanderung. Du kannst hier auch über Nacht bleiben, Trinkwasserbrunnen vor Ort!*

5 km | Über Navahermosa gelangst du wieder auf die N-433, der du weiter Richtung Aracena folgst, bis zum Abzweig rechts auf die HU-8121.

Fuenteheridos

Im kleinen Dorf inmitten der Sierra entspringt der Río Múrtigas. Am Dorfplatz Plaza del Coso sprudelt erfrischendes Trinkwasser aus der **Fuente de los Doce Caños,** einem Brunnen mit zwölf Wasserspendern. Gegen den Hunger laden im denkmalgeschützten historischen Ortskern diverse Tapa-Bars zur Stärkung ein. In den Spezialitätenläden bekommst du neben Feigenmarmelade im Herbst Esskastanien, die du dann später auf dem Campingplatzgrill rösten kannst.

P *Der Ort ist winzig, am besten parkst du bei der alten Stierkampfarena in der C. la Charneca (GPS: 37.903788, -6.6645569), sollte dieser Parkplatz voll sein, schau bei GPS: 37.902502, -6.664393.*

6 km | Folge der HU-8121 nach Süden bis Alájar.

Alájar

Das überaus verwinkelte Zentrum geht auf arabische Stadtplaner zurück: Umgeben von über 500 Jahre alten weißen Häusern fühlt man sich fast wie in einer marokkanischen Medina.

P *An der Ortseinfahrt kannst du am Gemeindeparkplatz im Olivenhain (GPS: 37.874015, -6.669762) eine ruhige Nacht verbringen.*

16 km | Umdrehen ist angesagt! Fahre retour über die HU-8121 und biege an der N-433 Richtung Osten ab, dann gelangst du nach Aracena. Alternativ kommst du über die schmale, kurvenreiche HU-8105 ans Etappenziel, kleinereWomos schaffen diese landschaftlich wunderschöne Route. Ab 7 m Länge oder mit Wohnwagenanhänger wird es heikel!

Aracena
Hügelland im Westen, wo Wandererherzen höherschlagen ▶ **S. 184**

16 km | Folge der N-433 und den Wegweisern nach Sevilla, bis du nach knapp 20 Min. ein weiteres Dorf erreichst, just dort, wo du der Sierra de Aracena *adiós* sagst!

Higuera de la Sierra

Für einen Zwischenstopp bietet sich das ausgesprochen hübsche Higuera de la Sierra an, das bereits 1533 von Karl V. zur *villa* (Stadt) ernannt wurde. Spaziere einfach durch die mit weiß gekalkten Häusern gesäumten Gassen und gönne dir einen Kaffee zum andalusischen Frühstück: *tostada con tomate* oder deftiger mit Manchego-Käse und *sobrasada* (Paprikamettwurst). Sollte es schon später sein, in der **Bar Manolete** bekommst du typische Berglandtapas serviert, je nach Saison Ziege *(chivo)*, Fleischbällchen *(albóndigas)*, köstliche Blutwurst-Ei-Kroketten *(croquetas de morcilla y huevo)* und andere kalorienreiche Kost.

i *C. de Diego José Navarro 7 | tgl. 11–1 Uhr*

139 km Folge weiter dem Verlauf der N-433 Richtung Sevilla. Hier kannst du dich nicht mehr verfahren. Übrigens, achte auf die Ortsnamen, die immer öfter das Wort *plata* enthalten, zu Deutsch „Silber". Du fährst teils entlang des spätmittelalterlichen **Camino de la Plata,** auf dem das in Lateinamerika geplünderte Edelmetall von Sevilla nach Madrid transportiert wurde. Bei El Garrobo fährst du auf die folglich Autovía de la Ruta de la Plata genannte A-66 auf, die du an der nächsten Ausfahrt (798, Guillena) bereits wieder verlässt, um über die A-460 nach Osten zu steuern, Richtung Sierra Norte de Sevilla, die Teil des Naturparks Sierra de Hornachuelos ist. In **Villaverde del Río** kannst du für eine Panoramarast einen Abstecher links hoch machen: zur weißen Kapelle Ermita de la Virgen de Aguas Santas („Jungfrau der heiligen Wasser") und weiter zum Waldpicknickplatz mit Tischen und Bänken am Flüsschen Arroyo de los Siete Arroyos *(GPS: 37.619400, -5.885830)*. Richtung Constantina geht es zurück auf die A-436 und bei Villanueva del Río y Minas links ab auf die SE-198.

Constantina

Über dem kleinen Ort thront eine **Festung** aus der Zeit der maurischen Almohadenherrschaft (11. Jh.). Nicht nur die Burg ist ausgezeichnet erhalten, sondern auch das gesamte Zentrum mit seiner für die Region typischen arabischen Struktur.

P *Auf dem Womo-Stellplatz der Gemeinde an der Ortseinfahrt (C. Morería, GPS: 37.873327, -5.625319) kannst du auch übernachten.*

57 km Am Rückweg nach Sevilla über die gutausgebaute A-455 und die A-457 solltest du dir noch Carmonas historische Altstadt ansehen.

Carmona

Schon Julius Cäsar bezeichnete das römische Carmo als „die stärkste Stadt der Provinz" und er war es auch, der dem wichtigen Handelsplatz die Stadtrechte erteilte. Von der einstigen Wehrhaftigkeit Carmonas zeugt neben mächtigen Stadttoren wie der Puerta de Sevilla der **Alcázar del Rey Don Pedro.** Heute beherbergen Teile des Palasts von König Pedro dem Grausamen (1334–1369) ein Parador-Luxushotel mit herrlicher Aussichtsterrasse *(C. Alcázar s/n, parador.es)*. Die maurisch-arabische Pracht hier ähnelt den Reales Alcázares in Sevilla und den Nasridenpalästen der Alhambra in Granada.

P *Auf dem nicht asphaltierten Parkplatz nördlich des Alcázars (GPS: 37.474245, -5.633233) kannst du auch über Nacht bleiben. Die Aussicht und der Sonnenaufgang sind ein Traum, jedoch ist die Zufahrt für große Wohnmobile (ab 7 m Länge) schwierig. Sonst findet sich eine Lücke auf dem Sandplatz an der Av. Democracia (GPS: 37.476365, -5.643451).*

101 km **Optionaler Anschluss: Tour D**

36 km | Über die A-4 gelangst du in knapp 40 Min. zurück zum Ausgangspunkt.

Ziel **Sevilla**

91 km **Optionaler Anschluss: Tour E**

LUXUS FÜR JEDERMANN

Carmonas durch ein Erdbeben zerstörter Königspalast wurde zu einem Parador-Hotel umgebaut.

Spot 23

Sevilla
Andalusische Lebensart und prächtige Architektur

Die Hauptstadt Andalusiens ist eine moderne Metropole, die auf eine jahrtausendealte Geschichte zurückblickt und ihre Blüte mit der Entdeckung der Neuen Welt erlebte. Davon zeugen Prachtbauten wie die gotisch-barocke Kathedrale neben dem Giralda-Turm, einem ehemaligen Minarett. Im Inneren der gigantischen Kirche findest du auch das Grab des Entdeckers Christoph Kolumbus. In Triana, dem einstigen Fischer- und Arbeiterviertel, bekommst du einen lebhaften Eindruck vom Alltag in Sevilla – stets untermalt vom Rhythmus des Flamenco.

P *Área Autocaravanas* *(▶ S. 175).*

RIESENPILZE

Die von Jürgen Mayer entworfenen Setas de Sevilla gelten als die größte Holzkonstruktion der Welt.

AKTIVITÄTEN & SIGHTSEEING

1 Im Traum aus 1001 Nacht schwelgen

Die **Reales Alcázares** sind das Highlight arabisch-maurischer Mudéjar-Baukunst in Sevilla. Allerdings entstanden sie größtenteils im 14. Jh. im Auftrag Pedros des Grausamen, des christlichen Königs von Kastilien. Einige Gemächer werden übrigens bis heute von der spanischen Königsfamilie genutzt, wenn sie sich in Sevilla aufhält. Eingefleischten „Game of Thrones"- Fans ist sicher bewusst, dass der reich dekorierte Palast mit seinen herrlichen Gärten in der Fernsehserie als Kulisse für das Königreich Dorne diente. ***Infos:*** *Patio de Banderas | tgl. Okt.–März 9.30–17, April–Sept. 9.30–19 Uhr | 13,50 €, Königsgemächer im 1. Stock zzgl. 5,50 € | alcazarsevilla.org*

2 Panoramaspaziergang auf „Sevillas Pilzen"

Die **Setas de Sevilla,** auch unter dem Namen **Metropol Parasol** (Großstadt-Sonnenschirm) bekannt, sind mit ihren organischen Formen ein Meisterwerk moderner Architektur. Hinauf zur Aussichtsplattform und den Laufstegen in rund 30 m Höhe geht es per Treppe oder Aufzug. Die 360°-Rundumschau über Sevilla wird dir garantiert in Erinnerung bleiben. Unter der fünfgeschossigen Struktur kannst du im **Antiquarium** *(Di–Sa 10–20, So 10–14 Uhr, 2 €)* einen Blick auf die Überreste des römischen Hispalis werfen und in der **Moss Lounge Bar** bei einem Cocktail die Panoramabilder sortieren. ***Infos:*** *Pl. de la Encarnación | tgl. 9.30–0.30 Uhr | 15 € | setasdesevilla.com*

3 Im tropischen Grün entspannen

Der **Parque de María Luisa** am Ufer des Guadalquivir ist eine herrliche Oase mitten in der Stadt mit angelegten Seen, Brunnen und Pavillons, die für die Iberoamerikanische Ausstellung von 1929 gebaut wurden. Wenn du kunstvoll emaillierte Keramikfliesen in höchster Perfektion bestaunen willst, bist du an der **Plaza de España** im siebten Himmel! Erfrischend ist eine Tour im Ruderboot über die Kanäle am „Spanischen Platz" *(10 €/70 Min. für bis zu 4 Pers.).* ***Infos:*** *tgl. 8–24 Uhr | Eintritt frei*

Um das Halbrund der Plaza de España perfekt zu fotografieren, stell dich auf eine ***Brücke,*** *so spiegeln sich Himmel und Gebäude im Wasser.*

Morgens, wenn die Luft frisch ist, ist die beste Zeit zum ***Joggen*** *im Parque de María Luisa.*

4 Auf Zeitreise gehen in antiker Großstadt

Die römischen Ruinen von **Itálica** sind überaus gut erhalten, das riesige Amphitheater – einst fasste es 25 000 Zuschauer – liegt mitten im Dorfkern. Game-of-Thrones-Fans werden sich an Schlüsselszenen in der Drachengrube erinnert fühlen, die genau hier gedreht wurden. In der echten Welt wuchsen hier im 1. Jh. die späteren Kaiser Trajan und Hadrian auf. Sehenswert sind auch die Bodenmosaiken, z. B. in der Casa del Planetario. Sollte dich längst der Hunger gepackt haben, bist du schnell am **Horno de Gregorio.** Hierher kommen auch Karnivoren aus Sevilla stets gerne, besonders lecker sind die *croquetas de puchero (Av. Extremadura 69, Santiponce, tgl. 11–18, 20–24 Uhr, Tel. 665 54 55 56, €–€€, Reservierung empfohlen!).* ***Anfahrt:*** *14 km (je nach Verkehr 20–40 Min.) über die Stadtautobahn S-30 und die N-630* ***Infos:*** *Av. de Extremadura 2 | Santiponce | Di–Sa Mitte Sept.–März 9–18, April–Mitte Juni 9–20, Mitte Juni–Mitte Sept. 9–15, So 9–15 Uhr | 1,50 €, für EU-Bürger Eintritt frei | museosdeandalucia.es/web/conjuntoarqueologicodeitalica*

AUSGEHEN

5 La Carbonería

Wenn du beim Flamencospektakel trotz der heißen Rhythmen eine Gänsehaut bekommst, ist das ein Zeichen für Qualität. Junge Talente begeistern in der Carbonería. Willst du die Größen ihres Fachs sehen, gönn dir das mitunter ekstatische Treiben im **Tablao Flamenco El Arenal** *(C. Rodo 7, ab 41 €/Show, Tel. 954 21 64 92, tablaoelarenal.com).* Die meisten *tablaos* bieten auch ein Menü an. ***Infos:*** *C. Céspedes 21A | Flamenco-Show kostenlos | Tel. 954 22 99 45 | lacarbonerialevies.blogspot.com*

ESSEN & TRINKEN

6 Mercado de la Feria

Im Feria-Markt tauchst du ein in den Alltag der Sevillanos, die hier ihre Einkaufskörbe reichlich füllen. Dabei kannst du an den Essensständen deinen Hunger häppchenweise stillen und dich mit köstlichen Tapas und *raciones* durch Andalusiens Küche futtern. ***Infos:*** *C. Feria/C. Calderón de la Barca | Mo–Sa 8–24 Uhr | mercadodelaferia.es | €*

7 La Primera del Puente

„Die Erste nach der Brücke", also jenseits der Puente de San Telmo auf der Seite von Triana, bietet dir zu urtypischen Tapas und Gerichten den besten Blick auf den Guadalquivir-Fluss und die Altstadt. ***Infos:*** *C. Betis 66 | Tel. 954 27 69 18 | laprimeradelpuente.es | €€*

EINKAUFEN

8 Tuki & Co.

Neben poppig-trendigen Ansteckern und Taschen werden dich im kleinen **Souvenirladen** von Jaime Rodríguez-Piñero die Scherenschnitte begeistern. ***Infos:*** *C. José Luis Luque 8 | Mo–Fr 10–20.30, Sa/So 10–14 Uhr | tukiandco.com*

9 Las Moradas

Einer Schatzhöhle Aladdins gleicht der charmante Laden im Souterrain, prall gefüllt mit traditioneller **Keramik.** Hier findest du alles: von der Vase bis zum Teller, aber auch typische Seidentücher,

Fächer und orientalische Lampen. ***Infos:*** *C. Rodrigo Caro 20 | tgl. 10.30–14, 15–20 Uhr | lasmoradas-sevilla.blogspot.com*

STELL- & CAMPINGPLÄTZE

10 Zentrumsnahe mit dem Nötigsten

Der Stellplatz südlich der Puente de las Delicias punktet mit der Nähe zum Parque de María Luisa und der Plaza de España *(30 Min. zu Fuß)* sowie einem Öffi-Anschluss ins Zentrum. Die nächste Station des praktischen städtischen Fahrradverleihs ist in der Avenida Juan Pablo II *(20 Min. zu Fuß, sevici.es)*. Wobei die Lage im Industriegebiet am Fluss etwas unsexy ist und die Ausstattung (wenige Duschen und WCs) für eine Großstadt etwas dürftig. Dennoch, es ist für den Besuch Sevillas eine preiswerte und womotaugliche Wahl. Zumindest ist ein Supermarkt in der Nähe.

Área Autocaravanas Sevilla

€ | Av. Maestranza Aérea s/n, über die Av. Quinto Centenario
Tel. 619 26 13 25
GPS: 37.363284, -5.994179

▶ **Größe:** *100 Stellplätze*
▶ **Ausstattung:** *Snackmaschinen, Abwasserentsorgung (5 €), Womo-Waschbereich*

11 Auswärts, aber mit allen Annehmlichkeiten

Im Vorort Dos Hermanas liegt dieser gepflegte Campingplatz unter großen Bäumen an der Mautautobahn AP-4. Die Parzellen sind lang, aber schmal. Sprich, es gibt wenig Platz zum Wenden, das kann insbesondere für große Womos schwierig werden. Um nach Sevilla zu gelangen, musst du entweder den Bus nehmen *(Direktverbindung, Haltestelle ca. 10 Min. vom Campingplatz entfernt)* oder die Lokalbahn.

Camping Villsom 

€€–€€€ | Ctra. N-IV, km 554,8 | Dos Hermanas
Tel. 954 72 08 28
campingvillsom.blogspot.com
GPS: 37.277698, -5.936507

Mitte Jan.–Mitte Dez. geöffnet

▶ **Größe:** *23 000 m², 180 Stellplätze, 9 Bungalows*
▶ **Ausstattung:** *Supermarkt, Bar-Cafetería, Minigolf, Pool (im Sommer), kostenloses WLAN, Waschmaschine, Wäschetrockner*

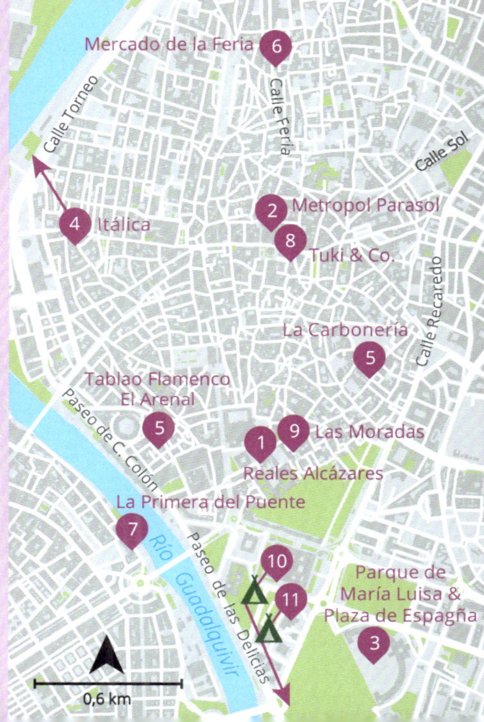

Nationalpark Coto de Doñana

Sandstrände, Marschen und ein Western-Wallfahrtsort

Im auch Coto de Doñana genannten Nationalpark am Mündungsdelta des Guadalquivir-Flusses hat sich ein einzigartiges Ökosystem entwickelt, das einer Fülle an seltenen Tieren geschützte Lebensräume bietet. Das weitläufige Areal umfasst Wanderdünen und Marschland ebenso wie dichte Pinien- und Mangrovenwälder. Du kannst es nicht nur erwandern, sondern auch zu Pferd oder im Geländewagen erkunden. An der Atlantikküste bei Matalascañas wirst du einen schier endlosen Sandstrand vorfinden mit kristallklarem Wasser. Was wartest du? Wirf dich in die Wellen!

P *In Matalascañas parkst du am besten am neuen Womo-Stellplatz im Sector Calamon segunda fase auf der parcela 63 (GPS: 36.986475, -6.535241).*

WILDE PFERDE …

… waten und weiden im Wasser vor der berühmten Marienkirche von El Rocío.

AKTIVITÄTEN & SIGHTSEEING

1 Durch Dünen, Pinien- und Mangrovenwälder fahren

Die bequemste und vielleicht beste Art, das weitläufige Gebiet des Nationalparks zu erkunden, ist eine geführte Tour von **Doñana Reservas y Visitas** im geländegängigen Kleinbus. So kommst du in ein paar Stunden durchs Marschland mit seinen verschiedenen Ökosystemen. ***Infos:*** *Av. de la Canaliega | El Rocío | 33 € | Tel. 959 44 24 74 | donanareservas.com | ca. 3,5–4 Std., Reservierung notwendig*

2 Wildwestflair schnuppern

Er ist einzigartig, dieser Wallfahrtsort **El Rocío.** Alles erinnert hier an einen Western: Keine gepflasterten Straßen, die meisten sind zu Pferd oder mit der Kutsche unterwegs. Einen Blick musst du in die große weiße Ermita-Kirche werfen, um die Paloma Blanca zu bewundern, eine Marienstatue, der zu Ehren Pfingsten eine riesige, folkloristische *romería* veranstaltet wird.

3 Ausritt am ewig langen Sandstrand

Von Mazagón, nahe Huelva an der Mündung des Odiel, über **Matalascañas** bis zur Guadalquivir-Mündung bei Sanlúcar de Barrameda erstreckt sich ein einziger langer Sandstrand. Unvergesslich ist ein Ausritt am Meeresufer! Dafür musst du kein Profi sein, es darf durchaus dein erstes Mal auf dem Pferderücken sein. ***Infos:*** *Turismo Ecuestre Doñana | RO-30, Lote 175 de los Baldíos (beim Camping La Aldea) | El Rocío | ab 45 €/2 Std. | Tel. 644 22 14 34 | turismoecuestredonana.com | nur mit Reservierung!*

4 Mit dem Wüstenschiff unterwegs

Okay, noch bist du nicht in der Sahara, aber es fühlt sich beinahe so an! Die **Öko-Kamelfarm Aires Africanos** bietet dir die Möglichkeit, im bequemen Sattelsessel (ohne hartes, ungemütliches Gestell) durch die Dünen zu schaukeln. ***Infos:*** *Parque Dunar, Sector Inglesillo (GPS: 37.012404, -6.563686) | Matalascañas | ab 20 € | airesafricanos.com | nur mit Reservierung!*

REGENTAG – UND NUN?

5 Eine alte Jagdresidenz besuchen

Unverhofft taucht aus der üppigen, ja dschungelgleichen Wildnis ein nobles Herrenhaus auf: Der **Palacio Acebrón** beherbergt ein exzellentes Ethnografisches Museum in Adelsgemächern allererster Güte. Die Fresken sind wie das gesamte Interieur ein Traum. Der Ausblick vom Obergeschoss ist erhaben! ***Anfahrt:*** *von Matalascañas kommend kurz vor El Rocío am Besucherzentrum La Rocina bei km 27,5 von der A-483 links abzweigen.* ***Infos:*** *Ctra. Carril del Acebrón (H-9023), GPS: 37.145078, -6.548315 | El Rocío | tgl. 9–15, 16–18/19 Uhr | Eintritt frei | turismodealmonte.es/tour-item/centro-de-visitantes-del-acebron*

ESSEN & TRINKEN

6 Zahara

Die Qualität stimmt absolut, denn der Fang kommt frisch aus dem Meer in die Küche des *chiringuito*. Der freundliche und vor allem bemerkenswert flotte Service und die fairen Preise bieten das gewisse Extra. ***Infos:*** *Paseo Marítimo Caño Guerrero, Local 5M | Matalascañas | Hochsaison tgl. 12–17, 21–24, sonst Do–So 12–17 Uhr | Tel. 959 44 12 28 | Facebook: RestauranteZahara (Matalascañas) | €€*

Insider-Tipp
Ein Teller Sägezähnchen

*Probier die **Coquinas** genannten Gemeinen Stumpfmuscheln: kleine, feine Leckerbissen, die an den sandigen Küsten des Nationalparks unter strengsten Auflagen gesammelt werden.*

7 Rancho Pichillín

Schon der Panoramablick vom Restaurant auf einer etwa 20 m hohen Klippe ist der Hammer. Bringe festes Schuhwerk für den Weg mit – und Geduld! Dein Warten wird belohnt durch den Genuss von gegrilltem Tintenfisch (Spezialität des Hauses) und erfrischender Gazpacho etc. ***Infos:*** *Cala Torre de la Higuera (nordwestl. von Matalascañas) | März–Sept. tgl. mind. 8–20 Uhr, meist bis nach Sonnenuntergang | Tel. 656 76 08 43 | Facebook: Chiringuito Pichilin | €–€€*

EINKAUFEN

8 Antonia Alejandra

Hier findest du **Flamencokleider** – klassisch bis modern – und auch so manch hübsches Accessoire: von der Ansteckstoffrose bis zur Haarnadel. Oder für die *caballeros* ein *Rociero*-

FRANSENLOOK ...

... und Rüschenkleid: Zur Wallfahrt oder Feria darf sich die Andalusierin nicht ohne blicken lassen.

Halstuch. ***Infos:*** *C. Ermita 15 | El Rocío | Mo–Fr 10–20, Sa/So 9.30–21.30 Uhr*

9 Tartas La Alemana

Mhmm, der feine ***Käsekuchen*** von „der Deutschen" schmeckt wie daheim! ***Infos:*** *Sector S 21 | Matalascañas | Mo–Fr 9–14, 16.30–21, Sa/So 9–21 (im Sommer bis 23) Uhr*

STELL- & CAMPINGPLÄTZE

10 Mitten im Nationalpark

Großzügig geschnittene, schattige Parzellen am Rand von El Rocío. Zudem gibt es einen großen Pool und ein gutes Restaurant. Man organisiert dir hier auch **Allradtouren** oder **Ausritte** in den Nationalpark. Zum Strand nach Matalascañas sind es 15 Min. Fahrt.

Camping La Aldea 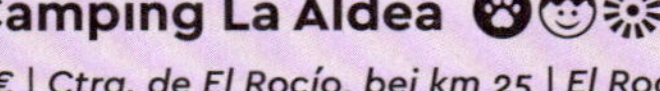

€€ | Ctra. de El Rocío, bei km 25 | El Rocío
Tel. 959 44 26 77 | campinglaaldea.com
GPS: 37.141311, -6.490266

▶ ***Größe:*** *60 000 m², 247 Stellplätze, 15 Holzbungalows, 7 strohgedeckte Häuschen, 12 Hütten (für bis zu 10 Pers.)*

▶ ***Ausstattung:*** *Swimmingpool, Kinderspielplatz, Supermarkt, Restaurant, Fußballplatz, Waschmaschine, Trockner, kostenloses WLAN, Grauwasserentsorgung, Entleerung chemischer Toiletten, Gasflaschenverkauf*

11 Unschlagbare Aussicht auf den Atlantik

Direkt am herrlichen Sandstrand liegt dieser große Platz mit modernen Sanitäranlagen, schönem Poolbereich und Restaurant mit Panoramaterrasse. Sei geduldig mit der Belegschaft, in der Hochsaison ist sie leider oft etwas überfordert. Ganz in der Nähe: Windsurfing, Reiten, Wasserski, Angeln.

Camping Playa de Mazagón

€€–€€€ | Cuesta de la Barca | Mazagón
Tel. 959 37 62 08 | campingplayamazagon.com
GPS: 37.124812, -6.798681

▶ ***Größe:*** *80 000 m², 668 Parzellen*
▶ ***Ausstattung:*** *Waschmaschine, Wäschetrockner, Restaurant, Swimmingpool, Poolbar, Kinderspielplatz, Boulebahn, Supermarkt, Diskothek, Fußballplatz, Grauwasserentleerung, Entleerung chemischer Toiletten, Kinderanimation, Fahrradverleih, WLAN*

Huelva

Geschichtsträchtige Hafenstadt umgeben von Traumstränden

Typisch für Huelvas nicht sonderlich touristische Altstadt sind die bunten Herrenhäuser im Modernismo-Stil. Architektonisch interessant ist auch ein Spaziergang durchs englische Arbeiterviertel Barrio Reina Victoria. Das alte Verladepier für Erz am Odiel-Fluss auf Höhe der Calle Presidente Adolfo Suárez bietet besonders zum Sonnenuntergang ein schönes Fotomotiv. Nicht verpassen solltest du zudem die Sandstrände an der Costa de la Luz, die Naturschutzgebiete an den Flussmündungen und den Ort, von dem Kolumbus nach Amerika aufbrach: Palos de la Frontera.

P *Campingbusse finden im Zentrum oft Lücken in den Kurzparkzonen (blau/orange). Sonst Womo-Stellplatz Parking de Caravanas y Marina Seca Gómez Sabiote (GPS: 37.274190, -6.909431, Tel. 642 33 28 98), etwas außerhalb, aber mit Busanbindung.*

NUSSSCHALEN

An der Muelle de las Carabelas in Palos de la Frontera liegen Nachbauten der Kolumbusschiffe vor Anker.

AKTIVITÄTEN & SIGHTSEEING

1 Marsch und Strand erkunden

Am Besucherzentrum des Naturschutzgebietes **Marismas del Odiel** im Mündungsdelta starten hinter den Salinen Spazierwege über die Islas Bacuta. und Saltés. Manche Orte, wie die arabischen Salthish-Ruinen, sind nur mit Guide zugänglich. Durch die **Marismas del Río Piedras** bietet Flecha Extreme geführte Kajak- und SUP-Touren an *(Urb. Portil Ca-C 1, Nuevo Portil, Tour 30 €/Pers., Kajakmiete 10 €/Std., Tel. 617 00 05 46, flechaextreme.com)*. Zum wunderschönen Strand auf der Flecha de El Rompido bringt dich ein Fährdienst (6 € *hin und rück, flechamar.com)*. ***Infos:*** *Centro de Visitantes Anastasio Senra | Diseminado Isla Bacuta 1 | wechselnde Öffnungszeiten | Eintritt frei | Tel. 671 56 41 86 | juntadeandalucia.es/medioambiente/portal/web/ventanadelvisitante*

2 Alle Mann an Deck!

Im **Franziskanerkloster La Rábida** betete Christoph Kolumbus und fand Unterstützer für seine Reisepläne gen Westen. Nachbauten seiner Schiffe kannst du am Pier **Muelle de las Carabelas** besteigen. ***Infos:*** *Paraje de La Rábida | Palos de la Frontera | Di–So Kloster 10–18, Pier 9.30/10–19.30/21 Uhr | Kloster 3,50 €, Pier 3,60 € | monasteriodelarabida.com, muelledelascarabelasentradas.com*

3 Ausflug nach Portugal

Für ein *pasteís de nata*, ein himmlisches Sahnetörtchen, mal eben von Ayamonte per Fähre über den Río Guadiana nach **Vila Real de Santo António** übersetzen. ***Infos:*** *Transporte Fluvial del Guadiana | C. Muelle de Portugal 37 | Ayamonte | wechselnde Zeiten, ca. alle 30–60 Min. | eine Strecke 2,30 € | ayamonte.info/horarios-ferry-ayamonte-portugal-villa-real-de-santo-antonio*

4 Burgfräulein spielen

Das riesige **Castillo de Niebla** war das Zentrum eines maurischen Kleinkönigreichs. Doch die Ursprünge der Festung gehen auf römische und westgotische Zeiten zurück. ***Infos:*** *C. Campo Castillo 1 | Niebla | tgl. 10–18 Uhr | 4,50 €*

ESSEN & TRINKEN

5 Mar de Altura

Kreativ, innovativ und fest an den Wurzeln der andalusischen Küche und

REGENTAG – UND NUN?

6 Altes Luxushotel bestaunen

Der deutsche Industrielle Wilhelm Sundheim-Giese ließ hier 1883 das **Gran Hotel Colón** errichten, eins der ersten in Europa mit Warmwasseranschluss und Toiletten auf den Zimmern. Das Gebäude im englischen Stil wird heute als **Palacio de Congresos Casa Colón** für Tagungen, Kunstausstellungen und Events genutzt. ***Infos:*** *Pl. del Punto 6 | Mo–Sa 10–14, 17–20, So 10–14 Uhr | turismo.huelva.es*

den Spezialitäten Huelvas orientiert. ***Infos:*** *Av. Martín Alonso Pinzón 8 | Mo–Fr 7.30–17, 20–24/1, Sa 12.30–1, So 12.30–18 Uhr | Tel. 671 07 33 10 | Facebook: Dalturahuelva | €€*

7 Juan José

In dieser Bar solltest du unbedingt das klassische Kartoffelomelette *(tortilla española)* probieren. Und dazu frisch Gefangenes aus dem Atlantik und Schinken aus der Sierra de Aracena. ***Infos:*** *C. Villa Mundaka 1 | Mo–Fr 7–17, 20–24, Sa 8–17, 20–24 Uhr | Tel. 959 26 38 57 | bar-restaurantejuanjose.es | €€*

EINKAUFEN

8 Mercado de El Carmen

Der **Markt** von Huelva ist ein authentisches Fest für alle Sinne, besonders lautstark sind die Fischhändler. In den Tapa-Bars vor Ort schmeckt der regionale Ibérico-Schinken besonders gut. ***Infos:*** *Av. Italia 2 | Mo–Sa 8.30–15 Uhr | mercadodelcarmen.es*

9 El Papelito de Manjares de Huelva y Andalucía

Der herzliche Inhaber dieses **Feinkostladens** verkauft nichts, ohne dich verkosten zu lassen. Oder lass es dir gleich als Tapa servieren. ***Infos:*** *C. Virgen del Carmen 30 (Restaurant: Pl. de Andaluciá 5) | El Rompido | tgl. 10–14, 20–22 Uhr | Tel. 686 97 97 98 | el-papelito-de-manjares-de-huelva-y-andalucia.negocio.site*

Insider-Tipp

Finger ablecken!

*Die weißen Krustentiere **Gamba Blanca** aus Huelva sind das Beste, was es in der ganzen Garnelen- und Shrimpswelt gibt.*

PLATSCH!

Am Camper Park Playas de Luz kommt die Abkühlung sehr gelegen.

STELL- & CAMPINGPLÄTZE

10 Unter Pinien im Sand schlafen

Nur 200 m vom Sandstrand liegt dieser ruhige und gepflegte Platz mit schattigen Parzellen. Die Ausstattung ist top, die Sanitärbereiche modern. Das hat seinen Preis, vor allem in der Saison.

Camping Playa La Bota 

€€ | A-5050 bei km 11 | Punta Umbría
Tel. 959 31 45 37 | campingplayalabota.es
GPS: 37.206737, -7.024128

▶ **Größe:** *13 000 m², 300 Stellplätze, Hütten, Blockhäuser und Studio-Apartments*
▶ **Ausstattung:** *Waschmaschine, Trockner, Womo-Waschanlagen, Pool, Spielplatz, Supermarkt, Restaurant, Bar, Beachsoccer, Boulebahn, Tischfußball, Tischtennis, Grauwasserentsorgung, Entleerung chemischer Toiletten, Gasflaschenverkauf, WLAN, Fahrradverleih, Kajakverleih und -touren, Reitausflüge, Kitesurfing*

11 Mit Pool und Marschblick

Dass neben dem modernen Stellplatz eins der beliebtesten Grillrestaurants der Provinz liegt, ist auch nicht zu verachten: **Casa Joaquín El Colesterol** *(Do–Mo 12–16, 20.30–0.30 Uhr)*. Nomen est omen!

Camper Park Playas de Luz / Área Autocaravana Isla Cristina

€ | Bda. de la Estacion s/n | Pozo del Camino
Tel. 601 63 46 84 | camperpark.es
GPS: 37.222020, -7.323348

▶ **Größe:** *ca. 40 Stellplätze*
▶ **Ausstattung:** *Pool, Shop, Trockner, Waschmaschine, WLAN, Marschtouren, Fahrradverleih, Grau- und Schwarzwasserentsorgung*

12 Ideal für die ganze Familie

Im duftenden Pinienwald schattig gelegen und keine 10 Min. zu Fuß vom traumhaften Sandstrand sowie 25 Min. vom Zentrum von Isla Cristina entfernt. Sehr geräumige, teils unebene Parzellen.

Camping Giralda Isla Cristina

€€–€€€ | HV-4117, Isla Cristina-La Antilla bei km 1,5 | Isla Cristina
Tel. 959 34 33 18 | campinggiralda.com
GPS: 37.200038, -7.301190

▶ **Größe:** *150 000 m², 520 Parzellen, Bungalows*
▶ **Ausstattung:** *Waschmaschine, Trockner, Spielplatz, Supermarkt, Restaurant, Bar, Boulebahn, Basket- und Fußballplatz, Bootsanleger, Grauwasserentsorgung, Entleerung chemischer Toiletten, Verkauf von Gasflaschen, WLAN*

Aracena

Hügelland im Westen, wo Wandererherzen höher schlagen

Friedlich liegt das weiße Dorf in die hügelige Landschaft eingebettet, es gilt als Geheimtipp für Gourmets. Denn die Sierra de Aracena ist nicht nur für ihren guten Ibérico-Schinken, sondern auch für ihre Pilz- und Wildgerichte sowie für Leckereien aus Esskastanien berühmt. Ein Muss in der Gegend ist ein Ausflug zum „roten Fluss" bei Minas de Riotinto, wo schon die Karthager Erze aus der Erde holten.

P *In Aracena hat man für eine große Parkfläche mit Service für Womos direkt an der A-470 nahe der Wundergrotte gesorgt (Urb. Huerta de los Panadero 65, GPS: 37.888901, -6.570714).*

GLOCKENTOR

Durch die barocke Puerta del Castillo führt der Weg hinauf zu Aracenas ältester Kirche und zur Burgruine.

AKTIVITÄTEN & SIGHTSEEING

1 Schweinereien lernen

Vegetarier überspringen bitte diesen Punkt! Allen anderen sei gesagt, dass in der Sierra de Aracena der weltbeste Ibérico-Rohschinken produziert wird: *5J*, *pura raza* (reinrassig) und *de bellota* (nur mit Eicheln ernährt) markieren die Topqualität. Mehr über die Ibérico-Schweine erfährst du im **Museo del Jamón.** ***Infos:*** *C. Gran Vía s/n | tgl. 10.15–14.30, 16–18.45 Uhr | 3,50 €, Kombiticket mit Castillo und Gruta de las Maravillas ab 12,50 € | aracena.es*

2 Adrenalinkicks sammeln

Begib dich beim Extremsport mit **Sierra Extreme** auf Abenteuersuche: Zum Mountainbiken, Klettern, Höhlenerkunden, Bungeejumping, Wildwasserkajaking etc. findest du im **Naturpark Sierra de Aracena y Picos de Aroche** jede Menge Möglichkeiten. Canyoning für Einsteiger bietet die Tour durch den Cañón del Charco del Sapo bei Cortelazor. Wenn es etwas weniger schweißtreibend sein soll, leih dir ein E-Mountainbike im Zentrum von Aracena *(Urb. Atanor 9, Di–So 10–19 Uhr | 45 €/Tag, Tel. 613 25 06 36, ebikearacena.com, auch Beratung und geführte Touren auf Englisch).* ***Infos:*** *C. Boleta 12 | pro Pers. ab 35 € | Tel. 637 72 73 65 | sierraextreme.net*

3 Ins andalusische Kulturerbe eintauchen

Über Jahrhunderte war die Gegend zwischen muslimischen Machthabern und christlichen Reconquista-Heeren hart umkämpft, wovon nicht nur die Burgruine **Castillo de Aracena** zeugt. Besonders sehenswert ist die zur Kirche umfunktionierte **Moschee** aus der Zeit des Umayyaden-Kalifats (10./11. Jh.) in **Almonaster la Real** *(C. Castillo 10, Almonaster la Real, 33 km von Aracena, tgl. 10–18 Uhr, Eintritt frei).* ***Infos:*** *Mo–Fr 16–18.30, Sa/So, Fei 12–14.30, 16–18.30 Uhr | 3,50 €, Kombiticket mit Museo del Jamón und Gruta de las Maravillas ab 12,50 € | aracena.es*

4 Marslandschaft am roten Fluss erkunden

Der Río Tinto ist wegen seiner chemischen Zusammensetzung leicht rötlich gefärbt und mäandert beim Ort **Minas de Riotinto** durch eine jahrtausendealte Bergbaulandschaft. Vom **Mirador Cerro**

REGENTAG – UND NUN?

5 In die „Wundergrotte" hinabsteigen

Unterhalb von Aracena verbirgt sich die **Gruta de las Maravillas:** Die Tropfsteinhöhle wird mit Stalaktiten und Stalagmiten sowie einem saphirblauen unterirdischen Bach ihrem Namen absolut gerecht. ***Infos:*** *C. Pozo de la Nieve s/n | tgl. 10–13.30, 15–18 Uhr | Führung (1,5 Std.) inkl. Audioguide (auch auf Deutsch) nur alsKombitickt mit Castillo und Museo de Jamón ab 12,50 € | aracena.es/es/municipio/gruta | Tickets am besten online kaufen*

Colorado hast du ein Wahnsinnspanorama mit „farbigem Berg". ***Infos:*** *Parque Minero de Minas de Riotinto | Pl. Ernest Lluch 1 | Minas de Riotinto | tgl. Mitte Juli–Mitte Sept. 10.30–15, 16–20, sonst bis 19 Uhr, Abfahrtszeiten der Bergbaubahn online | Museum und Casa 21 5 €, mit Bahnfahrt und Mars auf Erden 22 €, weitere Kombitickets s. Website | parquemineroderiotinto.es*

Insider-Tipp
Very British!
In der ***Casa 21,*** *einem viktorianischen Haus mit Garten, zeigt das* ***Museo Minero,*** *wie Vorstände und leitende Angestellte hier wohnten.*

ESSEN & TRINKEN

6 Jesús Carrión

Gleich neben der Tropfsteinhöhle liegt eines der besten Landgasthäuser der Provinz. Wer Fleisch mag, sollte die Backe des Ibérico-Schweins probieren (*carrillera*), zarter geht es nicht! ***Infos:*** *C. Pozo de la Nieve 35 | Fr/Sa 13.30–16, 20.50–23, Mi/Do, So 13.30–16 Uhr | Tel. 959 46 31 88 | jesuscarrionrestaurante.com | €€*

7 Essentia

Das moderne Restaurant mit Gastrobar und schönem Außenbereich gehört zum gleichnamigen Hotel und bringt kreative Akzente auf die Teller. ***Infos:*** *C. José Nogales 17 | tgl. 13–16, 20–23.30 Uhr | Tel. 959 12 78 22 | hotelessentia.es | Reservierung empfohlen | €€*

EINKAUFEN

8 Confitería Rufino

In der traditionsreichen **Konditorei** werden seit vier Generationen süße Köstlichkeiten hergestellt wie der „Himmelsspeck", *tocino del cielo*, ein Klas-

ZUCKERSCHOCK

Gönn dir in der Confitería Rufino ein Tütchen *yemas* – aus Mandeln, Zucker und namensgebendem Eidotter.

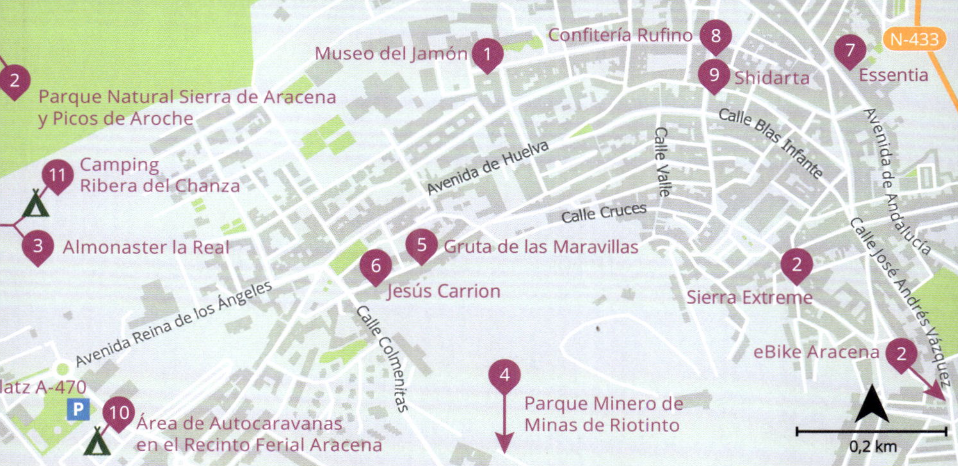

siker unter den spanischen Süßspeisen, oder *carmelitas*, mit Pudding gefüllte weiche Brötchen. ***Infos:*** *C. Constitución 3 | Mo–Fr 9–14, 16–20, Sa 9–20, So 10–20 Uhr | confiteriarufino.com*

9 Shidarta

Neben Lampen und Geschenkartikeln gibt es in dieser coolen **Boutique** trendige Kleidung: von schick bis Hippie-Retrolook, dazu überaus preiswert (teilweise auch seconhand). ***Infos:*** *C. Constitución 8 | Mo–Sa 9.30–13.30, 17–20.30 Uhr | shidarta.es*

STELL- & CAMPINGPLÄTZE

10 Aufwachen mit Festungsblick aus dem Camperfenster

Anfang 2024 wurde dieses Camper-Areal fertiggestellt, das nun die grundlegenden Services eines Stellplatzes bietet. Vorteile sind die Nähe zum Zentrum, das städtische Freibad vis-à-vis und der Supermarkt um die Ecke. Zudem stört niemand die Nachtruhe.

Área de Autocaravanas en el Recinto Ferial Aracena

€ | C. Boca de Oro s/n | Aracena
GPS: 37.888857, -6.570822

- **Größe:** *ca. 50 Stellplätze*
- **Ausstattung:** *Duschen, Grau- und Schwarzwasserentsorgung*

11 Perfekt für Familien und Naturliebhaber

Hier kannst du mitten in der Natur nächtigen und direkt loswandern: hinauf zur Burgruine und weiter in die Berge. Cortegana liegt mit seinen Tapa-Bars, Restaurants, Geschäften und Gemeinde-Freibad um die Ecke und Aracena nur ca. 30 Min. Fahrt entfernt.

Camping Ribera del Chanza

€€ | Av. de las Norias s/n | Cortegana
Tel. 959 50 79 62 | campingdecortegana.es
GPS: 37.913439, -6.828182

- **Größe:** *120 000 m², ca. 50 Stellplätze*
- **Ausstattung:** *Grillplatz, Cafeteria, WLAN, Waschmaschine, Trockner, Grauwasserleitung, Entleerung chemischer Toiletten*

Planen – Packen – Losfahren

Anreise

Okay, Spanien liegt nicht ums Eck. Aber mit zwei bis drei Zwischenstopps am Weg wird die Anreise zum Genuss. Der Urlaub beginnt, wenn du den Zündschlüssel drehst! Die gängigen Routen führen durch die Schweiz nach Montpellier oder über den Brennerpass, Genua und die Côte d'Azur nach Katalonien. Zur Hauptreisezeit sind die Alpenrouten jedoch Garant für Staus. Eine längere Alternative geht über Mühlhausen, das Jura, Lyon und das Rhonetal ans Mittelmeer. Wer will, der nimmt in Genua eine Fähre nach Barcelona.

STRECKENCHECK

	**München** **Lausanne** **Avignon** **Perpignan**	**Entfernung** 1370 km **Reine Fahrzeit** ca. 14,5 Std.	**Kosten** • Jahresvignette Schweiz: ca. 44€ • Maut: Frankreich ca. 65,50 €
	**München** **Brennerpass** **Genua** **Marseille**	**Entfernung** 1517 km **Reine Fahrzeit** ca. 16,5 Std.	**Kosten** • Brennermaut: ca. 11 € • 10-Tagesvignette Österreich: 11,5 € • Maut: Frankreich ca. 57 €, Italien ca. 59 €
	**München** **Freiburg** **Lyon** **Montpellier**	**Entfernung** 1484 km **Reine Fahrzeit** ca. 17 Std.	**Kosten** • Maut: Frankreich ca. 80 €
	**München** **Lugano** **Genua/Porto Torres** **Fähre nach Barcelona**	**Entfernung** 633 km **Reine Fahrzeit** ca. 8 Std. **Fähre** 900 km 20–22 Std.	**Kosten** • Brennermaut: ca. 11 € • 10-Tagesvignette Österreich: 11,5 € • Maut: Italien ca. 39 € • Fähre: ab 450 € (Womo, 2 Pers., Kabine)

English Channel
Namur
Deutschland
LUX
Frankfurt am Main
Praha
CZ
Rouen
Luxembourg
Paris
Strasbourg
Stuttgart
München
Freiburg im Breisgau
Mulhouse
Salzburg
Dijon
3
Bern
Zürich
Innsbruck
AT
France
CH
4
2
1
Trento
Ljubljana
SI
Lyon
Milano
Venezia
HR
Torino
Genova
Nîmes
Monaco
Firenze
Ancona
Toulouse
Montpellier
2
Marseille
Italia
FR
Portbou
4
Ajaccio
la Corse
Zaragoza
Roma
Barcelona
Sardegna
Napoli
IT
Palma
Mallorca
València
ES
Casteddu/Cagliari
Mediterranean Sea
Palermo
Murcia
Sicilia
IT
Annaba
Tunis
Algiers
MT
Valletta
Algeria
Gabes
Laghouat
Tunisia
200 km
LY
Tripolis

MÜNCHEN LAUSANNE AVIGNON PERPIGNAN

Auf der A-96 fährst du übers Allgäu Richtung Österreich und passierst die Grenze bei Lindau. Du brauchst keine Vignette, denn das Teilstück in Vorarlberg ist mautfrei. Bei Au querst du die Schweizer Grenze und musst nun aber eine Vignette kaufen. Vorbei an Zürich und Bern folgst du der A-1 bis nach Lausanne am Genfersee. Nach etwa 6 Std. Fahrt bietet es sich an, hier einmal durchzuatmen und zu nächtigen. Pack dafür den Schweiz-Stromadapter ein! Vor dem **Camping de Vidy Lausanne** *(Chemin du Camping 3 | GPS: 46.517211, 6.597795 | Tel. +41 216 22 50 00 | campinglausannevidy.ch)* gibt es einen Womo-Stellplatz. Der Campingplatz bietet Topinfrastruktur und ein schönes Bergpanorama direkt am See, in dem du dich nach der Fahrt abkühlen kannst.

Gut ausgeschlafen geht es weiter: erst nach Genf, dann durch die französischen Alpen, vorbei an Annecy und Aix-les-Bains bis Valence und Avignon am Rhone-Fluss. Wenn du schon hier bist, könntest du dir Avignon ansehen, mit dem Papstpalast und seinen viel besungenen Brücken. Oder gar eine Nacht hier verbringen. Auf einer Flussinsel mit Blick auf die Altstadt liegen Stell- und Campingplätze wie der **Aire de Camping-Car Pont d'Avignon** am Camping du Pont d'Avignon – Aquadis Loisirs *(Chemin de la Barthelasse | GPS: 43.955847, 4.803504 | Tel. +33 490 80 63 50 | aquadis-loisirs.com/camping-du-pont-d-avignon | März–Mitte Nov. geöffnet | nur 35 Plätze)*. Der bewachte Stellplatz ist für einen Stadtbummel ideal gelegen. Allerdings musst du am Automaten mit Kreditkarte bezahlen. Am Campingplatz kannst du dich im Pool erfrischen. Wegen der Nähe zum Fluss gibt es hier leider viele Moskitos. Im Winter: **Camping Auberge Bagatelle** *(Allee Antoine Pinay 25 | GPS: 43.952282, 4.799095 | Tel. +33 4 90 86 30 39 | campingbagatelle.com | ganzjährig | 190 Plätze)*.

Nun ist es nicht mehr weit bis zum Mittelmeer, bei Nîmes und dem Naturschutzgebiet der Camargue und Montpellier hast du es dann endlich im Blick. Wenn du dich nicht zurückhalten kannst, liegt bei Narbonne der lange Strand **Gruissan Plage.**

P *Parkplatz und Womo-Stellplatz in Strandnähe | Gruissan | GPS: 43.095830, 3.110039*

Für das letzte Teilstück nach Katalonien brauchst du nun nicht mehr lange. Ohnehin fühlt es sich bei Perpignan, einer hübschen Kleinstadt, und Argelès-sur-Mer schon sehr „katalanisch" an.

Insider-Tipp

Mit Meerblick cruisen

Unschlagbar schön ist die Strecke direkt die Küste entlang ***von Perpignan nach Portbou*** *auf der D-914 bzw. in Spanien der N-260. Auf dem serpentinenreichen Weg ab Argelès-sur-Mer solltest du dir die kleinen Küstenorte wie Banyuls-sur-Mer oder Cerbère ansehen, die auch mit herrlichen Badebuchten punkten!*

Die Grenze passierst du bei La Jonquera. Rechne in der Nebensaison mit kurzen Wartezeiten, im Hochsommer musst du dich vor allem auf der Rückreise auf einen Aufenthalt von bis zu einer Stunde einstellen.

MÜNCHEN BRENNERPASS GENUA MARSEILLE

Auf der A-8 und der A-93 geht es an die österreichische Grenze bei Kufstein und weiter über Innsbruck und den Brennerpass nach Italien. Die Strecke zum Brenner kostet dich eine 10-Tagesvignette und am Brenner musst du Tunnelmaut zahlen, um die Alpen zu queren. Und schon bist du im herrlichen Südtirol. Vorbei an Brixen und Bozen steuerst du auf der Superstrada SS-12 den Gardasee an. Zumindest eine kurze Pause, um das Panorama zu genießen, solltest du hier einplanen: am besten bei Garda oder Bardolino, um nicht zu weit von der Strecke abzukommen! Nach 5 bis 6 Std. Fahrt bietet es sich an, hier einen Übernachtungsstopp einzulegen. Herrlich am See gelegen, mit moderner Infrastruktur und gepflegten Sanitäranlagen, ist der Campingplatz **La Rocca Camp** *(Via Gardesana dell' acqua 37 | Bardolino | GPS: 45.564526, 10.712991 | Tel. +39 457 21 11 11 | campinglarocca.com)*.

Halte dich nun auf der E-70 Richtung Brescia und fahre weiter über Cremona und Piacenza bis Tortona. Die A-7 führt dich nach Genua, falls du der mediterranen Metropole einen Kurzbesuch abstatten willst. Zügiger kommst du auf der E-25 voran und ans Ligurische Meer bei Mele. Die SS-1 bringt dich dann an Sanremo vorbei zur Grenze nach Frankreich bei Ventimiglia. Bienvenue, du bist an der Côte d'Azur! Motorsportfans werden wohl Lust verspüren, einmal die Formel-1-Strecke in Monte Carlo entlangzufahren. Und dann in **Nizza** an die berühmte Promenade des Anglais zu tuckern, um dort am Strand zu picknicken.

P *Aire d'Accueil des Gens du Voyage de Nice | GPS: 43.690744, 7.190622 | Buslinie 17 bringt dich ins Zentrum.*

Die Côte d'Azur ist ein mondänes Pflaster, Campingplätze haben hier ihren Preis. Es bietet sich der unweit von Antibes am Meer gelegene **Camping du Pylône** *(189 Avenue du Pylône | Antibes | GPS: 43.611417, 7.123285 | Tel. +33 493 33 52 86 | campingdupylone.com)* an, da der Bahnhof (Gare de Biot) nur 200 m vom Campingplatz entfernt liegt. So kannst du die Städte in der Nähe besuchen, ohne immer dein Womo parken zu müssen.

Weiter geht die Fahrt nach Spanien via Marseille, Montpellier und Perpignan bis zur Grenze in der nordspanischen Region Katalonien bei Portbou. Eine Strecke, die du von Antibes in etwa 5 bis 6 Std. schaffen solltest. Sprich, es bleibt Zeit für einen Zwischenstopp zum Baden im Meer oder für einen Stadtbummel in Marseille!

MÜNCHEN FREIBURG LYON MONTPELLIER

Alle angeschnallt? Los geht die Fahrt nach Spanien auf der A-8 und A-5 Richtung Stuttgart, Baden-Baden und Freiburg im Breisgau. Diese Route bietet sich auch an, wenn du aus Norddeutschland startest. Bei Mülhausen (Mulhouse) querst du den Rhein und die Grenze nach Frankreich. Die mautpflichtige A-36 führt dich und dein Womo durch das Jura, vorbei an Belfort und **Besançon.** Hier empfiehlt sich eine kurze Rast, um die Zitadelle an einem weiten Mäander des Doubs-Flusses anzusehen und ein Picknick einzulegen: stilecht mit knusprigem Baguette und französischem Käse!

P *Gut zu erreichen und auch in der Stadt ausgeschildert ist der zentrumsnahe, kostenpflichtige* **Parking Chamars** *(2 Boulevard Charles de Gaulle | Besançon | GPS: 47.233693, 6.019097) mit 330 Plätzen, die teilweise von Platanen beschattet werden.*

Die Beine bewegt und den Magen gefüllt, geht es weiter und bei Dole auf die A-39 (oder bis Beaune und dann auf die A-6). Halte dich fortan Richtung Lyon. Nach knapp über 8 Std. auf der Straße ist es nun an der Zeit, einen Camping- oder Stellplatz für die Nacht zu finden und dich entweder ins pulsierende Leben der Großstadt Lyon zu stürzen oder das mittelalterliche Städtchen Pérouges zu besichtigen. An den Seen und dem Ufer der Rhone im Norden der Metropole liegt der Campingplatz **Camping La Régnière von Capfun** *(23 Chemin des Églantiers | Villette-d'Anthon | GPS: 45.808258, 5.124791 | Tel. +33 478 31 25 26 | capfun.com/camping-france-rhone_alpes-regniere-FR.html)*. Insbesondere für Kinder ist hier die Poolerlebniswelt mitsamt Rutschen ein großer Spaß!

Die Hälfte des Wegs ist so gut wie geschafft. Weiter geht es auf der A-7 nach Süden, vorbei an Valence, Orange und Avignon – ideal, um nach knapp 1 bis 2 Std. einen Café au Lait zu genießen und sich ein wenig die Füße zu vertreten. Bei Nîmes spürst du schon das Mittelmeer, wenn du auf die A-9 wechselst und Montpellier passierst. Direkt am Meer liegt der **Camping Montpellier Plage** *(95 Avenue Saint-Maurice | Palavas-les-Flots | GPS: 43.533717, 3.947997 | Tel. +33 467 68 00 91 | camping-montpellier-plage.com | ca. Mitte April–Mitte Sept. geöffnet)* mit großzügigem Pool.

Für die letzte Etappe nach Spanien folgst du weiter der A-9 vorbei an Béziers und Narbonne nach Perpignan und weiter zur Grenze bei La Jonquera.

MÜNCHEN LUGANO GENUA (FÄHRE) BARCELONA

Eine weitere Variante, um nach Spanien zu gelangen, beinhaltet die Fährfahrt von Genua nach Barcelona, die dir knapp 900 km Strecke spart, aber dafür rund 20 bis 22 Std. Zeit an Bord einbringt. Vor allem wenn du ohnehin vorhast, weite Teile Spaniens zu erkunden, ist es eine angenehme Alternative. Um nach Genua zu gelangen, kannst du entweder den Brennerpass wählen (s. Anreisevariante 2) oder über das österreichische Vorarlberg und Liechtenstein in die Schweiz fahren, wo du bei Chur der A-13 und ab Bellinzona der A-2 folgst. Das Alpenseengebiet des Tessins bei Lugano ist ein Traum und bietet sich nach etwa 6 Std. Fahrzeit als erstes Etappenziel an. Vom Campingplatz **Camping Lugano Lake** *(Via Molinazzo 9 | Agno | GPS: 45.995633, 8.905989 | Tel. +41 796 95 78 94 | campingluganolake.ch | ca. April–Okt. geöffnet)* bist du mit dem Zug in ca. 15 Min. in Lugano. Die Schweiz ist preislich gehoben. Rechne für dein Womo mit etwa 50 € pro Nacht, dafür bist du direkt am See!

Insider-Tipp

Ápero-Büfett

In vielen Bars im Schweizer Tessin werden mittwochs- bis samstagsabends meist kostenlos ***Antipasti-Häppchen*** *zum Getränk serviert – ein kleiner Vorgeschmack auf die spanischen Tapas.*

Bei Como bist du bereits in Italien angelangt und fährst weiter auf der A-9 bis Mailand und dann auf der A-7 bis Genua. Die Fähren legen am **Terminal Traghetti** ab und bringen dich ins Zentrum der katalanischen Metropole.

KARGE SCHÖNHEIT

Manche brauchen ein paar Hundert Streckenkilometer, um dem Charme des Hinterlands zu verfallen.

Adventure Kids

Experten-Check von Paul Camper

Coole Spiele für lange Fahrten

Ich packe meinen Koffer

Der Erste startet mit dem Satz „Ich packe meinen Koffer und nehme mit ..." und nennt einen Gegenstand. Reihum fügt ihr nun immer eine weitere Sache hinzu, müsst aber immer alle anderen bisher genannten Dinge davor aufzählen. Wer sich irrt, scheidet aus. Wie viele Dinge schafft ihr, in euren Koffer zu packen?

Wort an Wort

Ein Mitspieler beginnt, indem er ein Wort nennt. Legt euch dabei auf eine Kategorie fest: Tiere, Berufe oder Orte. Wenn ihr euch auf Tiere einigt, könnt ihr zum Beispiel mit „Elefant" anfangen. Der nächste Spieler muss dann ein Tier mit dem letzten Buchstaben dieses Worts nennen, hier mit t, zum Beispiel „Tiger". Ihr könnt es noch ein bisschen schwieriger machen, indem ihr zusammengesetzte Wörter nutzt. Zum Beispiel „Bauherr" – „Herrenhaus" – „Haustür" und so weiter. Wem nichts mehr einfällt, scheidet aus.

Spanische Geschichten erfinden

Erfindet gemeinsam eine Abenteuergeschichte (oder auch ganz viele)! Einer von euch denkt sich den Beginn der Geschichte aus. Der Nächste knüpft dann dort an, wo der Erste aufhört, und erzählt weiter. Solange, bis ihr zu Ende erzählt habt. So geht es los: Es war einmal ein Seefahrer, der hatte einen schwarzen Bart und ein Holzbein ...

Entdeckungsreise Südspanien

Welchen Tieren bist du im Urlaub bereits begegnet?

- ○ Einsiedlerkrebs
- ○ Chamäleon
- ○ Esel
- ○ Schildkröte
- ○ Eidechse
- ○ Zikade

Das Südspanien-Quiz

1. Was wächst in der Natur, das man essen kann?

___

Orangen, Oliven, Kaktusfeigen, Mandeln …

2. In Barcelona steht die Statue eines berühmten Entdeckers, der zum Mittelmeer zeigt. Wie ist sein Name?

___

Christoph Kolumbus

3. Wie nennen sich die kleinen Appetithäppchen in Spanien?

___

Tapas

4. Eine grün-gelb-rote, eiförmige Frucht, die du bestimmt kennst, wächst in Europa nur in Spanien. Welche ist es?

___

Mango

Vor der spanischen Küste tummelt sich eine ganze Menge im Meer: Quallen, Krebse, alte Wracks, wilde Felsformationen … Wie sieht deine Unterwasserwelt aus?

Gut zu wissen

Ärztliche Versorgung & Gesundheit

Die Gesundheitsinfrastruktur mit Krankenhäusern und niedergelassenen, auch deutschsprachigen **Ärzten** ist meist ausgezeichnet (insbesondere an Costa del Sol, Costa Brava und in den großen Städte). In **Krankenhäusern** steht ebenso wie in den *centros de salud* genannten **Gesundheitszentren** fachlich top ausgebildetes Personal bereit. Zur Hauptsaison ist in **Ambulanzen** *(urgencias)* an den Küsten jedoch mit langen Wartezeiten zu rechnen, sofern man keine schweren Verletzungen oder Krankheitsbilder aufweist. Die **Europäische Krankenversicherungskarte** (E-Card bzw. EHIC) reicht im Prinzip aus, aber eine optionale **Reiseversicherung** schadet nicht, insbesondere da jene auch den Rücktransport im Krankheits- und Verletzungsfall deckt!

NOTFALLNUMMERN

Allgemeiner Notruf: 112
Ambulanz: 061
Polizei: 091 oder 092
Guardia Civil: 062
Feuerwehr: 080
Sperrnummer bei EC-/Kreditkarten- oder Handyverlust: +49 116 116 oder über deine Bank-App, halte deine Kreditkartennummer, IBAN/BIC bzw. Handynummer bereit.

Diplomatische Vertretungen

Bundesrepublik Deutschland
Botschaft in Madrid: C. de Fortuny 8, Tel. 915 57 90 00, im Notfall 661 61 11 04, *spanien.diplo.de*, Mo–Fr 9–12, Di, Do auch 14–15 Uhr
(Honorar-)Konsulate in ...
Barcelona: Torre Mapfre, C. de la Marina 16, Port Olimpic, Tel. 932 92 10 00, nur nach Terminvereinbarung | **València:** Av. del Marqués de Sotelo 4, Tel. 963 10 62 53, nur nach Terminvereinbarung | **Málaga:** C. Mauricio Moro Pareto 2, Tel. 952 36 35 91, nur nach Terminvereinbarung

Republik Österreich
Botschaft in Madrid: Paseo de la Castellana 91, Tel. 915 56 53 15, im Notfall 670 51 95 72, Mo–Fr 10–13 Uhr, *bmeia.gv.at/oeb-madrid*
(Honorar-)Konsulate in ...
Barcelona: C. de Marià Cubí 7, Tel. 933 68 60 03, Mo, Mi, Fr 10–12 Uhr | **València:** C. del Convent de Santa Clara 10, Tel. 963 52 22 12 | Mo, Mi, Do 11–12 Uhr | **Málaga:** Alameda Colón 26, Tel. 646 06 09 72, Di, Do 10–13 Uhr | **Sevilla** Av. de Cádiz 27–29, Tel. 955 51 77 17, Mo, Mi 11.30–13.30 Uhr

Schweizerische Eidgenossenschaft
Botschaft in Madrid: C. Núñez de Balboa 35A, 7°, Edificio Goya, Tel. 914 36 39 60, Mo–Fr 9–13 Uhr, *eda.admin.ch/madrid*
Konsulate in ...
Barcelona: Gran Via de Carles III 94, Tel. 934 09 06 50, Mo–Fr 9.30–12.30 Uhr |

València: C. d'Amadeu de Savoia 16, Tel. 963 62 59 00

Einreisebestimmungen & Zoll

Für die Spanienreise brauchen EU-Bürger bzw. Schweizer einen gültigen **Personalausweis** oder **Reisepass** und einen Führerschein sowie die Fahrzeugpapiere. Es herrscht Ausweispflicht in Spanien.

Die **Ein- und Ausfuhr von Waren** für den persönlichen Bedarf ist für EU-Bürger nicht begrenzt. Schweizer sind EU-Bürgern weitgehend gleichgestellt, wobei es bei der Rückkehr aus Spanien Zollfreibetragsgrenzen für Souvenirs zu beachten gilt (300 CHF inkl. Tabak, Alkohol und Spirituosen). Zudem müssen Fleischerzeugnisse ab 1 kg versteuert werden.

Wer mit dem **Wohnwagenanhänger** einreist, muss nicht mehr am Hänger dasselbe Kennzeichen haben wie am Zugfahrzeug. Wer **Fahrradträger** am Heck oder Dach befestigt, braucht zusätzlich ein Reflektor-Warnschild. Am Heck darf der Träger nicht weiter als 15 Prozent der Gesamtlänge ausmachen.

Entsorgungsstellen

Die Apps **Park4Night, ProMobil-App** (Stellplatzradar) und **Stayfree** weisen alle Entsorgungsstellen aus, die meisten Campingplätze bieten zumindest Grauwasserentsorgung (gegen Entgelt) an. Bei längeren Touren empfiehlt sich eine zweite Toilettenkassette. Die spanischen Stellplätze sind allesamt auf der Website *areasac.es* zu finden.

Gas & Strom

Gasflaschen gibt es in Spanien an Tankstellen und in großen Supermärkten, die

WAS KOSTET WIE VIEL?

Espresso, schwarz *(café solo)* oder mit einem Schuss Milch *(cortado)* 1,20–1,50 €, in Barcelona und an touristischen Plätzen 2–2,50 €

Kleines Bier (*caña*, 0,2 l) 1,50–2 € (in Granada, Jaén, Almería inkl. Tapa 2,20–3 €)

Eis (pro Kugel) 2,50–3 €

Taxi ca. 1,50–2,20 € pro km

Strandliege 8–12 € pro Tag inkl. Sonnenschirm

11-l-Butan- und -Propangasflaschen kosten ca. 16 €. Doch sie sind anders als die deutschen. Am besten nimmst du eine Reserveflasche mit oder einen Adapter. Sonst besorg dir im Baumarkt ein Auf-zu-Ventil *(alcachofa)*, Schlauch und Dichtungen. Campinggaz-Flaschen erhält man in Supermärkten und an den meisten Camping- und Stellplätzen.

Der **Stromanschluss** (220–230 V) ist derselbe wie in Deutschland, Österreich und der Schweiz, doch Schweizer Stecker benötigen einen **Adapter**. Eine Verlängerungskabeltrommel (CEE17, blau, nicht SchuKo!), ein CEE17-Adapterkabel (dreipolig auf zweipolig) sowie einen Mehrfachstecker sollte man dabeihaben.

Hund

Hunde benötigen einen vom Tierarzt ausgestellten **EU-Heimtierausweis,** der belegt, dass das Tier per Mikrochip identifizierbar ist und alle wichtigen Impfungen erhalten hat. Andalusien, Murcia und València sind Verbreitungsgebiet der Leishmaniose, einer tödlichen Parasiteninfektion, die über Mücken übertragen wird. Schutz bieten ein Halsband oder eine mehrteilige Impfung. An immer mehr Stränden sind Hunde erlaubt *(playas caninas)*, und an abgelegenen Stellen und an FKK-Stränden werden sie oft toleriert. An Stadtstränden drohen hohe Bußgelder!

Maut

Die spanischen Autobahnen *(autopistas, z. B. AP-7)* sind weitestgehend nicht mehr mautpflichtig, nur um Alicante oder an der Costa del Sol muss noch an Stationen per Kredit- oder Bankomatkarte oder in bar bezahlt werden. Zu den Mautautobahnen um Málaga gibt es es oft fast parallel verlaufende, kostenlose Alternativen *(autovías, z. B. A-7)*.

Öffnungszeiten und Preise

Während in Andalusien und Murcia die Siesta (ca. 14–17 Uhr) Tradition hat und in der Sommerhitze durchaus überlebensnotwendig ist, sind die Läden in den Zentren touristischer Städte immer öfter durchgehend geöffnet. Auch die Küchenzeiten passen sich dort an die Bedürfnisse der Urlauber an. Auch in Spanien steigen die Preise im Kontext des russischen Angriffskriegs auf die Ukraine, doch Grundnahrungsmittel sind von der Mehrwertsteuer befreit und auch die Abgaben in der Gastronomie sind im EU-Vergleich gering.

VERWANDLUNGSKÜNSTLER

Immer das Zuhause dabei: Im Womo wird selbst der Hund zur Schnecke.

Parken, Abstellen & Freistehen

Vor allem in den Zentren größerer Städte ist es schwer, mit dem Womo eine Lücke zu finden. Knöllchen werden schnell verteilt, wobei es an den Parkscheinautomaten eine Funktion gibt, die Strafe zu „annullieren", sofern sich die Überschreitung der Parkzeit in Grenzen hält: Anstatt 20–35 € sind dann meist nur 5–7 € fällig. **Kurzparkzonen** (max. Parkdauer 120–180 Min.) sind mit blauen Linien gekennzeichnet, in einigen Städten gibt es zudem grüne und orange Zonen, in denen maximale Parkdauer und Preise variieren. Einfach am Straßenrand abstellen ist verboten. Auf Parkplätzen **im Womo zu schlafen,** ist erlaubt, sofern kein explizites Womo-Parkverbot herrscht. Allerdings darfst du an öffentlichen Parkplätzen kein „Camping" betreiben (Vorzelt, Tische oder Stühle aufstellen). Einzelne Gemeinden haben separate Verordnungen und mitunter wird man dich, auch wenn du voll im Recht bist, dazu auffordern, einen Campingplatz aufzusuchen.

REISEZEIT UND WETTER

Die beste Reisezeit für die spanische Südküste ist von **Mai bis Anfang Oktober,** wobei es im Juli und August in den Touristenhochburgen sehr voll werden kann. Hitzewellen lähmen dann vor allem das Hinterland, Temperaturspitzen von bis zu 45° C sind keine Seltenheit. Wanderungen, Radtouren und sportliche Höchstleistungen sollte man in der Mittagszeit lassen. Gewässer, klimatisierte Bars, Shoppingmalls oder Kinos bieten Abkühlung. Für Womo-Reisende haben die Vor- und Nachsaison und auch der milde Winter ihren Reiz abseits des Massentourismus. Aktivurlauber sind im Frühjahr und Herbst in Spanien goldrichtig. Ende Februar und Anfang März ist die Mandelblüte, im Mai parfümieren Orangenblüten die Zentren andalusischer Städte wie Sevilla, Granada und Córdoba sowie das Anbaugebiet um València.

Es bietet sich an, die Regelung 08/V-74 DGT der spanischen Verkehrsbehörde (Dirección General de Tráfico) zum Thema ***Übernachtungserlaubnis auf Parkplätzen*** *(im Internet zu finden) ausgedruckt dabeizuhaben.*

Insgesamt hat die Coronapandemie Spanien jedoch womo-freundlicher macht. Insbesondere im Hinterland setzen Gemeinde auf diese Form des Tourismus und bieten oft auch gratis topmoderne Stellplätze.

Tempolimits & Verkehrsregeln

Auf Autobahnen und Schnellstraßen liegt das **Limit** für Womos (bis 3,5 t) je nach Zulassung bei 120 km/h (Kastenwägen) oder 100 km/h (bei besonders individuell umgebauten Modelle, Infos dazu bei deinem Autofahrer-Club), für Womos über 3,5 t ist die Grenze 90 km/h. Auf Landstraßen gilt 80–90 km/h, im Ortsgebiet auf Straßen mit jeweils einer Fahrbahn für jede Fahrtichtung 30 km/h, auf Straßen mit zwei oder mehr Fahrspuren für jede Fahrtichtung 50 km/h. Die Strafen für Übertretungen sind in Spanien verglichen mit Deutschland, Österreich und der Schweiz etwa um 30 Prozent geringer. Wer innerhalb von 20 Tagen bezahlt, dem wird die Hälfte des Bußgelds erlassen. Handyverbote am Steuer werden überwacht und die Übertretung wird mit empfindlichen Geldbußen geahndet. Das Mitführen von Warnwesten ist Pflicht, sie müssen im Falle einer Panne oder eines Unfalls angelegt werden. Mitfahrer dürfen sich während der Fahrt im Womo aufhalten, sicherer ist es für sie aber, angeschnallt auf dem Beifahrersitz zu bleiben.

Sicherheit & Warnhinweise

Spanien ist ein ausgesprochen sicheres Reiseland. Wobei man vor **Autoeinbrüchen** und **-diebstählen** nicht gefeit ist, Geldbörsen, Smartphones und Papiere sollte man stets bei sich tragen. Eine Kopie des Reisepasses, Führerscheins und der Fahrzeugpapiere ist auch überaus ratsam. **Taschendiebe** sind vor allem in den touristischen Zentren überaus flink.

In Spanien kommt es immer häufiger zu **Protestdemos** von Rechtsextremen und Neonazis, bei denen Polizeikräfte aber meist mit Erfolg deeskalieren können.

Insbesondere zu Herbstbeginn kann es zu heftigen Regenfällen kommen, die so genannte *gota fría*. Es ist dann im September und Oktober mit **Überschwemmungen** zu rechnen, bei denen sich die vom Sommer ausgetrockneten Flussbette rasch in reißende Ströme verwandeln. Alljährlich kommt es dadurch zu Todesfällen, u. a. wenn Menschen in ihren Fahrzeugen ertrinken. In jener Jahreszeit solltest du den Wetterbericht im Auge behalten und bei der Wahl deines Stellplatzes besonders achtsam sein!

In Wald- und Strauchgebieten ist die **Brandgefahr** durch den Klimawandel und die anhaltende Dürre ganzjährig extrem hoch. Du darfst bei Waldbrandgefahr und von Mai bis Oktober generell auf keinen Fall Feuer machen (es ist nicht nur lebensgefährlich, auf Brandstiftung stehen hohe Strafen, sogar Haft) und auch beim

Abstellen des Womo muss darauf geachtet werden, dass heiße Fahrzeugteile wie der Auspuff nicht in Kontakt mit der ausgetrockneten Vegetation kommen. Wenn du ein Feuer bemerkst, rufe umgehend den Notruf 112. Je eher die Einsatzkräfte mit den Löscharbeiten beginnen können, desto geringer sind die Schäden für Natur und Mensch.

Wildcampen & Naturschutz

Wildcampen ist in Spanien überall verboten und wird mit Geldstrafen geahndet. In Natur- und Nationalparks sind die Bußgelder noch deutlich höher, hier patrouillieren Parkwächter, aber auch die Guardia Civil, Policía Nacional und Lokalpolizei wachen darüber, dass das **Verbot** strikt eingehalten wird. Und es ist keine Seltenheit, dass man am Traumstellplatz um 4 oder 5 Uhr morgens forsch geweckt wird. Parkverbote für Womos sind vor allem an der Mittelmeerküste meist gekennzeichnet. In Naturschutzgebieten und Nationalparks gelten zahlreiche strenge **Umweltschutzauflagen,** so ist z. B. das Sammeln von Wildkäutern ebenso verboten wie Feuer abseits gekennzeichneter Grillplätze, auch außerhalb der Waldbrandsaison. Auch können Öllecks an älteren Womos schnell Strafen nach sich ziehen. Dass der Müll mitgenommen wird, versteht sich von selbst.

Wohnmobilvermietungen

Barcelona: Amafi Caravana, C. Sant Quirze del Vallès s/n (von der A-7-Ausfahrt Bellaterra in Richtung Sant Cugat), Cerdanyola del Vallès, Tel. 606 18 05 99, *amafi.es.* Womo-Stellplatz vor Ort!
València: Valcaravan, Camí del Ribas 23, Castellar, Tel. 963 96 00 02, *valcaravan.es.* Der Vermieter kümmert sich um Ersatzteile, Zubehör und Reparaturen.
Málaga: Siesta Campers, Polígono Lauro Torre, C. Crianza 32, Alhaurín de la Torre, Tel. +351 308 80 80 58, *siestacampers.com/locations/malaga*
Yescapa: eine Art Womo-Airbnb von Privatbesitzern, *yescapa.es* (oder per App)
Indie-Campers: spanienweite Womo-Vermietung, *indiecampers.com*

HAND AUFS HERZ

Freiheit und Luxus in perfekter Kombi – wer will da noch anders reisen als im Womo?

Feste & Events

FERIA-OUTFIT

Wer etwas auf sich hält, geht mit der Mode und führt jedes Jahr ein neues Flamencokleid vor.

Januar/Februar

Am 5. Januar, dem Vorabend des Dreikönigstags, werden bei den Festumzügen der **Reyes Magos** jede Menge Bonbons geworfen. Der **Karneval von Cádiz** *(cadizturismo.com/de/eventos/carnaval-de-cadiz)* gilt als einer der größten in Spanien. Verkleidung ist Pflicht!

März/April

In der **Semana Santa** (Osterwoche) ziehen *cofrades* mit Spitzhüten in **Prozessionen** durch spanische Städte. Bei den **Falles de València** (15.–19. März, *comunitatvalenciana.com/de/valencia/valencia/feierlichkeiten/fallas-de-valencia*) werden riesige Holzskulpturen abgebrannt, dabei wird ohrenbetäubend laut geböllert. Anfang März treffen sich Kinofans beim **Internationalen Filmfestival** *(festivaldemalaga.com)* in Málaga.

Mai

Anfang Mai werden zu den **Cruces de Mayo** Kreuze mit Blumen geschmückt. Beim **Festival de los Patios** (*patios.cordoba.es)* kannst du Mitte Mai Córdobas schön bepflanzte Innenhöfe bestaunen.

Juni

Fürs **Sónar** (Mitte Juni, *sonar.es*), das Festival für elektronische Musik in Barcelona, solltest du rechtzeitig Tickets vorbestellen! Am 23. Juni feiert man die

Sonnenwende in der **Noche de San Juan** mit Lagerfeuern am Strand. Bei der **Fiesta del Agua y del Jamón** in Lanjarón ist eine riesige Wasserschlacht angesagt. Mitte Juni wird Granada zur Bühne für Tanz und Musik beim **Festival Internaciónal de Música y Danza** (*granadafestival.org*).

Juli

FIB Benicàssim (*fiberfib.com*), **Blues Cazorla** (*cazorla.es/bluescazorla06*) oder **Etnosur** (*etnosur.com*) sind nur drei von vielen Sommerfestivals.

August

Beim **Dreambeach** (*dreambeach.es*) lassen Technosounds den Strand bei Palomares beben. Tonnenweise Tomaten werden zur **Tomatina** (*ticketstomatina.com*) in Buñol geworfen. Águilas feiert seinen **Karneval** (*carnavaldeaguilas.org*) einfach nochmal im Sommer.

September/Oktober

Beim Schlammfest **Cascamorras** (*um den 9. Sept.*) soll in Guadix ein Bürger die Marienfigur aus dem Nachbarort stehlen. Alle zwei Jahre vereint die **Flamenco-Biennale von Sevilla** (*labienal.com, nächster Termin Mitte Sept.–Mitte Okt. 2024*) die Stars der Szene.

November

Barcelona stellt die Bühne fürs **MIRA-Festival** (*mirafestival.com*), das der Digitalkunst gewidmet ist, und fürs **LOOP** (*loop-barcelona.com*), ein Megafestival der Video- und Performance-Kunst.

FEIERTAGE

1. Jan. Año Nuevo (Neujahr)
6. Jan. Día de Reyes (Hl. Drei Könige)

28. Feb. Día de Andalucía (Regionalfeiertag)

19. März San José (Josefstag)

Gründonnerstag Jueves Santo
Karfreitag Viernes Santo
Ostermontag Lunes de Pascua

23. April Sant Jordi (Georgstag, nur in Katalonien)

1. Mai Fiesta del Trabajo (Tag der Arbeit)

10. Juni Día de la Comunidad de Murcia (Regionalfeiertag)
24. Juni San Juan (Johannistag)

15. Aug. Asunción de la Virgen (Mariä Himmelfahrt)

11. Sept. Diada Nacional de Catalunya (Regionalfeiertag)

9. Okt. Diada Nacional del País Valencià (Regionalfeiertag)
12. Okt. Día de la Hispanidad (spanischer Nationalfeiertag)

1. Nov. Todos los Santos (Allerheiligen)

6. Dez. Día de la Constitución (Tag der Verfassung)
8. Dez. Inmaculada Concepción (Maria Empfängnis)
25. Dez. Navidad (Weihnachten)

Fällt der Feiertag auf einen Sonntag, wird am Montag nachgeholt.

Camper-Packliste

CAMPINGAUSRÜSTUNG

- ○ Gasflasche (und ev. Gasinhaltsmesser)
- ○ Frischwasserkanister
- ○ Abwasserschlauch
- ○ Kabeltrommel
- ○ Campingstromadapter
- ○ Auffahrkeile oder Holzbretter als Stütze
- ○ Sanitärflüssigkeit für Campingtoilette (falls vorhanden)
- ○ Toilettenpapier
- ○ Campingstühle und -tisch
- ○ Markise und Vorzelt
- ○ Heringe und Gummihammer
- ○ Handfeger und Schaufel
- ○ Decke und Kopfkissen, alternativ Schlafsack
- ○ Wäscheleine und -klammern
- ○ Campingleuchte oder Laterne
- ○ Taschenlampe oder Stirnlampe
- ○ Taschenmesser
- ○ Duct-Tape
- ○ Handwaschmittel
- ○ Mückenspray, Sonnencreme
- ○ Nagelset (inkl. Pinzette)

Zusätzlich

- ○ MARCO POLO Straßenkarte(n)
- ○ Grill (Koffergrill oder Gasgrill)
- ○ Hängematte
- ○ Decke
- ○ Kartenspiele
- ○ Mehrfachsteckdose
- ○ USB-Adapter für Zigarettenanzünder
- ○ Powerbank

SICHERHEITSAUSRÜSTUNG

- ○ Reiseapotheke
- ○ Verbandskasten (Ablaufdatum beachten)
- ○ Warndreieck und -weste (1 pro Person)
- ○ Feuerlöscher
- ○ Ersatzreifen
- ○ Wagenheber und Radkreuz
- ○ Ersatzkanister und Einfüllstutzen
- ○ Motoröl
- ○ Starthilfekabel
- ○ Abschleppseil
- ○ Werkzeugkasten
- ○ evtl. Ersatzglühbirnen und -sicherungen

CAMPINGKÜCHE

- ○ Küchenutensilien
- ○ Kühlbox (wenn kein Kühlschrank eingebaut)
- ○ Töpfe, Pfannen
- ○ Besteck inkl. Kochlöffel, Teller, Tassen, Gläser
- ○ (Brot-, Schneide-) Messer
- ○ Tupperdosen (für Reste)
- ○ Sieb
- ○ Reibe
- ○ Dosenöffner
- ○ Flaschenöffner, Weinöffner
- ○ Alufolie
- ○ Schere
- ○ Geschirrtücher, Spülmittel, Lappen, Küchenrolle
- ○ Topflappen
- ○ Müllbeutel
- ○ Kaffeekocher
- ○ Feuerzeug, Streichhölzer

NAHRUNGSVORRAT

- ○ Salz, Pfeffer, Gewürze (z. B. in kleinen Gläsern)
- ○ Öl, Essig
- ○ Kaffee, Tee
- ○ Müsli, Cornflakes
- ○ Brot, Aufstriche
- ○ Vorratslebensmittel (Nudeln, Reis, Linsen)
- ○ Gemüsekonserven: Tomaten, Mais, Kidneybohnen
- ○ Notration Essen (z. B. Energieriegel)
- ○ Getränke (z. B. Wasser)

Fahrzeug-
checkliste
Experten-Check von
PaulCamper

LÄNGERFRISTIG

- ○ Gasprüfung gültig?
- ○ Grüne Versicherungskarte gültig?
- ○ HU/AU (Haupt- und Abgasuntersuchtung) gültig?
- ○ Auflaufbremse geprüft (Fachwerkstatt)?

MITTEL- & KURZFRISTIG

- ○ Was tanken (Benzin/Diesel)?
- ○ Beladungsgrenze/-zustand?
- ○ Welche Reifen für die Destination nötig?
- ○ Winter- bzw. Sommerreifen montiert?
- ○ 12-V-Kabel vorhanden?
- ○ Profiltiefe der Reifen gecheckt?
- ○ Ölstand gecheckt?
- ○ Kühlmittelstand gecheckt?
- ○ Reifendruck gecheckt?
- ○ Öl, Kühlwasser und AUS 32/AdBlue bei Dieselmotor zum Nachfüllen vorhanden?
- ○ Ladezustand Starterbatterie und Wohnraumbatterie gecheckt?
- ○ Toilette an Bord und entleert?
- ○ Wassertank vorhanden und gefüllt?
- ○ Wasserpumpe funktioniert?
- ○ Gasvorrat vorhanden?
- ○ Markise/Sonnensegel/Regenalternative vorhanden?
- ○ Vorzelt nötig?
- ○ Wohnwagen: Elektrostecker funktionieren (Bremslichter und Co)?

VOR DER ABFAHRT

- ○ Dachluke geschlossen?
- ○ Fenster zu?
- ○ (Stand-)Heizung aus?
- ○ Markise eingefahren und gesichert?
- ○ Kühlschrank verriegelt und auf 12 V umgestellt?
- ○ Alles vom Tisch geräumt und gesichert?
- ○ Schubladen/Schränke sicher geschlossen?
- ○ Tische und Stühle sicher verstaut?
- ○ Herdabdeckung zu?
- ○ Gasventil geschlossen?
- ○ 230-V-Kabel getrennt und eingepackt?
- ○ Wasserpumpe abgeschaltet?
- ○ Abwassertank geschlossen?
- ○ Trittstufe eingefahren?
- ○ Stützen eingefahren und Keile verstaut?
- ○ Wassertankdeckel verschlossen?
- ○ Handbremse gelöst?
- ○ Heckgarage abgeschlossen?
- ○ Alle Mitfahrer inklusive Hund an Bord?

Dann kann's losgehen!

Camper-Wörterbuch Spanisch

Höflich sein

Hallo / Tschüss Hola / Adiós
Danke / Bitte Gracias / De nada
Entschuldigung Perdón / Lo siento (Es tut mir leid.)
Wie heißt du / Wie heißen Sie? Cómo te llamas / se llama?
Mein Name ist ... Me llamo ...
Wie geht es dir / Ihnen? Cómo estás / está?

Beim Einkaufen

Bäckerei panadería
Drogerie droguería
Einkaufszentrum centro comercial
Markt mercado
Metzgerei carnicería
Supermarkt supermercado
Ich hätte gerne ... Quisiera ...
Wie viel kostet das? Cuánto cuesta ...?
bar / Kreditkarte en efectivo / tarjeta de crédito

Einkaufsliste

Alufolie papel de aluminio / de albal
Bier / Wein cerveza / vino
Brot pan
Butter / Margarine mantequilla / margarina
Essig / Öl vinagre / aceite
Eier huevos
Gemüse verduras
Marmelade / Honig mermelada / miel
Milch leche
Müsli muesli
Nudeln / Spaghetti pasta / espagueti
Obst fruta
Käse queso
Toilettenpapier papel higiénico
Wasser agua
Wurst / Fleisch charcutería / carne

Gesund bleiben

Apotheke farmacia
Arzt médico / doctor
desinfizieren desinfectar
Desinfektionsmittel desinfectante
Durchfall diarrea
Fieber fiebre
Halsschmerzen dolor de garganta
Kopfschmerzen dolor de cabeza
Krankenhaus hospital
Krankenwagen ambulancia
Krankenversicherungskarte (Europ.) Tarjeta sanitaria europea
Pflaster tirita / apósito
Schmerztabletten analgésico

Unterwegs

Abschleppen remolcar
Autobatterie batería de coche
Autobahn autopista
Baustelle obra
Benzin gasolina
Benzin bleifrei gasolina sin plomo
Bremslicht luz de freno

Diesel diésel / gasóleo
Ersatzreifen rueda de repuesto
Führerschein carnet de conducir
Getriebe caja de cambios / engranaje
Luftdruck presión de neumático
Maut peaje
Öl aceite
Ölwechsel cambio de aceite
Panne avería
Parkplatz aparcamiento
Reifen neumático
Reifenschaden reventón
Sackgasse callejón sin salida
Schotterstraße camino de tierra
Starthilfekabel cables de arranque
Strafzettel multa
Tankanzeige indicador de gasolina
Tankstelle estación de servicio
Temperaturanzeige indicador de la temperatura del motor
Umleitung desvío
Wagenheber gato del coche
Warndreieck triángulo de emergencia
Wassertank depósito de agua
Werkstatt taller
Werkzeug herramienta
Zoll aduana

Auf dem Campingplatz

Abwasser aguas residuales
Batterie pila
Brennspiritus alcohol de quemar
Campingplatz camping
Dosenöffner abrelatas
Dusche ducha
Flaschenöffner abrebotellas
Frischwasser agua limpia
Gabel tenedor
Gasflasche bombona de gas
Gaskocher estufa de campinggas
Geschirrspülbecken fregadero
grillen hacer una barbacoa
Grillkohle carbón para barbacoas
Hammer martillo
Hering piqueta
Hunde erlaubt / nicht erlaubt se admiten / no se admiten perros
Kerze vela
Korkenzieher sacacorchos
Lagerfeuer hoguera (gr.) / fogata (kl.)
leihen prestar
Löffel cuchara
Messer cuchillo
Müll basura
Petroleumlampe lámpara de petróleo
Pool piscina
Schlafsack saco de dormir
Schmutzwasser aguas sucias / negras / grises
Sonnencreme protector solar
Steckdose enchufe
Streichhölzer fósforos
Strom electricidad
Stromanschluss conexión / toma eléctrica
Taschenlampe linterna
Taschenmesser navaja
Toilette el servicio / el baño / el lavabo
Trinkwasser agua potable
Vorzelt toldo de la tienda
Wäscheklammer pinza para la ropa
Wasser (kalt / warm / heiß) agua (fría / templada / caliente)
Wasseranschluss toma de agua
WLAN WIFI
Wohnmobil autocaravana
Wohnwagen caravana
Zelt tienda de campaña
Zeltstange poste de la tienda
Zeltschnur cuerda de la tienda

Urlaubsfeeling

Playlist

▶ **Triana – „En el lago"** (1975)
Progressiver, psychedelischer Rock mit Flamencoklängen. Ein Mythos!

▶ **Los Planetas – „Un buen día"** (2000)
Dieser Indierock passt ideal zu Sonnenuntergangsfahrten durch Olivenhaine, „ein guter Tag" eben!

▶ **Mala Rodríguez – „La niña"** (2003)
Spaniens berühmteste Rapperin sorgt seit Dekaden mit ihren Versen für Furore. Sozialkritik ist dabei stets elementar.

▶ **Rosalía – „Malamente"** (2018)
Die Katalanin in ein Superstar, die mit ihrer Wahnsinnsstimme Stadien füllt. Flamenco und Fusion bis zu Rap und Hip-Hop.

▶ **Iñigo Quintero – „Si no estás"** (2023)
Der Singer-Songwriter schaffte es mit seinem melancholisch-romantischen Song vom YouTube-Video zum internationalen Nummer-1-Hit!

Den Soundtrack zum Urlaub gibt's auf **Spotify** unter **MARCO POLO Spain**

Lesestoff & Filmfutter

„Südlich von Granada" – Gerald Brenan zog 1919 in die Alpujarra, eine Bergregion südlich von Granada, und verbrachte dort den Rest seines Lebens. Das autobiografische Werk gibt einen Einblick in den Alltag, die Traditionen und die sozialen Konflikte in der lange Jahre sehr isolierten Region.

„Mein Katalonien" – George Orwell brachte seine Erlebnisse rund um den Spanischen Bürgerkrieg in einem Meisterwerk zu Papier, das auch die Basis für den Ken-Loach-Film „Land and Freedom" (1995) war. Keinesfalls leichte Kost, aber empfehlenswert, um Spanien (und Katalonien) anhand seiner Geschichte zu verstehen!

„Vicky Cristina Barcelona" (2008) – Romantische Tragikomödie von Woody Allen zum Verlieben – in die Hauptdarsteller und vor allem in Barcelona. Mit Javier Bardem, Penélope Cruz und Scarlett Johansson in einer bittersüßen Dreiecksbeziehung, die während eines Sommers in der katalanischen Hauptstadt spielt. Ein Klassiker, schon jetzt.

Apps, Blogs, Websites & Videos

womo-iberico.de
Stets aktuelle Profitipps und Blog vom Spaniencamper-Veteran Gerhard Gabriel.

park4night.com
Die community-basierte Womo-Stellplatz-Website leistet auch für Spanien großartige Dienste! Auch als App für Android und iPhone.

ADAC Camping / Pin Camp 2024
Den Campingführer des ADAC gibt es als App und als Buch. Auf alle Fälle ein praktischer Begleiter *(pincamp.de)*.

spain.info
Spaniens staatliches Tourismusamt ist online ein praktischer Info- und Tippgeber und bietet herrliche Fotos auf *instagram.com/spain*.

instagram.com/aralleida
Bringt einem die schönsten Ecken der katalanischen Provinz näher, von den Pyrenäen bis an die Küste. Macht Lust auf Entdeckungstouren und bietet Traummotive der besten Fotospots!

instagram.com/cadizturismo
Der Account der Tourismusbehörde der Provinz Cádiz zeigt die schönsten Seiten des westandalusischen Landstrichs: grünes Bergland, Traumstrände, verschlafene weiße Dörfer.

Caminito del Rey
Das schwindelerregende Video „lebensmüder" Kletterer stammt aus der Zeit vor der Renovierung des Schluchtenwegs: *youtube.com/watch?v=fcczjFRcVcU* (▶ S. 147).

WEGTRÄUMEN?

Mit Playlist, Lesestoff und Filmen den Urlaub aufleben lassen.

Register

Stell- & Campingplätze

Tour A:

Tour B:

Tour C:

Tour D:

Impressum

Titelbild: Wohnmobil am Playa Valdevaqueros, Tarifa (Laif: F. Tophoven)

Fotos: Camper Park Playas de Luz (182); DuMont Bildarchiv: F. Heuer (30, 132, 138, 146, 162, 172, 180, 204), A. F. Selbach (34, 38, 98); Freepik.com (12); Getty-Images: Justin Paget (88); iStock.com: agafapaperiapunta (62), alexsalcedo (25), anyaberkut (188/189), apomares (207), Bee-individual (208), E. Blanco (201 (1. Aufl. S. 50)), bruev (26), darios44 (86), Drimafilm (52), Estellez (84), GMVozd (Klappe hinten innen), Image Source (130), JackF (61), james63 (102), Jorgefontestad (167), Koldunov (213), LucVi (142), Lux Blue (184), margouillatphotos (64), MEDITERRANEAN (79), oksanaphoto (178), A. Pattison (80), S. Pavone (120), typhoonski (83), Voyagerix (16/17, 156); Laif: F. Heuer (106, 111); J. Marot (4, 29, 115, 215); Jan Marot (58); Joon Oller (44); Shutterstock.com: Addictive Creative (122), Karl Allgaeuer (13), Anetlanda (144), J. Aunion (128), Grisha Bruev (195), Damsea (20), Elephotos (66), Alexey Fedorenko (70), V. Galkina (57), Marco Gallo (168), J. Gonzalez (15, 158), Gran Totufo (116), holbox (Klappe vorne innen), Karen Images (36), inigolai-Photography (74), JGA (203), joserpizarro (150), katatonia82 (137), kavalenkau (6), A. Lisowski (68), LUNAMARINA (90), Lux Blue (92), makasana photo ('104), mehdi33300 (154), milosk50 (94), L. Nifosi (49), nito (186), A. Om (9), P. Sala (14), Juan Salvador (126), SCK_Photo (160), Elena Shchipkova (124), Takin Shotz (10), Pit Stock (50), tokar (171), Trabantos (42), Voyagerix (100, 141, 148), Wirestock Creators (176), M. Zakaria (46); Wecamp Cadaques (32)

MIX
Papier | Fördert gute Waldnutzung
FSC® C015829
FSC www.fsc.org

2., aktualisierte Auflage 2024

Autor: Jan Marot
Lektorat/Bildredaktion: Lucia Rojas, derschönstesatz
Kartografie: © KOMPASS-Karten GmbH, kompass.de unter Verwendung von © OpenStreetMap Contributors, osm.org/copyright
Gestaltung Umschlag & Layout: Sofarobotnik, Augsburg & München
Printed in Italy

Lob oder Kritik? Wir freuen uns auf deine Nachricht!
Trotz gründlicher Recherche schleichen sich manchmal Fehler ein. Wir hoffen, du hast Verständnis, dass der Verlag dafür keine Haftung übernehmen kann. Wir freuen uns aber, wenn du uns schreibst: MARCO POLO Redaktion • MAIRDUMONT • Postfach 31 51 • 73751 Ostfildern • info@marcopolo.de

MARCO POLO AUTOR
Jan Marot
Der vielreisende Globetrotter und Roadtrip-Fan ist gebürtiger Österreicher (Graz, Jahrgang 1981) und seit 2006 Wahlspanier. Er lebt im südspanischen Granada, wo er als Auslandskorrespondent arbeitet und Reiseführer schreibt, vorwiegend über Iberien und Nordafrika. Als Naturliebhaber und Sportler – Tauchen, Klettern, Mountainbike und Bergwandern – ist er am liebsten mit seinen Hunden Balú und Sultana in den andalusischen Sierras, den Pyrenäen oder dem Atlas in Marokko unterwegs. Mangels tierfreundlicher Unterkünfte in Spanien präferiert er das Reisen im Womo und genießt so seine Unabhängigkeit.

Bloß nicht ...

Wertsachen offen im Auto liegen lassen

Autoeinbrüche sind seltener geworden, aber man sollte Dieben nichts vor die Nase legen. Viele Womos haben Boxen mit Schloss unter dem Sitz, da sind Smartphones, Bargeld, Uhren etc. recht gut aufgehoben. Am besten nimmst du aber alles stets mit! Zur Sicherheit Kopie des Persos oder Passes anfertigen.

IN DER OSTERWOCHE MIT DEM WOMO INS STADTZENTRUN

Die Karwoche lähmt Stadtzentren mit Prozessionen, sprich, du wirst von der Polizei sicher im Kreis herumgeschickt. Es ist schon mit dem Pkw fast unmöglich, einen Parkplatz zu finden. Hüte dich generell davor, in die verwinkelten alten arabischen Stadtkerne zu fahren, auch wenn das GPS dich dorthin lotsen sollte. Die Gässchen sind oft nicht mal 1,80 m breit!

Flagge zeigen für Spanien oder Katalonien

Das Thema der Sezession Kataloniens erzeugt nach wie vor Spannungen. Besser du lässt es im Gespräch aus, denn es herrscht starke Polarisierung der politischen Lager über die Lösung des Konflikts, insbesondere ultrarechte spanische Nationalisten, aber auch einige katalanische Radikale werden dabei laut oder zerkratzen im schlimmsten Fall auch den Lack deines Womos.

SIGHTSEEING ZUR SIESTA-ZEIT EINPLANEN

Vor allem im Sommer und dann vor allem im Süden, wenn zwischen 14 und 18 Uhr brütende Hitze herrscht (bis zu 45° C!), haben die meisten Geschäfte geschlossen. Bars und Restaurants gehen ab spätestens 16 Uhr in die Mittagsruhe. Ohnehin ist es zu heiß, um irgendetwas im Freien zu tun, was nicht mit direktem Wasserkontakt zu tun hat. Am besten suchst du dir einen klimatisierten Ort oder einen Schattenplatz.

Wildcampen in Naturschutzgebieten

Okay, es gibt Orte, die unwiderstehlich dazu einladen, das Womo hinzustellen, um mit Meerblick und dem Rauschen der Wellen zu nächtigen. Wenn du dir jetzt etwa am Cabo de Gata im Sommer eine geruhsame Nacht unter Sternen erhoffst, weit gefehlt. Parkranger und Zivilgarde kontrollieren jene verbotenen paradiesischen Camperspots und fordern massiv Bußgeld ein.